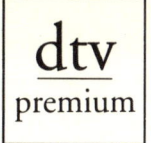

CHRISTIAN NÜRNBERGER

Kirche, wo bist du?

Deutscher Taschenbuch Verlag

Von Christian Nürnberger
ist im Deutschen Taschenbuch Verlag erschienen:
Die Machtwirtschaft (24162)

Originalausgabe
Dezember 2000
2. Auflage Juni 2001
© Deutscher Taschenbuch Verlag GmbH & Co. KG,
München
www.dtv.de
Umschlagkonzept: Balk & Brumshagen
Umschlagfoto: © Mauritius/Schnürer
Satz: Fotosatz Reinhard Amann, Aichstetten
Gesetzt aus der Palatino 10,5/12,5˙ (QuarkXPress)
Druck und Bindung: Kösel, Kempten
Gedruckt auf säurefreiem, chlorfrei gebleichtem Papier
Printed in Germany · ISBN 3-423-24232-9

INHALT

Das tote Pferd

Eine Weisheit der Dakota-Indianer sagt:»Wenn du entdeckt hast, dass du ein totes Pferd reitest, steig ab.«

Nun ja, die Dakota-Indianer, gibt es sie überhaupt noch? Falls ja, können es nicht sehr viele sein, und sie werden zugeben müssen: Der weiße Mann hat sie besiegt. Weil er stärker war und ist und natürlich auch klüger, intelligenter, effizienter.

Entdeckt ein weißer Mann, dass er ein totes Pferd reitet, steigt er daher noch lange nicht ab, denn er lebt vom Pferd, hat Familie und ist für den Stallknecht und verschiedene andere Arbeitsplätze verantwortlich. Also kann die Lösung nur lauten: weiterreiten. Mach dich zum Vorreiter, sagt er sich, werde die Nummer eins unter den Reitern toter Pferde, nutze das damit gewonnene Know-how, um die Marktführerschaft anzustreben.

Der Profi wird sich daher zunächst eine stärkere Peitsche besorgen und Extrafutter bereitstellen, um die Leistung des Pferdes zu erhöhen. Wenn das nicht sofort hilft, setzt er eine Enquête-Kommission ein, gibt eine vergleichende Studie über andere tote Pferde in Auftrag, veranstaltet ein Hearing über totgesagte Pferde, entwickelt parallel dazu eine Strukturreform, um das Pferd kampagnenfähig zu machen, und bildet eine Task-Force-Group für die Wiederbelebung des Pferdes. Anschließend wechselt er den Reiter, eröffnet im Internet eine Homepage unter der Adresse www.reiten.totpferd.de und gründet eine Newsgroup für Reiter toter Pferde.

Hilft auch das nicht, ist der Profi noch lange nicht am Ende und verbessert die Öffentlichkeitsarbeit, indem er den Begriff »Tod« neu definiert und sagt: Unser Pferd ist quicklebendig, und andere Pferde sind viel toter. Er initiiert eine Kampagne in Political Correctness mit dem Ziel, den Begriff »totes Pferd« als diskriminierend aus dem Gebrauchswortschatz zu verbannen

und es durch den Begriff »temporarily handicaptured horse«
zu ersetzen.

Vielleicht lässt er auch spektakulär mehrere tote Pferde zu-
sammenschirren, damit sie schneller werden. Dafür muss er in-
dische Spezialisten anwerben, die sich dank jahrzehntelanger
Meditation auf das Reiten zusammengeschirrter toter Pferde
verstehen. Führt auch das nicht zum gewünschten Erfolg, wird
er die Leistungsstandards für Pferde senken und schrittweise
an die Leistungsfähigkeit toter Pferde anpassen. Danach kann
er die letzten seiner Kritiker zum Verstummen bringen, indem
er sagt: Was wollen Sie, wir sind längst am Ziel. Wir brauchen
das Pferd gar nicht. Wir brauchen überhaupt nie mehr ein
Pferd.

DIE KIRCHE IM 21. JAHRHUNDERT

Wenn es Gott gibt, dann schwänzt er den Kirchentag[1]

Alle zwei Jahre erleben wir das gleiche Wunder: Eine uralte Dame legt sich unter das Messer des Schönheitschirurgen, räumt die Kosmetikregale der Drogerien ab, begibt sich ins Scheinwerferlicht, wirbelt wie Marika Rökk übers Parkett und ruft in die Menge: »Seht her, wie jung ich bin; seht her, wie modern ich bin; lasst uns raven, grooven, schmusen, abhotten und ganz viel Spaß haben.«

Und die Jugend kommt; denn trotz finanzieller Probleme hat die Dame noch immer Geld genug, um eine Party zu schmeißen. Deshalb findet die Jugend die Alte ziemlich cool und nimmt es ihr auch nicht übel, dass sie irgendwann doch noch mit ihren bekannten Geschichten nervt, zumal sie sich redlich müht, das Altbekannte möglichst trendy zu stylen. Zweitausend Jahre hat die Dame jetzt auf dem Buckel; sie heißt Ekklesia oder Kirche, und in Stuttgart hatte sie im Sommer 1999 wieder ihre tollen Tage. Es war Kirchentag, die alle zwei Jahre wiederkehrende »evangelische Zeitansage«, die nächste sollen wir im Jahr 2001 in Frankfurt zu hören und sehen bekommen.

Nach dem Stuttgarter Kirchentag 1999 ging die Dame – wie immer – in dem beschwingten Gefühl nach Hause, der Aufwand habe sich auch diesmal wieder gelohnt. Und ihre verbeamteten Angestellten durften – wie immer – verlautbaren, die Party sei ein großer Erfolg gewesen: so viele Besucher, so viel Jugend, und die *Tagesschau* hat auch berichtet, dass es wieder ein sehr fröhlicher und ein sehr junger Kirchentag gewesen sei.

Die Chefin aber versank – wie immer – ermattet von den Strapazen in einen zweijährigen Erholungsschlaf und konnte daher auch diesmal nicht sehen, dass das Interesse nicht direkt ihr gegolten hat. Die Chefin bekommt offenbar nicht richtig mit: Eine konsumfreudige Freizeit- und Erlebnisgesellschaft genießt dankbar jedes Spektakel, egal, wer es ausrichtet. Die

Party wird daher die Ostdeutschen nicht dazu bewegen, sich wieder zur Kirche zu bekennen; die Westdeutschen hindert sie nicht am Kirchenaustritt, Ausgetretene sehen keinen Anlass, wegen dieser Zweijahresparty wieder in die Kirche einzutreten, in den Gottesdiensten fehlt die Jugend, und die Zahl der Menschen, die sich noch in der Kirche engagieren, sinkt und sinkt. Die seit Jahrzehnten zu beobachtende und sich immer weiter fortsetzende Auszehrung beider Kirchen stoppt kein Kirchentag, kein Gottesdienst, keine Mission und keine noch so engagierte Maßnahme. Zwei, drei Jahrzehnte noch, und die Volkskirche ist keine Volkskirche mehr, sondern eine Minderheitenkirche.

Die Angestellten der alten Dame kennen das Problem und haben schon alles probiert, um es zu lösen – ohne Erfolg. Ratlos, wie sie sind, bedürfen sie nun des Rates von McKinsey und diverser Werbeagenturen. Einst haben die Marketing- und Werbeleute die Kirche als Lehrmeisterin bewundert und gelernt, dass sich eine Marke am besten verkauft, wenn es gelingt, sie zum Religionsersatz zu machen. Jetzt will die Lehrmeisterin von den Lehrlingen erfahren, wie man es anstellt, die Religion zum Markenersatz zu machen.

Damit gestehen die Bischöfe, Dekane und Superintendenten ein: Wir sind keine Seelsorger mehr, wir sind Manager, wir hetzen von Andacht zu Andacht, und Jesus ist nicht mehr der Herr der Welt, sondern ein Produkt, das wir vermarkten müssen.

Das Geld wird weniger, also müssen wir mehr aus der einzelnen Mark herausholen, also lasst uns vom Kapitalismus lernen, der ebendiese Kunst perfektioniert hat wie kein anderes System. Zwar wollen wir noch immer für wahr halten, was uns einst versprochen wurde, dass nämlich unser aller Herr wiederkommen und das Reich Gottes errichten werde, aber darauf warten wir jetzt schon ziemlich lange, darauf wagen wir nicht mehr so richtig zu bauen, und wenn wir noch zwei weitere Jahrtausende warten sollen, dann muss die Kirche im Kapitalismus überdauern, indem sie ihn nachahmt und sich ihm angleicht. Eine andere Möglichkeit sehen wir nicht.

Also wollen wir die Welt nicht mehr länger als Gottes Schöpfung betrachten, sondern als Markt, auf dem man sich behaupten muss. Konkurrenz belebt das Geschäft, und darum begrüßen wir unsere Mitbewerber, die Juden und Moslems, die Hindus, Buddhisten, Esoteriker und alle, die sich auf dem Markt der Weltanschauungen um den Sinn-Nachfrager bemühen. Gerne öffnen wir unseren christlichen Spezialitätenhandel und erklären uns bereit, auch die Produkte der Konkurrenz in unser Sortiment aufzunehmen, in der Hoffnung, die anderen tun es auch.

Der Kunde ist König, und wenn er Buddha-Figürchen, Schamanen-Tänzchen und Sufi-Amulettchen im christlichen Gottesdienst wünscht, sind wir die Letzten, die ihm das verwehren. Das Bemühen, fern Stehende wieder näher an die christliche Botschaft heranzuführen, heiligt jedes Mittel: Produktpflege, Zielgruppen-Marketing, Entertainment, Erweiterung des Sortiments, hier ein Event und da ein Event.

Eigentlich hat die Kirche, besonders die protestantische und ganz besonders der Kirchentag, so ein Marketing schon immer praktiziert. Es hieß nur nicht so. Vor dreißig Jahren erzählte die Alte den Jungen von einem Hippie namens Jesus Christ Superstar, der aussah wie Che Guevara und sang wie Bob Dylan. Ein paar Jahre später wurde Jesus Christ zum Guru, sah aus wie Baghwan, und in den Buden der Theologiestudenten schwängerte der Duft von Räucherstäbchen das Jaffa-Möbel-Ambiente. Die Zeit schritt weiter, man hörte regelmäßig von toten Fischen im Rhein und in der Nordsee und lernte Provinznester kennen wie Seveso, Bhopal, Harrisburg, Gorleben und Wackersdorf. Da färbte sich Jesus auf den Kirchentagen grün, rief zur Bewahrung der Schöpfung auf und zeigte viel Verständnis für Frauen in lila Latzhosen, die im Schein der Mondin gemeinsam menstruierten. Dann wollte Ronald Reagan die Russen totrüsten und Deutschland mit Atomraketen zupflastern, und die alte Dame band Jesus das Tüchlein der Friedensbewegten um den Hals.

Daher überraschte es wenig, dass der Stuttgarter Kirchentag Jesus als Gangsta Rapper präsentierte, als Discjockey und Multikulti, der seinem Publikum mit Techno einheizte und verkündete, das Leben sei eine Love Parade. Zwar ging es im Kirchentagsmotto um den Auftrag der Kirche, Salz der Erde zu sein, aber was sie auf dem Kirchentag servierte und auch sonst verkündet, schmeckt seit Jahren zunehmend zuckriger. Und vielleicht wird demnächst der eine oder andere Modepfarrer, dem zum Heiligen Geist und zur Jungfrau Maria schon lange nichts mehr einfällt, den DJ Jesus zum Yuppie und Existenzgründer weiterstylen, der als großer Motivator und Kommunikator das prächtigste Start-up-Unternehmen der Weltgeschichte hingelegt hat.

Bei aller Liebe zum zeitgemäßen Jesus-Bildchen-Kitsch pflegt die Alte aber auch ihre Traditionen, den »Markt der Möglichkeiten«, ein Wort, das die Wirklichkeit schärfer trifft, als es den Wortschöpfern wohl bewusst war. Die Kirche verharrt in Möglichkeiten – nie wird auch nur eine einzige real. Seit Jahrzehnten wird auf diesem Markt Dritte-Welt-Kaffee verkauft, die Gesichter der Verkäufer wechseln oder altern, aber sie verkaufen heute kaum mehr als vor fünfundzwanzig Jahren, der Welt-Kaffeemarkt wird nach wie vor von den üblichen Konzernen dominiert, und daran wird sich auch in den nächsten fünfundzwanzig Jahren nichts ändern. Es reicht, wenn man den Leuten sagt, ein fairer Handel mit den Armen, das wäre eine Möglichkeit.

Zu mehr kommt es nicht, weil jeden Stand weiter ein anderes Anliegen beachtet sein will: Schwule, Lesben, Rocker, Biker, Organtransplantierte, Tiere oder Christen in der SPD. Jedes dieser Grüppchen arbeitet sich vor Ort an ganz konkreten Problemen ab und glaubt, damit seinen Teil zur Lösung der Weltprobleme beizutragen. Tatsächlich aber kommt man einer »Lösung der globalen Herausforderungen« um keinen Schritt näher, denn das Vorhaben gleicht der Aufgabe, ein Gebirge aufzuschichten, wird aber unorganisiert und ohne Koordination verwirklicht. So schaufeln viele Einzelne und Kleingrüppchen vor sich hin, und was dabei entsteht, ist kein Gebirge, sondern eine von vielen Maulwürfshügeln übersäte Spielwiese. Der »Leib Christi« löst sich in immer mehr sich verselbstständigende Körperteile auf, die unabhängig voneinander durch die Welt geistern und vielfältige Subkulturen hervorbringen, die jeweils ihre ganz privaten Schrebergärtchen kultivieren. Kirche war eigentlich einmal als weitläufiger Park angelegt, daraus ist nun eine Schrebergartenkolonie geworden.

Am liebsten aber schaufelt man gar nicht, sondern hockt bei einer Tasse Tee oder Kaffee gemütlich zusammen und beklagt, dass zu wenig geschaufelt wird. Theoretisch hat man in der Kirche die Probleme dieser Welt schon längst und mehrfach gelöst. In den Diskussions- und Vortragshallen der Kirchentage, auf Evangelischen und Katholischen Akademien, in christlichen Arbeitskreisen, Konferenzen, Tagungen und Podiumsdiskussionen stellen Heerscharen von Berufs-Christen, Promi-Christen, Quer- und Vordenkern der Nation ihre Vorschläge zur Diskussion, welche sich auf Tonnen von Papier niederschlagen, worin dann nachzulesen ist, dass man brüderlich gestritten, kontrovers diskutiert und ernsthaft miteinander gerungen habe, aber bei allem Streit letztlich doch Einigkeit darüber herrsche, dass das Böse abzulehnen und das Gute zu befürworten sei. Sichtbare Folgen dieses Papierausstoßes sind nicht bekannt. Irgendwo im weiten Raum der Kirche muss es ein großes Lager geben, in dem sich die Papierberge türmen.

In letzter Zeit wendet man sich von den Problemen der Welt etwas ab, denn man hat eigene Sorgen, was die seit langem übliche Konferenz- und Sitzungshuberei noch verschärft und den Papierausstoß weiter erhöht. Doch die Papierberge haben ihren Sinn, denn von Zeit zu Zeit sucht die Denker und Lenker der Kirche ein schreckliches Gespenst heim, das am helllichten Tag mit einer brennenden Laterne über die Marktplätze rennt und schreit: »Ich suche Gott! Ich suche Gott!« Die seltsame Gestalt mit dem irren Blick behauptet, wir hätten Gott getötet, und fragt: Wohin bewegen wir uns nun? »Fort von allen Sonnen? Stürzen wir nicht fortwährend? Irren wir nicht wie durch ein unendliches Nichts? Haucht uns nicht der leere Raum an? Hören wir noch nichts von dem Lärm der Totengräber, welche Gott begraben? Riechen wir noch nichts von der göttlichen Verwesung?«

Friedrich Nietzsche hat diesen »tollen Menschen« zum ersten Mal gesichtet und erzählt, der Wahnsinnige sei dann in verschiedene Kirchen eingedrungen, habe darin sein »Requiem aeternam deo« angestimmt und, zur Rede gestellt, gefragt: »Was sind denn diese Kirchen noch, wenn sie nicht die Grüfte und Grabmäler Gottes sind?«

Heute kann das nicht mehr passieren, denn wenn heute der tolle Mensch kommt, öffnen die Kirchenmänner die Falltür ihres Kirchentags-Papierlagers, und der Tollwütige wird unter den Tonnen von Papier begraben. Damit niemand dessen Schreie durch die Papierberge hört, feiern die Kirchenmänner eine Techno-Messe und finden, dass es sich doch ganz kommod leben lässt in der Gruft.

McKinsey im Allerheiligsten

Für den Kirchentagsverriss bin ich vom lieben Gott sofort bestraft worden. Es hagelte Nürnberger-Verrisse. »Wenn es eine Sonne gibt, dann hat Nürnberger einen Stich«, hat ein Leser geschrieben. Das war die erste Strafe. »Ihr Kirchentagsverriss war ungerecht«, hat Ernst Ulrich von Weizsäcker lapidar mitgeteilt und gefragt: »Kennen Sie in Deutschland Orte, an denen intensiver, vorurteilsfreier, weltoffener gesprochen wird? Vielleicht auf Münchner Schickeria-Partys oder im Hamburger Übersee-Club?«

Ich bekomme oft Briefe, aber so viele und so viele böse waren es noch nie. Es hat mich ziemlich viel Zeit gekostet, kurze und lange Antworten an die Leserbriefschreiber zu verfassen, welche in ihrer Summe die Textmenge meines Verrisses um das Zehnfache überstiegen, und für diese zehnfache Textmenge gab's keinen Pfennig Honorar. Darin bestand die zweite Strafe. Manche Sünden bestraft der liebe Gott eben, aber warum nur manche und ausgerechnet meine? Das ist mindestens so ungerecht wie mein Kirchentagsverriss.

Professor Michael Schibilsky von der Evangelisch-Theologischen Fakultät der Universität München lud mich zu einem

Vortrag in sein Oberseminar, leider – und das war die dritte Strafe – ohne Honorar, nicht einmal die Spesen konnte er mir ersetzen, und so reiste ich auf eigene Kosten von Mainz nach München, um mich vor den Seminaristen für meine Unverschämtheiten zu rechtfertigen. Sie erwiesen sich dann aber doch als recht freundlich, barmherzig und gnädig, obwohl ich natürlich als abgebrochener Theologiestudent ihrem Niveau überhaupt nicht gewachsen war. Das störte mich aber nicht, ich war ja nur zur Strafe da.

Pfarrer Johannes Minkus vom »Evangelischen München-Programm« hatte nach der Lektüre meines Verrisses den Eindruck, dass meinem Artikel »einige Vorstellungen über die evangelische Kirche zugrunde liegen, die nicht ganz unserer Wahrnehmung entsprechen«. Auch er lud mich zu einem Gespräch, zu dem es dann aber doch nicht gekommen ist, nicht nur, weil ich auch diese Münchenreise wieder aus eigener Tasche hätte bestreiten müssen – wozu zahle ich eigentlich Kirchensteuer? –, sondern weil im Briefkopf des Pfarrers die Wörter »Forschung, Entwicklung, Beratung« und »Controlling« standen, darunter gab es eine Leiste mit so Wörtern wie »Dringend«, »Zur Erledigung«, »Zur Stellungnahme«. Deshalb beschlich mich das Gefühl, keine Einladung, sondern eine Vorladung erhalten zu haben.

Ob auf Münchner Schickeria-Partys oder im Hamburger Übersee-Club intensiver, vorurteilsfreier und weltoffener gesprochen wird als auf evangelischen Kirchentagen, weiß ich nicht. Ich wohnte zwar lange in München und auch in Hamburg, aber in beiden Städten ist der eine wie der andere Kelch an mir vorübergegangen. Dagegen habe ich mich schon auf zahlreichen Kirchentagen herumgetrieben und kann, was die Gesprächsatmosphäre betrifft, Ernst Ulrich von Weizsäcker nur zustimmen und gestehe sogar, dass ich mich kaum wo auf der Welt wohler fühle als unter den Quer-, Vor- und Tiefdenkern und den Promi-Christen des Kirchentags.

Mein Kirchentagsverriss war tatsächlich ungerecht. Aber notwendig. Darum folgt ihm jetzt ein ganzes Buch.

Die Leserreaktionen auf meinen Artikel in der *SZ* haben mir gezeigt, dass es noch viel Liebe zur Kirche gibt und noch viel Bereitschaft, sich für die Kirche zu engagieren. Mindestens ebenso groß wie die Engagement-Bereitschaft scheint mir aber auch die Orientierungslosigkeit zu sein. Weil das Engagement nicht weiß, wo es hin soll, verpufft es in Wirkungslosigkeit. Was Kirche ist, wie Kirche ursprünglich eigentlich gedacht war und was sie heute und in der Zukunft sein sollte, darauf gibt es inzwischen so viele Antworten, wie es Christen gibt. In der Kirche als Ganzes entsteht daher ein großes Maß an Unverbindlichkeit, Widersprüchlichkeit und Unübersichtlichkeit, und zugleich erscheint Religion, christlicher Glaube, als Privatsache.

Christlicher Glaube ist aber keine Privatsache, sondern eine öffentliche und verbindliche Angelegenheit. Das möchte ich mit meinem Buch ins Bewusstsein derer bringen, die einer christlichen Privatreligion frönen. Und den Engagierten, die auf meinen Kirchentagsverriss mit Unverständnis, Empörung oder Irritation reagiert haben, wie auch den Engagement-Bereiten beider Kirchen möchte ich mich erklären, weil ich meine, dass es an der Zeit ist, sich einmal gründlich mit der Kirche auseinander zu setzen, nicht nur mit dem christlichen Glauben, sondern auch mit der Institution dieses Glaubens.

Es reicht nämlich nicht, intensiv, weltoffen und vorurteilsfrei miteinander zu reden. Das ist zwar viel wert, und ich unterschätze das nicht, aber was mir seit Jahren zunehmend auf die Nerven geht, ist die totale Folgenlosigkeit dieser intensiven, weltoffenen und vorurteilsfreien Gespräche. Was immer auch auf dem Kirchentag mit größter Leidenschaft verhandelt wird – die Welt kümmert's nicht. Sie geht ungerührt und unbeeinflusst von den Kirchen, Kirchentagen und allem christlichen Glauben weiter ihren Gang. Wenn das Reden immer nur weiteres Reden evoziert, aber keine einzige Tat und keine sichtbare Veränderung, dann kann man das Reden auch lassen. Vielleicht wäre ein zeitweiliges Verstummen, ein ratloses Schweigen und ein zeitweises Innehalten inmitten der hektischen kirchlichen Hyperaktivität tatsächlich hilfreich und der Lage der Kirchen angemessener als die stetige Produktion von Papier.

Hat sich denn Christus dafür ans Kreuz nageln lassen, dass wir bei einer guten Tasse Kaffee geistreiche Gespräche führen und uns gegenseitig bei dem Versuch überbieten, die Probleme dieser Welt theoretisch zu lösen? Glaube muss Früchte tragen, und wenn klug voll geschriebene Papierberge über Jahrzehnte hinweg die einzigen Erträge sind, dann ist das eine etwas kärgliche Ernte. Ich sage nicht, dass dieses Papier nichts wert ist. Ich sage nur: Dieses Papier wird eine Gesellschaft, die zunehmend auf Wertpapiere setzt, kaum noch beeindrucken.

Ich weiß schon: Dieses Buch ist auch wieder nur Papier. Aber am Ende enthält es einen Plan, dessen Verwirklichung vom Reden, Schreiben und vom Papier wegführt, hin zu organisiertem Handeln und zu sichtbaren Veränderungen. Aber dieser Plan muss vorbereitet werden, sonst wird er nicht verstanden, und daher geht es jetzt erst einmal, wie üblich, im alten Trott auf Papier weiter.

Ich muss zunächst begründen, warum die Kirche nach meiner Überzeugung auf dem falschen Trip ist, wenn sie glaubt, sich mit Hilfe von McKinsey in die nächsten Jahrhunderte retten zu können. Und weil ich möchte, dass die Kirche aufhört mit diesem Unfug, muss ich begründen, was mich, einen Laien, welcher der Kirche fern steht, so sicher macht, etwas für Unfug zu erklären, was mehrfach promovierte Theologen, Bischöfe und Kirchenräte als sinnvoll erachten. Und ich muss begründen, warum mich die Vorstellung von McKinsey als Berater der Kirche so wahnsinnig aufregt. Es könnte mir doch wurscht sein.

Ich könnte doch wie die vielen mich umgebenden, modernen Durchschnittsmenschen sagen: Was geht mich die Kirche an? Die Kirche steht mir ferner als die fernsten Sonnen. Ist es mein Problem, wenn die Kirche ihrer eigenen Botschaft nicht mehr traut? Soll sie doch endlich untergehen. Sie hat zweitausend Jahre Zeit gehabt, ihre Existenzberechtigung zu erweisen. Wenn sie's noch immer nicht kann, wird sie's auch künftig nicht können, also weg mit ihr, sie ist überflüssig, die Welt kommt gut ohne sie zurecht. Nur wenige werden ernsthaft leiden, wenn es die Kirche nicht mehr gibt.

So denken viele, und so habe ich eigentlich während der

letzten zwanzig Jahre auch gedacht – bis zu jenem Tag, an dem ich diese McKinsey-Meldung in der Zeitung gelesen habe und mir gewiss wurde: Das ist das Ende der Kirche.

Diese Gewissheit hätte mich eigentlich gleichgültig lassen müssen. Hat sie aber nicht. Es dauerte ein bisschen, bis mir bewusst wurde: Den Gedanken, dass die Kirche aus der Welt verschwindet, finde ich unbehaglich, nein, ich finde ihn sogar schwer erträglich. Und eigentlich habe ich das doch immer gewusst, schließlich hat meine Gleichgültigkeit gegenüber der Kirche nie zum Kirchenaustritt geführt. Seit Jahrzehnten zahle ich Monat für Monat meine Kirchensteuer und bekunde damit: Ich will, dass es die Kirche gibt.

Ich weiß zwar nicht genau, warum ich es will, ich weiß nicht, was ich mir von der Kirche eigentlich noch erhoffe, weiß auch nicht genau, wozu ich Kirchensteuer zahle, aber ich habe meine beiden Kinder taufen lassen. Sie gehen zwar nicht in den Kindergottesdienst, ich schicke sie auch nicht in die Kirche, sondern gucke mit ihnen am Sonntagmorgen »Siebenstein« und »Löwenzahn« und die »Sendung mit der Maus«, gehe also selber auch nicht in den Gottesdienst, nicht einmal an Weihnachten, ich bete auch nicht, nicht einmal in der größten Not, da gerade nicht, und trotzdem regt mich der Gedanke auf, die Kirche könnte aus der Weltgeschichte verschwinden. Warum? Warum will ich, dass es sie weiter gibt?

Und ich stehe mit diesem widersprüchlichen Verhalten nicht allein. Millionen von Kirchensteuerzahlern lassen sich jahrein, jahraus in keiner Kirche blicken, interessieren sich nicht für die Veranstaltungen ihrer Kirchengemeinde, lesen keine Kirchenzeitung, und beim »Wort zum Sonntag« gehen sie pinkeln und anschließend zum Kühlschrank, um sich das nächste Bier zu holen. Warum zahlen sie trotzdem immer weiter? Offensichtlich, weil auch sie wollen, dass es die Kirche weiterhin geben soll. Warum wollen sie es? Irgendeine Hoffnung, irgendeine Erwartung an die Kirche haben sie offenbar noch, und sei es auch nur der Wunsch nach einem christlichen Begräbnis – ein Wunsch, der aber nicht die Frage beantwortet, warum solche Kartei-Christen christlich begraben werden wollen.

Ich fühlte mich nicht aufgerufen, solchen Fragen, Resthoffnungen und Resterwartungen nachzugehen. Ich hätte all das wahrscheinlich auf sich beruhen lassen, wenn nicht ungefähr zeitgleich mit dem Stuttgarter Kirchentag mein Buch über die Machtwirtschaft[2] erschienen wäre. Für dieses Buch, so zeigt sich jetzt, sind die Ohren gespitzt, vor allem in der Kirche. Von keiner Institution werde ich so oft eingeladen, über dieses Buch zu sprechen, wie von der Kirche, von der protestantischen genauso wie von der katholischen. Und genau genommen ist es kein Zufall, dass es so ist.

Obwohl es in diesem Buch, wie der Titel schon sagt, um unser Wirtschaftssystem geht, obwohl in diesem Buch die Wörter »Bibel«, »Kirche«, »Jesus« oder »Heiliger Geist« kein einziges Mal vorkommen, ist es doch letztlich ein Buch im Geist des Christentums. Eine seiner Thesen lautet, die nationalstaatlich organisierten Demokratien gehen unter dem Diktat global organisierter Wirtschafts- und Aktionärsinteressen zugrunde. Den global operierenden Pensionsfonds, Großinvestoren und supranationalen Konzernen stellt sich keine globale Gegenmacht entgegen, und darum wird die Welt gegenwärtig von den wirtschaftlich mächtigen Gruppen radikal umgepflügt und deren Interessen unterworfen. Die Wertegesellschaft Bundesrepublik wandelt sich zu einer Wertpapiergesellschaft, und nicht nur sie, alle anderen westlichen Länder machen die gleiche Entwicklung durch, und Japan und die Länder Südostasiens offenbar auch.

Eine andere These des Buchs besagt, dass ein neuer Glaube im Entstehen begriffen ist, der Glaube an Markt und Technik. Ich habe ihn unter dem Begriff »Kalifornische Ideologie« beschrieben, bin aber inzwischen überzeugt, dass es mehr ist als nur eine neue Ideologie. Es ist eine neue Weltreligion, und sie gleicht jenen Fruchtbarkeitsreligionen des Gottes Baal, welchen das Volk Israel in der Wüste vor rund zweieinhalb Jahrtausenden abgeschworen hat, und manchmal auch der Religion des Gottes Melech, von dem sich das Wort »Moloch« ableitet und der Menschenopfer forderte.

Als mir das klar wurde, war mir auch klar, warum die Kirche

jetzt eigentlich erwachen und sich mit dieser neuen Religion auseinander setzen müsste. Und mir wurde klar, was ich mir von beiden christlichen Kirchen, aber auch vom Judentum jetzt eigentlich erhoffe: Aufklärung, Deutung, Widerstand. Widerstand gegen die neue Fruchtbarkeitsreligion, Deutung unserer Gegenwart als Tanz ums Goldene Kalb, Aufklärung über das, was wir tun, wenn wir auf die Götzen Markt und Technik setzen statt auf den Gott Abrahams, Jakobs und Isaaks, der sein Volk aus Ägypten geführt hat, schließlich Nachdenken über das Phänomen des »Neuen Marktes«, der von »Hoffnungswerten« getrieben wird und uns zeigt, wie heruntergekommen das Wort »Hoffnung« inzwischen ist.

Die Kirche ist die einzige globale Organisation, die sich der globalen Herrschaft der Wirtschaftsinteressen in den Weg stellen könnte. Genau das ist meine Erwartung an die Christen und Juden der Welt. Ich erwarte, dass sie Flagge zeigen. Ich erwarte, dass sie die letzten Reste des Christentums und des Humanismus gegen die am Horizont sich abzeichnende Barbarei verteidigen, bewahren, neu aufbauen und dem digitalen Kapitalismus eine weithin sichtbare und anziehende Alternative entgegensetzen.

Ich erwartete es übrigens auch von den christlichen Parteien, und ich erwartete es von der SPD. Aber diese Erwartung habe ich inzwischen begraben, so dass die Kirchen jetzt buchstäblich meine letzte Hoffnung sind ...

Aber worauf hoffe ich da? Sind denn die Kirchen für einen Kulturkampf gerüstet? Ist sich die Kirche überhaupt bewusst, dass sie jetzt kämpfen müsste? Es sieht nicht danach aus. Ausgerechnet in einer historischen Situation, in der die Kirche wirklich gebraucht würde, ist sie nicht da, weil sie mit sich selber beschäftigt ist.

Gerade wegen jener Entwicklungen, die ich in meinem Buch über die Machtwirtschaft und den digitalen Kapitalismus beschrieben habe, war ich so überaus alarmiert, als ich zum ersten Mal in der Zeitung davon las, dass sich die Kirche jetzt von McKinsey beraten lässt. Kirche und McKinsey, »Kirchen-Marketing«, das Kirchenmitglied als »Kunde«, das Evangelium als

»Produkt«, neue Gottesdienstformen als »Innovation«, der Pfarrer als Arbeitnehmer, der für seine Vorgesetzten »Leistungsnachweise« erbringen muss, das Pfarrhaus unter der Fuchtel von Erbsenzählern und Buchhaltern, so genannten »Controllern« – da standen mir die Haare zu Berge, und ich fragte mich: Muss wirklich ein dahergelaufener Agnostiker kommen und die Kirchen daran erinnern, dass Jesus die Marktschreier aus dem Tempel gejagt hat?

Die Kirche glaubt also diesem Jesus offenbar selber nicht mehr, glaubt lieber den schicken Marketing-Aposteln. Wie kann sie da erwarten, dass andere auf sie vertrauen? Wenn die Kirche eine Zukunft haben will, dann darf sie sich nicht McKinsey anvertrauen, sondern muss ihren eigenen Geschichten neu vertrauen. Ich weiß schon, das sagt sich leicht für einen, der von außen auf die Kirche sieht. Wer mitten drin ist und als Kämmerer heute nicht weiß, wovon er morgen seine Pfarrer, Diakone, Erzieherinnen, Sekretärinnen und Krankenschwestern bezahlen soll, kann nicht die Hände in den Schoß legen und sagen: Der Herrgott wird's schon richten. Er wird fragen: Was schlägst du mir denn vor, worin besteht deine Alternative?

Ich werde mich um eine Antwort bemühen, aber ich kann sie nicht jetzt schon geben. Ich muss diese Antwort vorbereiten, und darum bitte ich um Geduld und sage vorerst nur: Die Kirche wird ihre Finanzprobleme und alle sonstigen Probleme auch mit Hilfe von McKinsey auf Dauer nicht lösen können, solange sie nicht ihr Hauptproblem löst, die seit der Aufklärung unbewältigte Glaubenskrise. Der Ausweg aus dieser Krise wird der Kirche so lange nicht gezeigt werden, solange sie die Krise leugnet oder verdrängt oder sich dagegen immunisiert oder mit Hyperaktivismus darüber hinwegsetzt. Wie man nach der Aufklärung noch an Gott glauben kann – auf diese Frage gibt die Kirche zwar verschiedene Antworten, ist damit aber selber nicht richtig zufrieden, scheint die Suche nach einer zufrieden stellenden Antwort aufgegeben zu haben, mogelt sich mit ihrem Aktivismus darüber hinweg und bastelt sich eine Immunitätsstrategie.

Sie wird bessere Antworten gewiss nicht finden, wenn sie einfach so weitermacht wie in den letzten fünfzig Jahren. Sie kann eine überzeugende Antwort, wenn überhaupt, nur finden, wenn sie sich als das »Volk Gottes« neu sammelt, neu aus Ägypten auszieht, die dampfenden Fleischtöpfe des digitalen Kapitalismus verlässt und in der Wüste – vielleicht – neue Erfahrungen macht mit Gott. Trachtet als Erstes nach dem Reich Gottes, so wird euch alles andere von selbst zufallen – auf diese Zusage muss die Kirche bauen.

Aber was tut die Kirche? Sie öffnet dem Totalkapitalismus ihre Türe, kapituliert nicht nur vor ihm, sondern gibt sich ihm hin. McKinsey in der Kirche! Das ist so ziemlich das falscheste Signal, das ich mir in der heutigen Zeit vorstellen kann. Mir ist, als sei der Teufel ins Allerheiligste vorgedrungen. Und dabei glaube ich doch gar nicht an den Teufel.

Die Angst der Kirche vor der Zukunft

»Viele Ehepaare haben ein simples Steuersparmodell entdeckt: Der verdienende Partner verlässt die Kirche, der nicht verdienende bleibt. Effekt: Das Paar kann die kirchlichen Leistungen nutzen, ohne Steuern zu zahlen.« Mit solchen und ähnlichen Steuerspartipps – überdurchschnittlich gut Verdienende können ihre Kirchensteuer »kappen« – berät das Wirtschaftsmagazin *Capital*[3] seine wohlhabende Klientel.

Ja, die Kirche hat's nicht leicht, wenn die Vermögenden einerseits gerne bei Taufen, Hochzeiten und Beerdigungen auf einen kirchlichen Zeremonienmeister zurückgreifen, dafür andererseits nicht mehr so richtig zahlen wollen. Aber *Capital* hat's auch nicht leicht. In diesen Tagen, da ich dieses Buch schreibe, verstärken die Zeitungen ihre Wirtschaftsteile, beglücken die Verlage ihr Publikum mit neuen Wirtschaftsmagazinen und überbieten einander in dem Bemühen, es dem Leser recht zu machen, der Steuern sparen will, sein Einkommen zu erhöhen wünscht und danach trachtet, mit möglichst wenig

Einsatz möglichst schnell möglichst reich zu werden. Deutschland ist neuerdings sehr »economy-minded«[4].

»Parallel zum Aufblühen neuer journalistischer Gewächse wie *Geld-Idee* oder *Focus money* ist am anderen Ende des Gemüsegartens das Verdorren der Kirchenpresse zu beobachten.«[5] Wenn demnächst das *Deutsche Allgemeine Sonntagsblatt* durch ein Monatsperiodikum ersetzt wird, dann gibt es »nur noch zwei Hand voll regionaler Kirchenzeitungen beider Konfessionen, denen die Leser unter der Hand zerrinnen. Vielleicht sind die Deutschen nicht mehr besonders religion-minded?«[6]

Dann liegt *Capital* doch genau richtig mit seinen Ratschlägen. Wer sie und noch mehr deren Befolgung für schäbig hält, hat zwar Recht, soll sich aber nicht wundern, wenn künftig eine wachsende Zahl vermögender Christen genau nach diesem Modell verfahren wird. Erstens verhalten sich solche Christen dem Geist der Zeit gemäß, und zweitens fordert die Kirche so ein Verhalten selber heraus, wenn sie mitspielt und auch noch anfängt, sich selbst als Dienstleister zu betrachten.

Man versteht es ja: Die Kirche spielt mit aus Angst, ihre vermögenden Mitglieder zu verlieren, wenn sie auf Zahlung des vollen Betrags besteht. Diese Haltung ist kaufmännisch, realistisch und würdelos.

Wenn die Kirche anfängt, sich als Dienstleister zu betrachten, darf sie sich nicht wundern, dass ihre Mitglieder anfangen, sich wie Kunden zu verhalten. Kunden handeln ökonomisch. Ökonomisch ist es, möglichst wenig zu zahlen und dafür möglichst viel zu bekommen. Also wäre es dumm, dem *Capital*-Tipp nicht zu folgen.

Wäre es trotzdem nicht doch klüger, als Kirche auf clevere Mitglieder, die nach der *Capital*-Methode verfahren, zu verzichten? Seelsorge gehört zu den wichtigsten Aufgaben der Kirche, die Sorge um Krämerseelen eigentlich nicht.

Aber die Schatzmeister der Kirchen flüstern ihren Bischöfen ein, dass sie sich so etwas wie Würde gar nicht mehr leisten können, denn das Geld wird einfach immer weniger. Wegen Mitgliederschwund. Prozentual gesehen ist er zwar klein, aber über all die Jahre stetig. Wenn die derzeitige Austrittsquote von 0,7 Prozent konstant und das Kirchensteuersystem in seiner jetzigen Form erhalten bleibt, dann »wird die finanzielle Leistungsfähigkeit der protestantischen Kirche bis zum Jahr 2030 voraussichtlich um die Hälfte abnehmen«[7].

Es kann aber auch noch schlimmer kommen. Wenn die Arbeitslosigkeit zu- statt abnehmen sollte, sänken die Einnahmen der Kirchen weiter. Ganz sicher belastet die demografische Entwicklung die kirchlichen Finanzen. In den kommenden zehn Jahren wird »ein guter Teil derjenigen das Rentenalter erreichen, die gegenwärtig die Hauptlast der Kirchensteuer tragen«[8].

Dass sich angesichts solcher Aussichten apokalyptische Vorstellungen breit machen in den Ordinariaten und Diözesen, dass Pfarrer erwägen, ihre Kirche zu verkaufen, dass die für Finanzen zuständigen Oberkirchenräte ihren Bischöfen laut in die Ohren schreien und die Bischöfe daraufhin voller Schreck auf die Bremse treten, ist verständlich. Die Schließung kirchlicher Bildungseinrichtungen, Etatkürzungen bei der Alten- und Jugendarbeit, Stellenabbau, Einstellungsstopps und sogar Entlassungen sind angesichts dieser Realität ebenfalls verständlich. Da können die kirchlichen Mitarbeiter, die Pfarrervereine und die Gewerkschaften hundert Mal an die Verantwortung der Kirche als Arbeitgeber appellieren – wenn jedes Jahr weniger Geld in der Kasse ist, verbietet es sich, die Ausgaben zu erhöhen. Sie lassen sich nicht einmal konstant halten. Man kann darüber streiten, ob es die Kirchenleitungen mit dem Sparen übertreiben, man kann auch darüber streiten, wo und wie viel sie sparen sollen, aber nicht darüber, ob sie sparen müssen.

Wenn gespart werden muss, dann ist es auch nicht des Teufels, darüber nachzudenken, wie man mit den verbleibenden Mitteln möglichst effizient umgeht und aus jeder Mark das Maximum herausholt. Es erscheint dann nicht einmal so abwegig, sich professionellen Rat bei einer Unternehmensberatung zu holen, die schon tausend andere Großunternehmen durchforstet und auf der Suche nach Geldverschwendungs-Mechanismen stets fündig geworden ist. Dies alles bewegt sich im Rahmen des Vernünftigen und kann auch einem besonderen »Unternehmen«, wie es die Kirche ist, nicht schaden.

Als ich dann aber hörte, dass es nicht nur ums Sparen und um einige Korrekturen im Management geht, sondern um eine grundsätzliche Öffnung der Kirche für Ideen aus dem Marketing, und als ich hörte, nicht nur die Münchner Evangelische Kirche lasse sich schon seit längerer Zeit von McKinsey beraten, sondern in zahlreichen evangelischen Landeskirchen und katholischen Bistümern und Diözesen würden ebenfalls kirchliche Mitarbeiter von Managern aus der Wirtschaft auf Wettbewerb getrimmt, dachte ich: Jetzt drehen sie durch, die Kirchenoberen.

Zu »totalem Kundenkontakt« habe der Marburger Sozialethiker Wolfgang Nethöfel die evangelische Kirche aufgefordert, meldete die dpa. Die Kirche müsse ihre »Unternehmensziele« klarer bestimmen und sich entscheiden, ob sie »Marktführer« bleiben oder »als Nischenanbieter Profil gewinnen« wolle, habe Nethöfel auf dem Kongress »Unternehmen Kirche« in Hamburg gefordert.

Immer häufiger las ich, dass irgendwelche Berater der Kirche einzureden versuchten, sie befinde sich auf dem »religiösen Markt«, bedürfe darum eines höheren Grades an »Kundennähe« und »Kundenorientierung«, einer »Corporate Identity« und der notwendigen »Konzentration aufs Kerngeschäft«. Das »Produkt« der Kirche, die Botschaft Jesu Christi, sei zeitlos gut, las ich, aber – so konnte man heraushören – das Verkaufspersonal sei zu dumm und zu unfähig, um das hervorragende Produkt zu vermarkten. Im Wettbewerb der »Sinnanbieter« mache die Kirche daher eine schlechte Figur.

In der Kirche sieht Nethöfel einen »Anbieter auf dem Sinnstiftungsmarkt«, der »Unternehmensidentität im Marktkontakt« herstellen solle. Sie sei dann »gebunden an Standardisierung und Standards, Professionalisierung und Qualitätskontrolle, und sie setzt unter dem Druck eines niemals endenden Wettbewerbs gleichzeitig vorwärts drängende Forschung und Entwicklung voraus«. Das »Unternehmen Kirche« solle »kämpfen um Kundinnen und Kunden« und »Markt- und Meinungsführerschaft anstreben, auch wenn dies gerade nicht in die langfristige Ökumenediplomatie passt«. Im Krisen- und Trauerfall werde es einen »Wettbewerb geben um die schnellste Erreichbarkeit, den perfektesten Kundenservice« (Nethöfel).

Ich habe schon viel bescheuerten Unsinn aus der Kirche gehört, so einen bescheuerten Unsinn aber noch nie. Das erinnert mich doch sehr an das Reiten toter Pferde. Wenn die Kirche, wie es scheint, sich tatsächlich das Vokabular der Marketing-Experten aneignet und auch noch danach handelt, dann gibt sich die Kirche selber auf und mästet nur noch ihre Berater aus der Wirtschaft. Das ist eine Bankrotterklärung der Kirche, die nicht mehr weiß, was sie ist und was sie soll. Die Kirche, so kommt es mir vor, ist nicht nur von Gott und vom Heiligen Geist verlassen, sondern von jeglichem Geist überhaupt. Das ist ihr Ende.

Die unwürdige Greisin

Drei Werbeplakate: Das erste zeigt eine Nonne mit einem nackten Po, das zweite einen nackten Mann, der sich im Kleiderschrank versteckt hat, das dritte eine hübsche Blondine im Beichtstuhl. Eines der drei Plakate wirbt für die Kirche.

Nein, es ist nicht die Blonde im Beichtstuhl. Die hat dem Beichtvater gerade eine Zigarette der Marke West zugesteckt, und sagt: »Test it.«[9] Es ist auch nicht die Nonne mit dem nackten Po. Die wirbt zwar für eine Messe, aber für eine schwarze, im Rahmen einer Sexmesse.[10]

Also der Nackte im Schrank. Er wirbt für die christliche Eheberatung und sagt: »Willkommen in der Kirche.«[11]

Und wie finden wir das jetzt? Super? Prickelnd? Geil? Die Werber waren sicher sehr stolz auf ihren Einfall, empfanden ihn als gelungen und werden sich gedacht haben: Noch ein paar solcher Plakate, diese über mehrere Jahre überall aufgehängt, und die Kirche hat ein superknackiges Image.

Pfarrer Werner Rohrer von der Evangeliumskirchengemeinde in Berlin-Reinickendorf, der die Plakatkampagne mit dem Segen seiner Oberen und seiner Gemeinde am Reformationstag 1999 gestartet hat, mag sich gedacht haben: Endlich sehen wir einmal nicht alt aus. Endlich können wir der Öffentlichkeit mal demonstrieren, dass auch wir von heute sind. Und denen, die immer so tun, als sei Kirche etwas Ewiggestriges und Verstaubtes, haben wir es gezeigt. Die werden sich verdutzt die Augen reiben, die werden jetzt zugeben müssen: Die Kirche befindet sich durchaus auf der Höhe ihrer Zeit.

Die Plakate brächten die Kirche ins Gespräch, hoffte Pfarrer Rohrer, und es sei schon etwas gewonnen, wenn die Leute wieder über die Kirche redeten – und dann vielleicht auch darüber, warum sie ihr angehörten.[12]

In der Tat frage ich mich, warum ich noch einer Kirche angehören soll, die eben mal zweihunderfünfzigtausend Mark[13] zum Fenster hinauswirft, um sich ins Gespräch zu bringen. Hätte der Pfarrer die Viertelmillion doch wenigstens in kleinen Scheinen vom Kirchturm herab auf die Penner Berlins geworfen, dann hätte er immerhin bundesweit Aufsehen erregt, und für die Penner wär's ein Fest gewesen.

Aber was gewonnen ist, wenn ein paar Leute über einen Nackten im Schrank reden und sich fragen, was er wohl mit Kirche zu tun hat, das weiß ich nicht. Und warum die Kirche es nötig hat, für ihre Eheberatung zu werben, weiß ich auch nicht. Wenn ihre Beratung gut ist, braucht sie keine Werbung, wenn sie schlecht ist, hilft keine Werbung, und wenn sie nur ein Anlass sein soll, um die Kirche ins Gespräch zu bringen, so ist die Eheberatung ein etwas abseitiger Anlass und Nacktheit das primitivste und einfallsloseste Mittel, um einen Hingucker zu erzeugen.

Wenn es so viel Geld kostet, um für kurze Zeit in einem einzigen Stadtteil auf sich aufmerksam zu machen, dann kann man sich ausrechnen, wie viele Millionen und Abermillionen es verschlingen würde, wollte sich die Kirche bundesweit ins Gespräch bringen. Täte sie es, müsste sie sich fragen lassen, ob sie verrückt geworden sei.

Selbst wenn die Kirche es schaffte, sich durch Werbung wieder ins Gespräch zu bringen, wäre ja noch nichts für sie gewonnen. Was hätte die Kirche davon, im Gespräch zu sein, ohne neue Anhänger zu gewinnen? Was hätte sie davon, wenn die Leute zwar über sie sprächen, aber sonntags dennoch nicht in den Gottesdienst gingen und sich in ihrer Freizeit dennoch nicht in ihrer Gemeinde engagierten? Was hätte sie davon, wenn ausgetretene Mitglieder über sie redeten, aber im Traum nicht daran dächten, wieder in die Kirche einzutreten?

Wollte die Kirche ein bisschen mehr erreichen als nur Gerede über sie – materielles, ideelles und persönliches Engagement ihrer Mitglieder für die Kirche, Stärkung des Glaubens ihrer Mitglieder, Rückkehr ausgetretener Mitglieder in den Schoß der Kirche –, so würden mehrere Jahresetats der Kirchen beider Konfessionen nicht genügen, um die Werbung zu bezahlen, die dafür nötig wäre. Und am Ende würde sich herausstellen, dass das, worauf es wirklich ankommt – die Fähigkeit, den Lauf der Welt zu beeinflussen, wieder weltgestaltende Kraft zu werden –, auch mit der teuersten und besten Werbekampagne der Welt nicht zu erreichen ist.

Werbung für die Kirche sagt vor allem eins: Uns Kirchenleuten fällt nichts mehr ein. Wir sind am Ende mit unserem Kirchenlatein.

Und mit Plakaten wie dem vom Nackten im Schrank befindet sich die Kirche nicht auf der Höhe ihrer Zeit, sondern auf der Höhe des gerade herrschenden Zeitgeistes, und dessen Niveau nähert sich derzeit mit hohem Tempo dem Niveau bekannter Peep-Show-Moderatorinnen.

Machte der Nackte im Schrank Schule, entstünde ein vollkommen falsches Bild von Kirche. Damit ließe sich möglicherweise ein jugendliches Image erzeugen – aber wie glaubwürdig kann jemand sein, der zweitausend Jahre auf dem Buckel hat und meint, diese zwei Jahrtausende mit jugendlicher Pseudo-Modernität wegschminken zu müssen? Warum erscheint der Kirche ihre zweitausendjährige Erfahrung überhaupt als Schwäche und als Konkurrenznachteil statt als das, was es wirklich ist: ein in der Welt und der Weltgeschichte ziemlich einmaliger »Wettbewerbsvorteil«, ein von keinem Unternehmen dieser Welt einzuholender Entwicklungsvorsprung?

Jugendliche sind heute umzingelt von jugendlichen Moderatoren, Pop-Stars, Schauspielern und Unternehmensgründern, sie haben jugendliche Eltern und hyperaktive Großeltern, die sich »junge Alte« nennen und sich auch so verhalten, wogegen nichts zu sagen ist, aber vielleicht sehnen sich Jugendliche gerade deshalb mal nach einer gütigen, weisen, rüstigen Alten, die Zeit hat, die zuhört, fragt, sich fragen lässt, klar antwortet und auch führt.

Warum also beugt sich die Kirche dem allseits grassierenden Jugendlichkeitswahn, statt ihn lächerlich zu machen oder ihn zumindest zu kritisieren? Eine Kirche, die jeden Wahn und jede Mode mitmacht, wird selber lächerlich. Eine Kirche, welche die Denkmuster der Welt nicht kritisiert, sondern übernimmt und sich selbst zu Eigen macht, brauchen wir nicht. Die kann gehen. Die soll untergehen.

Der Tanz der Schamanen ums Krankenbett der Kirche

Das muss ein Kulturschock gewesen sein – für beide Seiten. Da schlüpfen die Herren von der Unternehmensberatung und einer PR-Agentur in ihre Business-Kampfanzüge aus feinem Tuch und sagen: So, jetzt werden wir die schlafmützige Kirchenmannschaft mal auf Vordermann bringen.

Wochenlang haben sie sich auf ihren Auftritt vorbereitet, haben Informationen über ihren Kunden gesammelt, während zahlreicher Meetings ausgewertet, verarbeitet und daraus Leitideen entwickelt, Ziele formuliert, Strategien ausgebrütet und alles fein säuberlich mit vielen Pfeilen, Kästen, Diagrammen und Organigrammen auf Overhead-Folien gedruckt. Wäre doch gelacht, wenn wir nicht auch Pfarrer, Kaplane und Bischöfe zu einer schlagkräftigen Truppe trimmen könnten.

Nun kommt's zum ersten Zusammentreffen. Vorne, am Overhead-Projektor, die gepflegten Yuppies in ihren Designer-Klamotten, vor Tatendrang berstend, vor Energie vibrierend und ungeduldig auf das Ende der Aufwärm- und Kennenlernphase wartend, um sofort die fünfundzwanzig Folien voller Ziele, Ideen, Visionen und Ist- und Sollzustände an die Wand zu klatschen.

Hinten die nachlässig gekleideten Pfarrer, die mit mäßigem Interesse, aber zunehmender Verwunderung der fremden Sorte Mensch bei ihrem alltäglichen Folienzauber zusehen. Zu diesem Zeitpunkt wissen viele Pfarrer noch nicht, dass sie es fast mit so etwas wie ihresgleichen zu tun haben.

Pfarrer, welche die Wirtschaft nicht von innen kennen und ihre Informationen darüber ausschließlich aus der Zeitung, aus Büchern, Filmen beziehen oder aus ihrer Schulzeit bezogen haben, gehen ganz unbefangen davon aus, dass es sich bei Männern und Frauen aus der Wirtschaft um hart gesottene Realisten und wissenschaftlich geschulte Praktiker handelt. Diese Erwartung übertragen sie auch auf die Unternehmensberater und PR-Manager. Auf die Idee, dass vor ihnen die Weiterentwicklung einer Schamanentruppe in spezifisch westlicher Ausprägung steht, die mit englisch-deutsch-lateinischem Kauderwelsch, uniformer Kleidung, entschlossenem Auftreten, ritualisierten Routinen und neuartigen Beschwörungsformeln eine Nebelkerze nach der anderen zündet, Feuerwerke aus verfremdet formulierten Banalitäten abbrennt und mit kunstvoll aufeinander abgestimmten Binsenweisheiten einen beeindruckenden Budenzauber entfacht – auf diese Idee kommt ein normaler Pfarrer zunächst mal nicht.

Der normale Pfarrer, der schon von so mancher Anfechtung und so manchem Zweifel heimgesucht worden ist, wird beeindruckt sein, weil die Truppe vor ihm offenbar von keinem Selbstzweifel angekränkelt ist. Man kennt das von Sektierern und Fundamentalisten, die ebenfalls regelmäßig ihrem eigenen Zauber auf den Leim gehen und vor allem deshalb so überzeugend wirken, weil sie tatsächlich alles selber glauben, was sie sagen. Unternehmensberater, bei denen Schein und Sein weit auseinander klaffen, unterliegen ähnlichen Selbstsuggestions-Mechanismen.

Was werden die Schamanen den Pfarrern bei solchen Meetings wohl erzählt haben? Wahrscheinlich das, was man ohnehin schon weiß, was sie in der Zeitung gelesen haben, was sie aus eigener, weit zurückliegender Erfahrung mit der Kirche wissen, was sie von anderen gehört haben und was man in Büchern liest, also: Glaubensschwund, Entkirchlichung, kaum junge Leute, deprimierend kleine Zahl an Gottesdienstbesuchern, Geldsorgen, schwierige Zukunft, vielleicht gar keine Zukunft mehr. Diese Probleme, so werden die Schamanen gesagt haben, könne man mit Marketing lösen, vielleicht nicht vollständig, gewiss aber teilweise, und mit Marketing garantiert besser als ohne. Deshalb seien sie hier, deshalb säße man hier zusammen.

Die Pfarrer werden sofort gefragt haben: Ist Marketing nicht etwas für gewinnorientierte Unternehmen? Kann Kirche die Methoden von Profit Centers so ohne weiteres übernehmen? Lässt sich denn das Evangelium vermarkten wie Wasser, Strom, Girokonten?

Dafür sind die Schamanen dankbar, denn mit diesen Fragen haben sie gerechnet. Glänzend vorbereitet werden sie daher antworten, die Frage beruhe auf Unkenntnis, vielleicht auch auf Missverständnissen, und klären auf: Der Marketingbegriff, ursprünglich für gewinnorientierte Unternehmen entwickelt, habe sich erweitert, schließe jetzt auch »Non-Profit-Unternehmen« mit ein. Städte, Länder, Regionen, Universitäten, Museen, Theater, gemeinnützige Organisationen, der DGB, ja selbst die politischen Parteien betreiben heutzutage Marketing für sich, für soziale Ideen, für Spendensammlungen oder für Verhaltensänderungen. Die Kirche befinde sich also in bester Gesellschaft, wenn sie sich ebenfalls dem Marketing öffne.

Tut mir Leid, wird daraufhin ein Pfarrer gesagt haben, aber ich weigere mich, meine Gemeindeglieder, die ich in der Kirche als »Schwestern und Brüder« anrede, plötzlich als »Kunden« anzusprechen und so zu tun, als ob ich ihnen ein »Produkt« verkaufen möchte. Und wenn man schon von »Produkt« rede, handle es sich dann bei der Botschaft vom Kreuz nicht von vornherein um eine »unverkäufliche Ware«?

Nun gut, an der in der Tat etwas provokativen Terminologie

solle es nicht scheitern, antwortet darauf konziliant ein Schamane und schlägt vor, dann eben in Gottes Namen von »Adressaten« oder noch besser von »Partnern« zu sprechen, und statt »Produkt« könne man auch »Angebot« sagen. Kirche zu vermarkten bedeute dann eben, dem kirchlichen Angebot Aufmerksamkeit, Sympathie, Zustimmung und Nachfrage zu verschaffen – was solle daran schlecht sein? Dem Marketing gehe es doch nicht um eine Veränderung christlicher Inhalte, sondern nur um eine Veränderung der Präsentation christlicher Inhalte, um mehr Effizienz und die Anwendung professioneller Methoden bei dem Versuch, auf die »zeitlos gute Botschaft« aufmerksam zu machen.

Die Pfarrer sind beruhigt. Das Evangelium besser verpacken, dagegen haben sie nichts. Und wenn die da vorn auch noch erklären, wie das geht, dann wird sich die Herumsitzerei ausnahmsweise sogar gelohnt haben, denken die Pfarrer.

Die Schamanen jedoch, die haben jetzt Oberwasser und bereiten ihren Angriff vor. Leise lassen sie anklingen, dass sie Pfarrer für unprofessionell halten, für ineffizient und auch ein bisschen faul. Sind nicht zahlreiche Predigten einfach nur unqualifiziert? Gehen die Pfarrer nicht zu wenig auf die wahren Bedürfnisse ihrer Gemeindeglieder ein? Warum zum Beispiel gibt es keine Samstagabend-Gottesdienste? Und wie fleißig machen die Pfarrer eigentlich Hausbesuche?

Man sieht, wie sich einige Pfarrer ducken, wie sie wegtauchen, was die Schamanen animiert, die Daumenschrauben nun ein bisschen weiter anzuziehen und »Innovationen« einzufordern, zum Beispiel beim Gottesdienst. Warum immer weiter im alten Trott? Gut, es gibt Jugendgottesdienste und Familiengottesdienste. Die sind aber schon lange nicht mehr neu. Warum nicht auch mal einen Kantatengottesdienst, einen Taizé-Gottesdienst, eine Techno-Messe oder – Gipfel der Innovativität, provozierend, aufmerksamkeitsheischend und zugleich zur Nachdenklichkeit anregend – einen Scheidungsgottesdienst?

Jetzt grummelt's unter den Pfarrern, Widerstand will sich regen, aber die Schamanen gehen darüber hinweg, drehen die

Daumenschrauben noch einen Tick weiter und fragen: Wie sieht's bei Ihnen in der Gemeinde mit neuen, attraktiven Angeboten aus? Bibelarbeiten, Gitarrekurs, Seniorennachmittage, Gemeindeausflüge, also das Übliche – ist das etwa schon alles? Haben Sie sich schon einmal gefragt, ob Ihr Angebot nicht total an den wirklichen Bedürfnissen Ihrer Gemeindeglieder vorbei läuft? Wie wär's denn mal mit Outsourcing-Begleitung, Selbsthilfeangeboten für Alleinerziehende oder mit einem Ethik-Coaching?[14]

»Entschuldigung«, ruft jetzt einer dazwischen, »haben Sie schon mal einem Pfarrer bei seiner alltäglichen Arbeit zugeschaut? Haben Sie sich schon einmal überlegt, dass ein Pfarrer mit Taufen, Hochzeiten, Beerdigungen, Gottesdiensten, Kindergottesdiensten, Hausbesuchen, Religionsunterricht und dem, was sie als ›das Übliche‹ bezeichnen, schon mehr als ausgelastet ist? Der evangelische Teil der Pfarrer hat auch noch eine Familie, und ob er die zugunsten eines Ethik-Coachings vernachlässigen soll, bezweifle ich.«

Wir kennen die Arbeitsbelastung der Pfarrer, antworten die Schamanen, deshalb sind wir doch hier. Wir wollen gemeinsam mit Ihnen darüber nachdenken, wie aus dem zweifellos großen Input, den Sie geben, noch mehr Output entsteht. Sie wissen doch selbst, dass Sie angesichts der finanziellen Lage der Kirche in den kommenden Jahren weder mit mehr Personal noch mit mehr Geld rechnen können. Im Gegenteil, es wird von allem eher weniger. Es müssen also künftig die gleichen Aufgaben wie heute mit weniger Geld und weniger Personal erfüllt werden und, wenn möglich, besser erfüllt werden als heute.

Wie soll das gehen? Geht das überhaupt?

Ja, sagen die Schamanen, das geht. Das geht, wenn Sie sich, meine Damen und Herren Pfarrerinnen und Pfarrer, professionalisieren, wenn Sie die knapper werdenden Mittel effizienter einsetzen, wenn Sie sich auf Ihre Kernkompetenzen beschränken und überflüssigen Ballast abstoßen und wenn Sie lernen, ökonomisch zu denken. Als Pfarrer sind Sie zwar hauptsächlich Seelsorger, aber nicht nur. Sie sind auch Manager. Je effizienter

Sie als Manager sind, desto besser werden Sie als Seelsorger sein. Wenn Sie nämlich zeitökonomischer arbeiten, werden Sie mehr Zeit haben für das Gespräch und Ihre Predigt. Wenn Sie Prioritäten setzen, werden Sie mehr Geld für Wichtiges und weniger für Unwichtiges ausgeben. »Eine Sitzplatzauslastung von maximal acht Prozent (aktive Gemeinde) bringt jede Airline zum Absturz. Kein Hotel, kein Krankenhaus, keine Reha-Klinik kann sich eine vergleichbar geringe Auslastung wie die Kirche in ihrer Gemeindearbeit leisten.«[15]

Deshalb ist es sinnvoll, ja notwendig, die in der Wirtschaft angewandten Methoden des Marketing, Benchmarking und Controlling auch in seiner Pfarrei anzuwenden, denn das Reich Gottes ist zwar nicht von dieser Welt, steckt aber, zumindest teilweise, in dieser Welt, und in diesem Teil ist Kirche eben auch ein Unternehmen, die Pfarrei die kleinste Einheit dieses Unternehmens, und dieses will gemanagt werden.

Und noch einmal drehen die Schamanen an den Daumenschrauben und sagen: Effizienz anzustreben ist zwar schon ein Fortschritt, aber Streben allein genügt nicht. Man muss das Ziel auch erreichen, und man erreicht es, indem man sein Ziel unterteilt, sich Teilziele setzt und in regelmäßigen Abständen durch Soll-Ist-Vergleiche misst, wie erfolgreich die Maßnahmen gewesen sind, die man getroffen hat, um die Teilziele zu erreichen.

Man kann sich beispielsweise das Ziel setzen, die Zahl der Gottesdienstbesucher innerhalb eines Jahres um zehn Prozent zu steigern, die Zahl der Hausbesuche um fünfzehn Prozent und die Teilnahme an Bibelabenden um acht Prozent. Verfehlt man diese Ziele, kann man analysieren, woran es liegt und was zu ändern ist. Erreicht man sie, kann man sich höhere Ziele setzen oder andere.

Auf Dauer werden mess- und sichtbare Änderungen zum Besseren nicht ausbleiben, sagen die Schamanen, und dann ist es nur gerecht, wenn die Leistung solch einer Gemeinde von der Landeskirche oder Diözese auch mit einem höheren Budget belohnt wird. Auf diese Weise wird ein Wettbewerb der Gemeinden in Gang gesetzt, der letztlich dazu führt, dass die vorhandenen Mittel ökonomischer und wirkungsvoller eingesetzt werden. Langfristig müsste sich dieser Wettbewerb durch steigende Mitgliederzahlen und höhere Einnahmen bemerkbar machen, so dass vom Wettbewerb schließlich alle profitieren, auch die schwächeren.

Konkurrenz der Pfarrer und Gemeinden, Mittelvergabe nach Leistung? Jetzt arbeitet es in den Gehirnen der Pfarrer. Sie wollen sich ja nicht gegen Kritik immunisieren, sie wollen ja bereit sein, sich selbst und ihr Tun in Frage stellen zu lassen. Einer will sagen, dass es ihm einfach nicht gelingt, Marketing, Konkurrenz und Kirche gedanklich zusammenzubringen. Aber er sagt es nicht, denn er hat das Gefühl, dass ihn die da vorn eh nicht verstehen werden. Sie haben ein Lehrer-Schüler-Verhältnis aufgebaut, ein Machtverhältnis, und wer die Macht hat, hört nicht zu, sondern redet, ordnet an und handelt.

Und schon reden die Herrscher da vorn vom Pfarrer als Untertan, ganz freundlich, ganz verbindlich, geschickt argumentierend: Kirche ist ein personalintensives Unternehmen, sagen sie. Die Kirche kann nur so gut sein wie ihre Mitarbeiter. Deshalb muss sich das Controlling auch auf die Mitarbeiter erstrecken. An Leistungsbewertungen und Leistungsanreizen wird die Kirche nicht vorbeikommen. Sie wird daher Erfolgs- und Leistungskriterien erarbeiten und ihre Mitarbeiter daran messen müssen, und die Mitarbeiter werden freudig dazu bereit sein, denn sie wollen doch auch eine bessere Kirche, oder? Eben. Die Kirche kann aber nur besser werden, wenn ihre Mitarbeiter besser werden. Darum: »Leistung muss sein. Siegertypen müssen her.«[16]

Wumm. Das sitzt. Da fällt den Pfarrern nichts mehr ein, den Schamanen für heute auch nichts mehr. Erste Sitzung beendet. Nächste Sitzung am Donnerstag.

Am Donnerstag machen die Schamanen eine irritierende Erfahrung. Etliche derer, die letztes Mal da waren, fehlen. Und von denen, die da sind, waren einige beim ersten Mal nicht dabei. Wo sind die anderen? Keine Ahnung. Nun gut, Menschen werden geboren, heiraten und sterben, ohne sich dabei an die Dienstpläne der Pfarrer zu halten. Aber die Pfarrer hätten sich doch wenigstens entschuldigen können.

Am nächsten Donnerstag steigt die Irritation. Wieder eine neue Zusammensetzung. Wieder keine Entschuldigung oder Erklärung von den Fehlenden. Viele Donnerstage später wird ein frustrierter Schamane sein Herz ausschütten und klagen: Keiner derer, die sich anfangs für die Arbeit in seinem Projekt meldeten, habe alle Termine komplett wahrgenommen – »bis auf den Stadtsuperintendenten und den Leiter der Öffentlichkeitsarbeit«.[17] Nun ja, die haben eben Zeit, die Herren.

Weiter klagt der Schamane, »dass nur wenige die Projektgruppenarbeit innerhalb des vorgegebenen Zeitrahmens leisten konnten, die Projektgruppensitzungen zeichneten sich durch ein reges Kommen und Gehen aus«,[18] und von einer Sitzung zur nächsten konnten die Teilnehmer komplett wechseln. Entnervt resümiert er schließlich: »Professionalität hat etwas mit Disziplin zu tun. In meiner gut zwanzigjährigen Berufspraxis ist mir noch kein so disziplinloser Kunde wie die Kirche begegnet!«[19]

Ich gestehe: Mein Mitleid mit dem Projektgruppenleiter hält sich in Grenzen. Ich gebe zu: Es ist grob unhöflich, sich für ein Projekt zu melden, nur unregelmäßig daran teilzunehmen und sich für sein Fernbleiben nicht einmal zu entschuldigen. Ich glaube: Der Projektleiter hat gute Gründe, sich zu beschweren.

Dennoch habe ich den Bericht des Projektleiters mit fast diebischer Freude gelesen, denn er sagte mir: Ein Rest von Anarchismus steckt unseren Pfarrern eben doch noch in den Knochen. Ein Rest von protestantischer Widerspenstigkeit ist noch da, auch bei den Katholiken. So mancher Pfarrer wird sich nach der Erfahrung mit diesen Schamanen in sein stilles Kämmerlein verzogen und gedacht haben: die Stechuhr im Pfarrhaus? Die spinnen doch, die Bischöfe und Dekane, die uns so etwas zumuten.

Ich ermuntere die Pfarrer beider Konfessionen, die Institution des deutschen Pfarrhauses gegen ihre verrückt gewordenen Kirchenleitungen zu verteidigen. Ich hoffe sehr, der aberwitzige Versuch mancher Bischöfe und Dekane, der siechen Kirche durch Schamanentänze um ihr Krankenbett auf die Beine zu helfen, möge an der Aufsässigkeit und dem Selbstbewusstsein unserer Pfarrer und kirchlichen Mitarbeiter scheitern.

Allmächtig – aber als Manager eine Niete

Controlling im Pfarrhaus? Benchmarking in der Kirche? Die Stechuhr in der Gemeinde? Eine Schnapsidee.

Selbstverständlich müssen Pfarrer und kirchliche Mitarbeiter auch planen, organisieren, verwalten und mit Geld umgehen. Selbstverständlich kann der eine es besser und effizienter, und der andere macht es schlechter und ineffizienter. Und selbstverständlich ist es nicht nur legitim, sondern sogar wünschenswert, wenn Kirchenleitungen dafür sorgen, dass die Effizienz steigt.

Es lässt sich auch nicht leugnen, dass es unter Pfarrern und sonstigen kirchlichen Mitarbeitern, wie überall, Fleißige und Faule gibt, Begabte und Unbegabte, Erfolgreiche und Erfolglose. Es gibt die wenigen leidenschaftlichen Christen, die sich mit oder ohne Bezahlung für ihre Überzeugung schier zerreißen, und es gibt die Glaubensbeamten, die es sich wohl ergehen lassen und in ihrer freizeitorientierten Schonhaltung vor allem darauf bedacht sind, eine ruhige Kugel zu schieben.

Aber ich habe den Eindruck, dass in der Kirche so getan wird, als seien mangelnde Effizienz und mangelnde Manager-Qualitäten ihr dringlichstes Problem und als stünde die Kirche praktisch ohne Sorgen da, wenn dieses Problem gelöst wäre. Ein Randproblem gerät in den Rang eines Hauptproblems!

Der Unternehmensberater, dessen bewegende Klage wir im vorigen Kapitel vernommen haben, ist Pfarrerssohn, und er sagt, »Selbstgefälligkeit und Selbstgerechtigkeit als Folgen, vielleicht auch als Ursachen mangelnder Kritikfähigkeit« bei Pfarrern seien ihm in frühen Jahren schon aufgefallen. »Pfarrer legen ihre beruflichen Zielvereinbarungen mit sich selbst fest, sie kontrollieren sich selbst in der Qualität ihrer Leistung, sie tun und lassen, was ihnen Spaß macht, solange es ihnen gelingt, mit ihren Presbyterien im Reinen zu leben.«

So ist es. So soll es sein. Und genau so soll es bleiben.

Warum? Weil die Kirche schon immer von den Wenigen lebt, deren Herzen für die Kirche brennen. Diese wenigen Engagierten, Fleißigen, Tüchtigen und Begabten rackern für alle anderen mit und gleichen deren Bequemlichkeit mehr als aus. Wer jetzt eine Leistungskontrolle einführt, den Pfarrern beständig mit dem Spieß in der Hand hinterherrennt und sie immer dann in den Hintern stichelt, wenn sie zu erschlaffen beginnen, holt zwar ein bisschen mehr Leistung aus den Faulen heraus, aber bringt die Leistung der freiwillig Engagierten auf Null, so dass die Gesamtleistung der Pfarrerschaft sinken wird. Wer sich von morgens bis abends für seine Kirche zerreißt und nun plötzlich von Aufpassern und Einpeitschern umgeben sieht, von Vorgesetzten Zeugnisnoten bekommt wie ein Schulbub und behandelt wird wie ein kleiner Angestellter, der schmeißt den Griffel hin und macht ab sofort Dienst nach Vorschrift. Er bringt zwar die geforderten Leistungsnachweise, ist aber mit seinem Herzen nicht mehr bei der Sache, und nichts ist für die Kirche schlimmer als ein Mitarbeiter, der nicht mehr mit dem Herzen dabei ist.

Die Kirche, so mäkeln die Unternehmensberater, hat eine Hierarchie, aber diese Hierarchie funktioniert nicht, tut nicht, was Hierarchien zu tun haben: Macht ausüben, gewünschte Verhaltensweisen belohnen, unerwünschte bestrafen. Zum Glück ist es noch weitgehend so. Dem Rat der Unternehmensberater zu folgen, wäre so ziemlich das sicherste Mittel, um die letzten noch vorhandenen Reste von Feuer und Glut endgültig zu löschen. Der beste Kirchen- oder Gemeindemanager nützt der Kirche wenig, wenn das Feuer, das in ihm vielleicht einmal gebrannt hat, erloschen ist. Und der schlechteste Manager nützt mehr, als er schadet, wenn das Feuer in ihm noch brennt.

Davon abgesehen: Fehlende Management-Fähigkeiten können die Kirchenoberen ihren Mitarbeitern beibringen oder beibringen lassen. Das sollen sie ruhig tun. Was die Oberen nicht können, ist das Feuermachen. Sehr wohl können sie aber brennende Feuer ersticken. Genau das geschieht, wenn die Kirchenleitungen ihren »Untergebenen« zu verstehen geben, dass diese künftig hauptsächlich nach ihren Managerqualitäten beurteilt und deshalb Folterinstrumente eingeführt werden, welche angeblich die Management-Leistungen zu messen imstande sind.

Die Souveränität des Pfarrers wird damit zerstört. Die Institution des Pfarrhauses – in Deutschland über Jahrhunderte ein Hort der Kultur selbst im kleinsten Kaff – verschwindet damit aus der Geschichte, denn ein Pfarrhaus, in dem die Stechuhr regiert, und ein Pfarrgarten, in dem auf jedem Baum ein Controller hockt, ist kein Pfarrhaus mehr, sondern die jämmerliche Außenstelle einer verknöcherten Behörde namens Kirche.

Zumindest im Protestantismus wird damit die bisherige Ordnung der Kirche auf den Kopf gestellt. Bisher waren es die Pfarrer und ihre Gemeinden, welche die Kirche trugen, und mit ihnen die Dekane, Oberkirchenräte, Superintendenten und Bischöfe, die in der Hierarchie zwar höher stehen, aber im Grunde nur eine dienende Funktion haben. Der Job dieser Würden-Träger ist es, die Arbeit der Kirchen-Träger, der Pfarrer und Gemeinden, zu ermöglichen. Wenn diese Hierarchen nun meinen, ihr Dienstverhältnis in ein Machtverhältnis verkehren zu müssen, wenn sie sich anmaßen, ihre Träger zu disziplinieren, dann wären die Träger schön blöd, wenn sie die Herren noch weitertrügen. Diener trägt man als Protestant gerne, Herrscher lässt man von der Sänfte rutschen.

Zum Glück für die Pfarrer hat aber ihr oberster Chef vom Begriff Leistung und Ökonomie eine etwas andere Vorstellung als ein geschniegelter McKinsey-Yuppie. Wenn so ein Yuppie vor zweitausend Jahren die Aufgabe bekommen hätte, ein neues religiöses Unternehmen aus dem Boden zu stampfen – wo hätte er das Projekt verwirklicht? Natürlich in Rom.

Der liebe Gott in seiner Ahnungslosigkeit hatte sich jedoch als »Religions-Standort« ein Kaff namens Nazareth ausgesucht – nach allen Management-Kriterien eine katastrophale Fehlentscheidung. Der Yuppie, der sich so etwas Verrücktes hätte einfallen lassen, wäre sofort gefeuert worden.

Welches Personal hätte er eingespannt, um sein Projekt öffentlichkeitswirksam zu inszenieren? Natürlich den Kaiser von Rom, die Senatoren, die schönsten Frauen von Rom, die Dichter, Philosophen, die Gladiatoren und als Staffage die Legionen des Kaisers. Der liebe Gott dagegen entschied sich, wiederum höchst unprofessionell, für einen armen, unbekannten

Zimmermann und dessen Verlobte. Und Gott fehlte offenbar jegliches Gespür für Glamour, Show, Marketing und Öffentlichkeitsarbeit, denn er ließ die Frau des Zimmermanns in einem Stall gebären, weitab vom Weltgeschehen, in Gesellschaft von hinterwäldlerischen Hirten, Schafen, einem Ochsen und einem Esel – der Yuppie wendet sich mit Grausen. Jeder Nadelgestreifte hätte sofort gesagt: Vergiss es, daraus kann nie etwas werden.

Und wie war das, als der Prophet Samuel in Gottes Auftrag als »Headhunter« durch Israel reiste, um den Posten des Königs zu besetzen? Sieben Söhne führt ihm Isai vor, einer tüchtiger als der andere, aber an den achten, David, hat keiner gedacht. Den jüngsten und kleinsten, den nach allen herkömmlichen Maßstäben falschen Mann, der zur falschen Zeit am falschen Ort die Schafe hütet, den will Gott als König haben.

Auf wen baut Jesus seine Kirche? Auf Petrus, diesen wackeligen Fels, der seinen Herrn verraten hatte, noch ehe der Hahn zum ersten Mal krähte.

Und als geld-, macht- und sexgeile Päpste im Mittelalter die Kirche moralisch immer weiter heruntergewirtschaftet, aber gleichzeitig eine prunkende Macht entfaltet hatten, wer hat sich diesen prunksüchtigen Herrschern und Blutsaugern in den Weg gestellt? Ein kleines, feistes, grobschlächtiges Mönchlein aus einer deutschen Provinz. Ein absoluter Nobody namens Martin Luther war es, der die verkommene Weltmacht erbeben ließ.

So unprofessionell, so bar jeglicher Marketing-Strategie war Gott von Anfang an. Als er sich sein Volk erwählte, da herrschte an tüchtigen Völkern kein Mangel. Er hatte die Wahl unter Römern, Griechen, Ägyptern, Babyloniern, Etruskern, Inkas und Mayas. Aber für wen entschied er sich? Für keinen der Sieger, sondern für die Fronarbeiter in den Steinbrüchen Ägyptens, für die Steineklopfer, die den Ägyptern ihre Pyramiden bauten. Diese kleine, ängstliche, zittrige, nervöse Loser-Truppe aus bunt zusammengewürfelten Völkern führte er aus Ägypten heraus in die Freiheit, mit ihnen schloss er einen Bund in der Wüste am Berg Sinai. Mehr als einmal erwiesen sich diese

Bündnispartner als Luschen und Versager. Immer wieder ist er von ihnen enttäuscht worden, und dennoch hat Gott seinen Narren gefressen an diesen Jammerlappen.

Von Griechen, Römern, Ägyptern, Bayloniern und all den anderen siegreichen Völkern zeugen heute nur noch Gräber und Ruinen. Das Volk vom Berg Sinai aber feiert noch immer fröhlich seine Feste, und von den Anhängern des Zimmermannssohns aus dem Stall leben heute rund 1,8 Milliarden auf der ganzen Welt.

Ökonomie im Reich Gottes sieht eben doch ein bisschen anders aus als im Reich der overdesignten Beraterbüros. Die größte Leistung im Reich Gottes bringen regelmäßig jene Schwächlinge, die sich in ihrer Schwachheit ganz der Führung Gottes anvertrauen und sich von ihm als Werkzeug benutzen lassen. Gott braucht keine Siegertypen, die ihm zum Erfolg verhelfen, sondern umgekehrt ist es: Gott will Verlierern zum Sieg verhelfen. Und wenn die Kirche und ihre Gläubigen dies geschehen ließen, dann würden nicht die Manager in die Kirche einsickern und diese falsch polen, sondern dann würden Pfarrer und Gläubige in die Wirtschaft einsickern und diese richtig polen.

Gott will in der Welt durch Menschen handeln, und wo ihm die Menschen dies gestatten, dort brummt der Laden und bedarf keiner Marketing-Beratung, egal, wie tüchtig oder untüchtig die Menschen sind. Wo Gott es nicht gestattet wird, dort brummt nichts, und dort hilft auch kein Marketing, kein Controlling und keine Tüchtigkeit. So einfach ist das, und das sage nicht ich, das sagt die Bibel. Die Kirchenoberen zahlen also derzeit hohe Honorare, um sich von McKinsey und Konsorten erklären zu lassen, wie sie höchst professionell jene Botschaft an den Mann bringen können, an die sie selber offenbar schon lange nicht mehr glauben.

Und sie zahlen es an eine Personengruppe, die ganz offensichtlich keine Ahnung von der Kirche hat, die der Kirche ferner steht als die fernsten Sonnen. Da klagt beispielsweise der schon mehrfach zitierte, von mir als »Schamane« titulierte Berater: »Als Kommunikationsberater fällt es schwer, für einen

Kunden zu arbeiten, der seine Kommunikationsziele nur unzulänglich zu formulieren vermag«, und als »Kommunikationsberater ist es schwer, für einen Kunden tätig zu werden, der seine Identität nicht zu beschreiben vermag«.[20]

In dieser Klage offenbart sich die ganze Naivität und Ahnungslosigkeit, mit der solche Berater an ihre Aufgabe herangehen. Als ob sich die Antwort auf die Frage, was die Kirche wolle und sei, auf ein paar DIN A4-Seiten hinrotzen ließe. Die Antwort auf diese Fragen füllt ganze Bibliotheken. Das wissen diese Berater offenbar nicht, deshalb erwarteten sie, während des Verlaufs einiger Meetings mit Vertretern der Kirche herauszuhören, was diese wolle und sei, und das Herausgehörte zu einem »Profil« einer »Corporate Identity« so eindampfen zu können, dass sich das Ganze auf einer Hand voll Folien an die Wand klatschen lässt – als handle es sich bei der Kirche um eine x-beliebige Software-Klitsche.

Das Eindringen ökonomischen Denkens in die Kirche würde mich nur halb so stark aufregen, wenn wir in normalen Zeiten lebten, wenn es sich beim Betriebswirt im Talar oder im Messgewand nur um eine weitere kirchliche Modeerscheinung handelte, also um etwas Vorübergehendes, das man nicht so ernst nehmen muss. Immer schon haben modernitätssüchtige Pfarrer, die auf Teufel komm raus zeitgemäß auftreten und erscheinen wollten, dem jeweils herrschenden Zeitgeist die Kirchentür geöffnet.

Das war nicht weiter schlimm, als der Zeitgeist sozialistisch, grün-alternativ, friedensbewegt oder feministisch angehaucht war. Für all diese Geistesmoden ließen sich irgendwo in der Bibel und in der christlichen Tradition Anknüpfungspunkte finden, jeder dieser Moden ging es immerhin um die Realisierung eines christlich-humanistischen Wertes, und letztlich haben diese Moden – bei aller Verkürzung des Evangeliums – der Kirche wie auch der Gesellschaft mehr genutzt als geschadet. Aber jetzt ist der Zeitgeist vom digitalen Kapitalismus geprägt, für diesen gibt es in der Bibel zwar auch Anhaltspunkte, aber nur in der Rolle des Antipoden. Der digitale Kapitalismus, wie er sich jetzt abzeichnet, wird, wenn niemand gegensteuert, in tiefstem Heidentum enden, in Barbarei auf höchstem Niveau. Und es handelt sich bei ihm nicht nur um eine vorübergehende Modeerscheinung, sondern um einen tief greifenden Epochenwandel.

Im Schlepptau dieses Wandels bekommen wir es mit einem alles durchdringenden Ökonomismus zu tun, der nur noch gelten lässt und nur noch hervorbringt, was sich rechnet, und alles verhindert und zerstört, was sich nicht rechnet.

Statt sich dieser Bewegung entgegenzustellen, statt mit der Bibel und dem Kreuz in der Hand den Ökonomismus entschlossen zu bekämpfen, der alle Werte und Institutionen verhöhnt, die im christlich-humanistisch geprägten Europa offiziell noch immer gelten, de facto aber von Tag zu Tag und von Jahr zu Jahr immer mehr geschleift werden, surfen die Kirchenoberen auf der Ökonomismus-Welle mit und öffnen ihr die Tore. Deshalb rege ich mich so auf, wenn Bischöfe und Pfarrer plötzlich von Marketing reden. Deswegen werden wir uns in den nächsten Kapiteln mit dem durch Markt und Technik vorangetriebenen Wandel und dem ihm innewohnenden Trend zur Inhumanität und zum Nihilismus zu beschäftigen haben, denn in der Auseinandersetzung mit dem, was derzeit außerhalb der Kirchenmauern vorgeht, könnte sich wieder klarer herausschälen, was eigentlich die Mitte des Evangeliums ausmacht. Oder, um es in der modischen Sprache der vom Zeitgeist angemuckerten Marketiers unter den Kirchenbeamten zu sagen: In der Auseinandersetzung mit dem Ökonomismus könnte sich wieder klarer zeigen, was die Kernkompetenzen der Kirche sind.

DER DIGITALE KAPITALISMUS

Zeitenwende, Wendezeiten

In welcher Zeit leben wir eigentlich? Kommt jetzt nach Stein-, Bronze- und Eisenzeit die Siliziumzeit? Oder schlittern wir nach Agrar- und Industrie- in die Dienstleistungs- und Informationsgesellschaft? Auch die Wissensgesellschaft ist noch im Angebot, dazu die telematische, die Kommunikations- und die postindustrielle Freizeitgesellschaft, und über allem schwebt der Begriff der »Globalisierung«. Peter Glotz erweiterte dieses Bukett jüngst um die Vorschläge »beschleunigte Gesellschaft« und »digitaler Kapitalismus« und ist natürlich viel zu intelligent, dafür Absolutheitsanspruch zu erheben, weil, wie er sagt, eine Gesellschaft immer ein viel zu komplexes Gebilde sei, »als dass man sie mit einem Begriff ... vollständig thematisieren könnte«.[1]

Dieses Benennen und Markieren ist nicht nur ein hübscher Zeitvertreib, sondern auch »ein höchst bedeutungsvoller und wichtiger Vorgang«, weil er »oft genug über das Verständnis – und damit über Annahme oder Ablehnung – einer Sache oder Konstellation« entscheide.[2] Solche Benennungen prägen das herrschende Bewusstsein, und deshalb ist es gut, dass man alle kennt.

Machen wir darum noch ein bisschen weiter mit der Aufzählung, denn es sind noch längst nicht alle genannt. Eine Zeit lang hieß es, ein »pazifisches Zeitalter« löse das »atlantische« ab. Seit der Asienkrise und der zunehmenden Integration Europas ist es um diesen Begriff allerdings etwas still geworden, was zeigt, dass manche Begriffe ein frühes Verfallsdatum haben. Das könnte auch für den Begriff »amerikanisches Zeitalter« gelten, den man jetzt gelegentlich hört, weil die USA als einzige verbliebene Supermacht die Welt dominieren und politisch, wirtschaftlich und kulturell so stark erscheinen wie noch nie.

Niemand vermag gegenwärtig zu sagen, wohin sich die EU entwickelt. In ihr sind viele Möglichkeiten angelegt. Eine Möglichkeit ist, dass aus der EU nichts weiter wird als ein großer

Markt, ein Industriestandort und Rollfeld für die Global Players und multinationalen Konzerne. Noch besteht aber auch die Möglichkeit, dass sich Europa seiner Wurzeln besinnt, die in Athen liegen, in Rom, aber auch in Nazareth und Jerusalem. Wenn sich Europa darauf besänne und an seine besten christlichen und humanistischen Traditionen anknüpfte, dann könnte aus der EU eine neue Welt werden, welche die vermeintlich neue Welt in Amerika ziemlich alt aussehen ließe. Dann bekämen wir ein »europäisches Zeitalter«.

Der SPD-Bundestagsabgeordnete und Träger des Alternativen Nobelpreises, Hermann Scheer, sagt, das fossile Zeitalter gehe zu Ende. Nach Holz, Kohle, Öl und Uran werde künftig die Sonne unser Hauptenergielieferant sein. Darum komme jetzt das »solare Zeitalter«.[3] Wind, Gezeiten und nachwachsende Rohstoffe subsumiert er unter »Sonne«, weil sie letztlich die Ursache für Wind, Gezeiten und Pflanzenwachstum sei. Bei fossilen Energien zeichnet sich eine Erschöpfung der Vorräte noch in diesem Jahrhundert ab. Dann kann die weitere Zukunft der Menschheit eigentlich nur noch von der Nutzung der Sonne abhängen, und die Menschheit bewegte sich dann bis zum Ende ihrer Geschichte tatsächlich in einem solaren Zeitalter, es sei denn, man beschreitet doch noch gegen zahlreiche Widerstände den riskanten Weg der Wasserstoff-Fusion.

In der technikzentrierten Sicht, die derzeit vorzuherrschen scheint, die in Wahrheit eine G8-Staaten-zentrierte Sicht ist, gerät völlig aus dem Blickfeld, dass sich die weiße Bevölkerung auf diesem Erdball zu einer schrumpfenden und alternden, aber wohlhabenden Minderheit entwickelt, welche einer jungen, nichtweißen und stark wachsenden, aber armen Mehrheit gegenüberstehen wird. Diese Mehrheit wird nicht zuvörderst – wie manche weißen Technik-Gurus fürchten – unter fehlenden Internet-Anschlüssen leiden, sondern unter Wassermangel, Hunger, Krankheiten und menschlich verursachten Naturkatastrophen wie Stürmen, Überschwemmungen und Erdrutschen. Welches Konfliktpotenzial sich darin verbirgt, wird in der Welt der Weißen verdrängt; ist jedenfalls kaum Gegenstand öffentlicher Debatten, schwingt allenfalls in Huntingtons These vom Kampf der Kulturen[4] ein bisschen mit und ist vermutlich Gegenstand geheimer Dossiers und Strategien des US-Außen- und Verteidigungsministeriums.

Gelegentlich hört man auch, ein »feminines Zeitalter« sei im Kommen, denn mit dem Patriarchat sei es vorbei, maskuline Eigenschaften seien künftig weniger bedeutsam als feminine, und darum bekämen wir wohl über kurz oder lang ein neues Matriarchat. Kombiniert man das mit der soeben genannten zahlenmäßigen Schrumpfung der weißen Rasse und dem Anstieg der schwarzen Bevölkerung, könnte man auch von einem »Zeitalter der schwarzen Frau« sprechen, und der Gipfel dieser Entwicklung wäre dann eine schwarze Päpstin in Rom.

Ja, da lachen alle. Tatsächlich scheint die katholische Kirche von der Inthronisation einer schwarzen Päpstin noch viele Jahrhunderte entfernt zu sein. Doch sie gibt sich einer Illusion hin, wenn sie denkt, sich mit der Realisierung der Idee einer schwarzen Päpstin noch viele Jahrhunderte Zeit lassen oder sie gleich ganz als absurd verwerfen zu können, weil doch Frauen gar keine Priester werden können, nicht heute, nicht morgen und nicht in alle Ewigkeit. Schon möglich, dass eine Schwarze niemals Päpstin werden kann, weil die katholische Kirche weiter stur an männlichen Priestern festhält. Kann aber gut sein, dass es dann irgendwann einmal auch keinen Papst mehr gibt, nicht einmal einen schwarzen, weil es die katholische Kirche nicht mehr gibt. Ich halte eine schwarze Päpstin durchaus für wünschenswert, aber ich glaube nicht, dass ich das noch erleben werde.

Kaum ins Bewusstsein dringt, dass die Benennungen auch unterschiedliche Größenordnungen der Zeiträume kennzeichnen. Die Reichweite des Begriffs »Informationsgesellschaft« erstreckt sich meines Erachtens höchstens über die nächsten vier bis fünf Jahrzehnte, dann werden Gen-, Mikrosystem- und Nanotechnologien und deren Kombination die weitere Entwicklung bestimmen. Informationstechnik wird immer noch mit dabei, aber nicht mehr das bestimmende Neue sein.

Wenn Mikro- und Nanosysteme aus Silizium mit biologischen Systemen aus Molekülen kombiniert und gekoppelt

werden – man wird dann vom »kybernetischen Zeitalter« sprechen –, dann steht die Menschheit vor der Frage, wie weit sie
ihre Möglichkeiten, den Menschen durch technische Eingriffe
zu verändern, nutzen will. Mit den neuesten, jetzt und in den
nächsten Jahrzehnten entwickelten Technologien wächst dem
Menschen eine nie zuvor da gewesene Machtfülle zu, die eigentlich erfordert, dass sein Verantwortungsbewusstsein gleichermaßen mitwächst und er aus freien Stücken darauf verzichtet,
alles zu machen, was er kann. Das Gegenteil aber ist der Fall.
Derzeit deutet alles darauf hin, dass alles gemacht wird, was
möglich ist.

Der österreichisch-amerikanische Computerwissenschaftler
Hans Moravec geht ganz selbstverständlich davon aus, dass
die Menschen alle technischen Möglichkeiten ausschöpfen, und
er befürwortet das sogar, weil die Menschen seiner Meinung
nach unaufhaltsam intelligente Systeme entwickeln werden,
die schon bald, noch in diesem Jahrhundert, ihren Schöpfern
überlegen sein werden. Solche Systeme werden sich zwangsläufig immer mehr aus der Herrschaft des Menschen befreien
und zu ihm in Konkurrenz treten. Will der Mensch in dieser
Konkurrenz bestehen, hat er keine andere Wahl, als sich mit
Hilfe mikroelektronisch-gentechnischer Systeme neurotechno-
logisch aufzurüsten. Das Ergebnis wären dann Cyborgs, aus-
baubare Robotermenschen, eine neue Spezies, die das biologische Menschsein mehr und mehr abstreift und jeden Teil des
Körpers und des Gehirns durch ein überlegenes, künstliches
Substitut ersetzt. Damit würde ein »postbiologisches« Zeitalter
anbrechen, das dann auch posthumanistisch wäre. Das klingt
nun sehr nach Science-Fiction, aber vor der Frage, welchen Gebrauch wir von den demnächst zur Verfügung stehenden Möglichkeiten der Genmanipulation machen sollen, stehen wir
schon heute.

So, wie es derzeit scheint, wird diese Frage nicht von freien
Menschen entschieden werden, deren Verantwortungsbewusstsein sich auf dem gleichen hohen Niveau befindet wie ihr tech-
nisches Können, sondern es werden wirtschaftliche Interessen
den Ausschlag geben, weil es an einer verbindlichen, durch

Letztbegründbarkeit unangreifbaren Moral fehlt und weil die in humanistischen Werten gründende relative Moral zunehmend nur noch verbal und pro forma anerkannt, de facto aber immer häufiger umgangen wird. Es wird also gemacht werden, was sich rechnet, auch das, was ein einigermaßen ausgebildetes ethisches Bewusstsein niemals verantworten kann. Es kann daher zu völlig neuen, nie gekannten Technokatastrophen kommen, wenn sich Politiker, Manager und Investoren nicht doch noch eines Besseren besinnen.

Dass sie das aus freien Stücken tun, erscheint mir unwahrscheinlich. Sie werden auf ihrem einmal eingeschlagenen Weg des Prinzips »was sich rechnet, wird gemacht« so lange weitermarschieren, bis sie durch massiven Widerstand daran gehindert werden. Dieser Widerstand könnte von gut organisierten, gebildeten, freien Bürgern kommen, deren ethisches Bewusstsein sich auf der Höhe der wissenschaftlich-technischen Entwicklung bewegt. Noch besteht die Chance für solch einen Widerstand, noch besteht die Möglichkeit, die neuartigen Technokatastrophen zu verhindern.

Alle Kräfte dafür zu mobilisieren, wäre die große Aufgabe der Kirche in diesem Jahrhundert. Aber es sieht nicht so aus, als ob sie das wollte. Und wenn sie's wollte, heißt das noch nicht, dass sie es auch kann. In ihrer gegenwärtigen Verfassung kann sie's eher nicht. Lassen wir aber die Chance des Widerstands ungenutzt verstreichen, dann werden eben die Katastrophen kommen. Danach, wenn es zu spät ist, wird sich der Widerstand von selbst regen und bedarf der Kirche nicht mehr, schon gar nicht einer Kirche, die sich dann anklagt, nicht lauter protestiert und engagierter gekämpft zu haben.

Es kann aber auch alles noch ganz anders kommen und sich ein Widerstand von ganz unvermuteter Seite aufbauen. Der nun schon seit Jahrzehnten zu beobachtende Prozess des Auseinanderdriftens zwischen den reichen, industrialisierten Ländern und der übergroßen Mehrheit der armen Länder wird nicht endlos so weitergehen. Irgendwann wird die arme Mehrheit Gerechtigkeit einklagen. Je länger die reiche Minderheit ihnen Gerechtigkeit versagt, desto ungerechter wird die Ge-

genwehr der Armen ausfallen. Dann werden die weißen Genklempner und deren Kapitalgeber nicht mehr allzu viel Zeit haben, um den Übermenschen zu konstruieren. Es wird dann sehr archaisch zugehen zwischen Arm und Reich. Statt mit dem bestens ausgestatteten Übermenschen wird die weiße Intelligenz es mit Milliarden unterernährter Normalmenschen zu tun bekommen, die sich einfach mal satt essen wollen und jedem den Schädel einschlagen, der sie daran zu hindern sucht.

Kann gut sein, dass die Strategen der Globalisierung sich dann eingestehen müssen: Hat sich nicht gerechnet. Unser bedingungsloser Glaube an Markt und Technik hat sich nicht erfüllt, das Ausblenden der armen Mehrheit aus unserem täglichen Tun und unsere Gleichgültigkeit gegenüber Solidarität und sozialer Gerechtigkeit war ein schwerwiegender, nicht wieder gutzumachender Fehler. Freiheit, Gleichheit, Brüderlichkeit und soziale Gerechtigkeit mindern zwar den Gewinn, sichern aber die Möglichkeit, auch in dreißig, sechzig und hundert Jahren noch Gewinn zu machen.

Man könnte das alles jetzt schon einsehen. Aber Interessen sind partiell blind gegenüber der Realität. Am blindesten sind die erfolgreichsten Vertreter der Kapitalinteressen, also Manager, Unternehmer und Investoren. Haben diese während einer Reihe von Jahren eine Serie von Erfolgen gefeiert, fangen sie an, ihre Teilrealität, in der sie agieren und ihre Erfolge erzielten, mit der ganzen Realität zu verwechseln. Worauf sich ihr Realitätssinn richtet, ist ein Ausschnitt aus der gesamten Wirklichkeit. Das ist fatal, denn wegen der engen Rückkopplung zwischen dem eigenen Handeln und dem wirtschaftlichen Erfolg oder Misserfolg, wegen der Erfahrung, durch richtige Realitätserkenntnis belohnt und durch falsche bestraft zu werden, wähnen sich praktisch alle Manager und Investoren in dem Glauben, der Realität besonders verhaftet zu sein. Deshalb halten sie sich für größere Realisten als die Moralisten, und weil sie meinen, näher an der Realität und damit näher an der Wahrheit zu sein, halten sie sich sogar für die wahren Moralisten und verachten die anderen als Utopisten und Fantasten, die es gut meinen, es aber mangels Realitätssinn zu nichts Gutem bringen.

Dabei übersehen die so genannten Realisten aber regelmäßig: Sie denken, entscheiden und handeln nur innerhalb eines zeitlich, räumlich und kausal eng begrenzten Zusammenhangs, innerhalb dessen sich messbarer wirtschaftlicher Erfolg oder Misserfolg vollzieht. Was außerhalb dieser Grenzen geschieht, bleibt meist ebenso unberücksichtigt wie das, was sich nicht unmittelbar in Mark und Pfennig ausdrücken lässt.

Wegen dieses begrenzten Blickwinkels auf die Realität hat die Industriegesellschaft die Luft, das Wasser und die Erde verseucht. Der Wert sauberen Wassers, reiner Luft und unversehrter Böden ist darum so lange in keiner Bilanz aufgetaucht, bis tote Fische, kranke Wälder, verstrahltes Wild und vergiftete Böden als wirtschaftlich bezifferbare Schäden wahrgenommen wurden. Die großen Rückversicherer, die für die Schäden bei Stürmen und Überschwemmungen aufkommen müssen und merken, dass sie von Jahr zu Jahr mehr aufwenden müssen, fangen an, den Zusammenhang zwischen unserer Wirtschaft und der Veränderung des Weltklimas anzuerkennen.

Trotzdem scheint für das Kapitalinteresse noch heute ein Gegensatz zu bestehen zwischen Ökonomie und Ökologie. Wäre dieses Kapitalinteresse nicht so übermäßig auf seinen eigenen kurzfristigen Vorteil bedacht und deshalb partiell blind, hätte es längst erkannt, dass Ökologie nichts anderes ist als eine Ökonomie, die jenseits enger Kausalketten auch ungewollte Nebenwirkungen und Querverkettungen bedenkt, und dies über längere Zeiträume.

Ökologie ist die einzig verantwortbare Ökonomie, die es gibt, weil sie an das Gesamtwohl denkt und darüber hinaus an das Wohl künftiger Generationen. Dem engen Horizont des Betriebswirtschaftlers dagegen erscheint eine Investition umso besser, je früher sie Gewinne abwirft und je größer diese Gewinne sind, und umso schlechter, je später die Gewinne kommen und je kleiner sie sind. Investitionen, die erst in sechzig Jahren oder noch später Gewinne abwerfen, und nur sehr kleine, sind schlechte Investitionen, die man am besten unterlässt. Das heißt: Investitionen, deren Früchte erst unsere Kinder und Enkel ernten, unterbleiben. Wenn unsere Großväter auch so gedacht hätten, gäbe es heute keine Wälder mehr, denn ein Wald, der jetzt gepflanzt wird, ist erst in siebzig bis hundert Jahren ein richtiger Wald. Genau dieses Kurzfristdenken prägt aber derzeit unser wirtschaftliches Handeln. Unseren Konsum von heute werden die Generationen von morgen bezahlen müssen.

Schlimmer noch: Weil sich das Kapitalinteresse für besonders realistisch hält, verlangt es in seiner Selbstherrlichkeit, ihm die Weltgeschichte zu überantworten. Der Markt, die berühmte unsichtbare Hand, die laut Adam Smith alles so herrlich regieret, soll die Steuerung jenes Systems übernehmen, das wir Schicksal, Geschichte oder auch Zukunft nennen. Diese Steuerung, so glauben die Marktapostel, komme ohne eine verbindliche Moral aus, bedürfe nicht des verantwortungsbewussten, aufgeklärten, mündigen Bürgers, sondern nur eines wirtschaftlich handelnden Subjekts, das nur seinen eigenen Vorteil zu verfolgen brauche und eben dadurch dem Gemeinwohl diene.

Die Überantwortung der Weltgeschichte an Kapitalinteressen ist nicht nur dumm, sondern auch verantwortungslos. Der leichtfertige Umgang mit moralischen Prinzipien war schon immer die wesentliche Ursache für die großen Menschheitskatastrophen. Er wird auch die Ursache für künftige Katastrophen sein. Wollen wir sie verhindern, müssen wir moralischen Prinzipien wieder zu ihrer Gültigkeit verhelfen.

Trend-Redakteure, Zeitdeuter und Futurologen beschwören gern die »Utopielosigkeit« unserer Zeit und beklagen, dass wir keine Visionen mehr haben. Wie wär's denn damit: Frieden, Freiheit, Gerechtigkeit, Solidarität und Wohlstand für alle Menschen auf diesem Erdball.

Ich glaube in der Tat, dass das Leben auf diesem Planeten nur lebenswert sein kann, wenn wir danach streben, die Realisierung dieser Utopie – die übrigens fast wörtlich aus der christlichen Weihnachtsbotschaft stammt – zumindest anzustreben, gewaltfrei natürlich, ohne Zwang und ohne Propaganda. Wenn wir mit dieser Vision die Zukunft gestalteten, dann wäre es relativ nebensächlich, ob wir sie als »Informationszeitalter«, »digitalen Kapitalismus«, »Siliziumzeit« oder »kybernetisches Zeitalter« bezeichnen.

Zeitansage

»Kein Zweifel, es entsteht eine neue Welt.« So lautet der erste Satz in Peter Glotz' Buch *Die beschleunigte Gesellschaft.* Seine Grundthese läuft darauf hinaus, dass die digitale Technik »zu einer neuen Entwicklungsphase marktwirtschaftlicher Ordnung führen wird«, und diese Formation nennt er – treffend, wie ich meine – »digitaler Kapitalismus«.[5]

Als James Watt seine Dampfmaschine erfunden hatte, war das der Anfang vom Ende der bäuerlichen Agrargesellschaft, aber eben nur der Anfang. Die Ablösung des Bauern durch den Industriearbeiter erstreckte sich über fast zwei Jahrhunderte. Und als im vergangenen Jahrhundert das Auto erfunden wurde, war dies das Ende der Kutschen und Pferdefuhrwerke. Dennoch handelten die Betreiber von Pferde-Droschken vernünftig, als sie zunächst einfach unbeeindruckt mit ihren Pferden und Kutschen weitergemacht haben, statt sie sofort durch Automobile zu ersetzen, denn diese waren noch höchst unzuverlässig, blieben unterwegs häufig liegen, und vor allem: Es fehlte ein weit verzweigtes Netz von Tankstellen und Reparaturbetrieben. Gegen das über Jahrhunderte entwickelte System der Pferdekutschen kam dsas neumodische Auto nicht an. Dennoch trug es historisch den Sieg über das Pferdefuhrwerk davon.

Man lernt daraus: Eine revolutionäre Erfindung führt zwar zu einer Revolution, aber nicht über Nacht, die Erfindung braucht Zeit, um zu reifen, um sich auszubreiten und um sich durchzusetzen gegen ihre Konkurrenz, die etablierte Technik, die eine lange Zeit der Erprobung und kontinuierlicher Verbesserungen hinter sich hat.

Diese Erfahrung lässt sich generalisieren. Große Veränderungen vollziehen sich so gut wie immer in einem Dreierschritt: zuerst ganz langsam, eher untergründig und deshalb für viele kaum wahrnehmbar – das Auto ist da, aber es spielt noch keine Rolle. Das Leben geht weiter wie bisher. Dennoch ist mit dem Auto ein neuer Prozess eingeleitet, der in einer langen, sehr flach ansteigenden Kurve auf einen Wendepunkt zustrebt, ab dem sich die Entwicklung für viele wahrnehmbar beschleunigt – man sieht immer mehr Autos und immer weniger Pferdefuhrwerke. Das ist der zweite Schritt. Und nur kurze Zeit später, im dritten Schritt, geht plötzlich alles rasend schnell, die Entwicklungskurve schießt steil nach oben – scheinbar über Nacht sind alle Pferde weg, es fahren nur noch Autos.

Diesen Effekt erleben wir jetzt gerade auch. Zwar sehen wir schon seit etlichen Jahren überall immer mehr Computer, hören neuerdings auch immer öfter etwas vom Internet, und immer mehr Menschen überlegen sich, ob sie sich auch so eine Adresse mit dem wunderlichen Klammeraffenzeichen @ und einem Rattenschwanz von Buchstaben zulegen sollen. Aber dass sich das Leben demnächst gründlich ändern wird, erwarten eigentlich nur wenige, und darum wird es viele von uns demnächst kalt erwischen, denn wir befinden uns in Phase zwei der Informationstechnologie.

Wir stehen kurz vor jenem Wendepunkt, ab dem alles rasend schnell gehen wird, noch viel schneller als damals, in der Industriegesellschaft, die auch schon ein hohes Tempo vorgelegt hat. Zwischen James Watts Dampfmaschine und der Mondlandung lagen zwei Jahrhunderte, in denen sich die Industriegesellschaft entwickeln konnte – aus dem Rückblick eine relativ lange Zeit, aber gemessen an den fünf Jahrtausenden zuvor, in denen sich die Agrargesellschaft entwickelt hat, nur eine kurze Spanne.

Diesmal werden wenige Jahrzehnte genügen, um die Welt abermals völlig umzukrempeln. Die Überraschung wird entsprechend größer ausfallen, nicht nur wegen des rasanten Tempos, sondern noch viel mehr, weil diese neue Epoche für die meisten Menschen schwieriger zu verstehen sein wird als die Industriegesellschaft, denn deren zentrale Erfindungen – Dampfmaschine, Motor, Auto – waren anschaulich und in ihrer Wirkung für alle verstehbar. Diesen Produkten sieht man an, was sie können und wozu sie gut sind. Die zentralen Erfindungen der Informationsgesellschaft – Mikroprozessor, Glasfaser, Software – sind unanschaulich, abstrakt, schwer verstehbar selbst für jene, die schon lange mit einem PC arbeiten. Diesen Produkten sieht man nicht an, was sie können und wozu sie gut sind.

Machen wir, um das näher zu erläutern, einen Sprung zurück um dreißig Jahre. Ungefähr zu jener Zeit, in der alle Welt aufgeregt zusah, wie erstmals ein Mensch auf dem Mond seine Spuren im Mondstaub hinterließ, hat sich unten auf der Erde etwas zugetragen, wovon kaum jemand Notiz nahm, was aber unser aller Leben im vor uns liegenden neuen Jahrhundert stärker verändern wird als die gesamte Raumfahrt.

In einer unbekannten Fachzeitschrift hatte eine unbekannte Klitsche in einer Anzeige aufgeregt mitgeteilt: »Announcing a new era of integrated electronics«. Das unbekannte Unternehmen, es hieß übrigens Intel, wollte die Welt von einer bahnbrechenden Erfindung namens Mikroprozessor in Kenntnis setzen. Die Logikmaschine, eine neue Art von universellem Gerät, war erfunden.

Die Welt hat das aber nicht besonders interessiert, denn was bekam sie zu sehen? Ein daumennagelkleines Siliziumplättchen – nichts, was geeignet gewesen wäre, die Erdbevölkerung vor die Fernsehgeräte zu bannen, wie das die Mondfahrer geschafft haben.

So ein Siliziumplättchen hat rein optisch keine Chance gegen eine Dampflok, einen Motor oder eine Mondrakete. Und doch kommt die Erfindung des Mikroprozessors in ihrer Bedeutung der Erfindung des Motors und der Dampfmaschine gleich, denn so, wie der Motor überall dort eingesetzt werden kann, wo zuvor körperliche Arbeit verrichtet wurde, so kann der Prozessor überall dort eingesetzt werden, wo geistige Arbeit verrichtet, wo Informationen und Daten verarbeitet werden, und zusätzlich auch als Steuerung von Motoren. Mit der Dampfmaschine begann das Industriezeitalter. Mit der Logikmaschine beginnt das Informationszeitalter.

Nun wären Prozessoren und Computer allein noch nichts, was die Welt umkrempeln könnte. Zu ihrer weltgestaltenden Kraft kommt die neue Technik erst durch zwei weitere epochale Erfindungen, und die sind noch unscheinbarer als der Mikro-Chip. Die erste ist die Glasfaser, die sämtliche Computer dieser Welt miteinander verbindet, und die zweite die Software, die Computer erst zum Arbeiten bringt. Die Glasfaser haben nur wenige je gesehen und in der Hand gehabt, da sie meist in der Erde vergraben ist oder am Grund der Meere liegt. Die Software ist gänzlich unsichtbar. Man sieht nur ihre vielfältigen Wirkungen auf den Millionen Monitoren in den Büros, und auch das, was da auf den Monitoren flimmert, ist noch nicht das Eigentliche.

Man sieht nicht, was Tastatur, Monitor und Zentraleinheit wirklich bedeuten, denn diese Trinität auf dem Schreibtisch erweckt den harmlosen Eindruck, nichts weiter zu sein als eine aufgemotzte Schreibmaschine. Man sieht nicht, dass von den Kabeln, die auf der Rückseite des Computers herausquellen, eines durch die Zimmer- und Hauswände geht, in der Erde verschwindet, sich verzweigt und mit weiteren Kabeln verbunden wird, die sich unsichtbar durchs ganze Land, durch die Weltmeere und durch Kontinente ziehen und den Computer zu Hause oder im Büro mit Millionen anderer Computer auf der ganzen Welt verbinden. Ein unsichtbares Netz ist da entstanden, das eine unsichtbare virtuelle Welt erzeugt, die sehr massiv in die reale Welt hineinfunkt und im Verborgenen die nähere Zukunft entscheidend mitgestalten wird.

Die Verkabelung der Welt mit Glasfasern hat soeben erst begonnen, wird aber in wenigen Jahrzehnten weitgehend abgeschlossen sein. Hard- und Software sind inzwischen so weit ausgereift und die mit ihr verbundene Industrie so weit entwickelt, dass der globale Transport wie auch der Ersatz von menschlicher Geistestätigkeit durch Informationstechnologie in großem Stil erfolgen kann. Jetzt kann die tausendfach prophezeite Revolution wirklich beginnen, und damit sind wir in der Gegenwart – kurz vor jenem Wendepunkt, ab dem sich die Ereignisse überstürzen werden.

Glasfaserkabel sind Entfernungs-Entferner und Zeit-Überwinder, darin liegt ihre revolutionäre Funktion. Wenn die Übertragung einer Information von Europa nach Australien eine Zehntelsekunde dauert, dann liegt Australien nicht mehr am anderen Ende der Welt, sondern im Büro nebenan. Und dann sind Deutschland und Australien und alle übrigen Länder nicht mehr die Länder, die sie vor zehn oder fünfzehn Jahren waren.

Für die internationale Finanzwelt ist das globale Dorf bereits Wirklichkeit. Nachdem die Länder ihre Grenzen für den Geldverkehr geöffnet haben, können Börsenspekulanten kleinste Differenzen bei Renten-, Aktien- und Devisenkursen für sich ausnutzen. Das wäre früher wegen der räumlichen Entfernungen und der gegenseitigen Abschottung der nationalen Volkswirtschaften nicht möglich und juristisch problematisch gewesen. Die Finanzkonzerne und alle übrigen wirtschaftlichen Interessengruppen der westlichen Hemisphäre haben aber in den vergangenen Jahrzehnten erfolgreich Druck gemacht, um die Abschottungen abzubauen und den Welthandel zu liberalisieren – und um die Möglichkeiten der neuen Technik realisieren zu können.

Die global produzierenden Unternehmen ziehen nach und fordern den freien Fluss der Güter zwischen Ländern und Kontinenten. Auch hier ist es die neue Technik, die nach Aufhebung der Grenzen verlangt. Sie ermöglicht es, weltweit verstreute Unternehmensteile zentral zu steuern, und von dieser Möglichkeit wollen die Konzerne Gebrauch machen. Die Fusionen von Konzernen zu Mega-Konzernen, von Mega-Konzernen zu Giga-Konzernen, der »Globalisierung« genannte Wandel in den Unternehmen und der Weltwirtschaft, diese neue Art zu wirtschaften, die New Economy – dies alles hängt an der dünnen, unscheinbaren Glasfaser.

Auf die Dematerialisierung der Ökonomie und die Deterritorialisierung der Unternehmen ist die Mehrheit der Menschen nicht vorbereitet, denn sie lebt in der alten Welt der Staaten, Grenzen, Reisepässe, Visa und Zollschranken, in der Welt der materiellen Güter und der Normal-Arbeitsverhältnisse.

Die Glasfaser transportiert alles, was sich digitalisieren lässt: Vertragsentwürfe, Unternehmensdaten, Liebesschwüre, Regierungsakten, Behördenkorrespondenz, rechtsgültige Unterschriften, chemische Formeln, Konstruktionspläne, Marketing-Konzepte, Filme, Bücher, Musik, Dienstleistungen, Expertenwissen, Pornografie, Geld. Chirurgen werden räumlich entfernte Patienten operieren, Manager räumlich entfernte Teams leiten, Ingenieure räumlich entfernte Maschinen steuern können. Computernetze machen die Welt tatsächlich zum globalen Dorf. Das weltweite Computernetz ist eine der wichtigsten Ursachen für jene Entwicklung, die wir »Globalisierung« nennen.

Das Computernetz und die ganze damit zusammenhängende Technik und Infrastruktur sowie die in letzter Zeit beschleunigte Liberalisierung des Welthandels und die damit verbundene Öffnung der Grenzen für Kapital, Waren und Dienstleistungen sind also der Motor des Wandels. Beide zusammen, die neue digitale Technik und die neue Freiheit auf den globalen Märkten, greifen ineinander wie Zahnräder und pflügen mit wachsendem Tempo die ganze Welt um. Aus diesem Grund – weil es nicht die Technik allein ist, sondern diese neue Technik erst unter den Bedingungen des kapitalistischen Weltmarkts voll zur Entfaltung kommt – halte ich Glotz' Begriff vom »digitalen Kapitalismus« tatsächlich für treffender als die auch nicht falschen Begriffe »Siliziumzeit«, »Informationsgesellschaft« oder »telematische Gesellschaft«, die sich aber auf den technischen Teil des Prozesses beschränken.

Was mir aber am bedeutsamsten erscheint, was Glotz ausblendet und was weder bei uns in Europa noch in den USA kaum debattiert wird: Der digitale Kapitalismus tendiert zum Ökonomismus, und der Ökonomismus endet im Nihilismus. Als »Ökonomismus« bezeichne ich ein System, dessen Entwicklung mangels verbindlicher Wertmaßstäbe über das Zusammenspiel von Markt und Technik letztlich von Kapitalinteressen gesteuert wird. Genau zu solch einem System entwickelt sich derzeit unsere Welt, und sie wird dabei nicht stehen bleiben. Dem Ökonomismus kommen Grundwerte wie die Menschenwürde, das Recht auf Arbeit, soziale Gerechtigkeit, der arbeitsfreie Sonntag oder die Solidarität in die Quere. Deshalb sieht der Ökonomismus einen Zwang, diese Werte zu beseitigen. Genau damit ist der Weg in den Nihilismus vorgezeichnet.

Kapital und Arbeit im digitalen Kapitalismus

Wie werden wir in dieser neuen Welt, die da entsteht, leben und arbeiten? Besser als heute? Schlechter? Werden wir wieder zur Vollbeschäftigung zurückkehren?

Auch hierauf gibt Peter Glotz eine Antwort, und sie ist ernüchternd und scharf: »Soweit die Entwicklung derzeit prognostizierbar ist, ist die Arbeitsplatzbilanz der telematischen Gesellschaft negativ.«[6] Arbeitszeitverkürzung löse das Problem nicht, weil die neue Entwicklung auch neue Jobs hervorbringe, die man nur schwer teilen kann. Arbeitsverteilung auf viele klappt dort, wo geistige und körperliche Routinearbeit zu erledigen ist. Ebendie wird aber schon jetzt oder demnächst von Maschinen erledigt. Der abnehmende Rest anspruchsvoller Tätigkeit jedoch kann nicht x-beliebig auf x-beliebige Menschen verteilt werden. Zwei gute Webdesigner leisten mehr und Besseres als zehn durchschnittliche. Also wird ein Arbeitgeber lieber die beiden guten sechzehn Stunden pro Tag und sechs Tage in der Woche beschäftigen und fürstlich entlohnen, als dass er zehn durchschnittliche einstellt und diese halbtags oder für sechs bis acht Stunden an vier Tagen in der Woche beschäftigt und mäßig bezahlt.

»Damit zerstiebt nicht nur die Hoffnung der Gewerkschaften auf eine solidarische Arbeitspolitik, sondern erst recht die vieler Frauen auf emanzipatorische Muster der Arbeitsteilung zwischen den Geschlechtern«, schreibt Glotz. Im digitalen Kapitalismus gebe es »keinerlei Chance für die schöne Vorstellung vom jeweils halbtags arbeitenden Ehepaar, das sich zärtlich und zugewandt in Kindererziehung und ›reproduktive

Arbeit‹ teilt«. Dies werde »angebrochene oder zerbrochene Frauenbiografien produzieren«.[7]

Goldene Herrenjahre für eine schmale Oberschicht; anstrengende, den vollen Einsatz der Person erfordernde Arbeitsjahre für den Mittelbau, verbunden mit lebenslangem Lernen, hartem Wettbewerb, stets ungesicherter Existenz; Hundejahre für das untere Drittel der Gesellschaft – das ist die Zukunft, wie Peter Glotz sie sieht. Diese Zukunft zeichnet sich in den jungen Unternehmen der New Economy bereits ab.

D-Office zum Beispiel, eine neue und neuartige Werbeagentur in München, ist so ein Unternehmen der New Economy. Der Chef war zum Zeitpunkt meines Besuchs, 1999, neunundzwanzig, der älteste Mitarbeiter dreiunddreißig, das Durchschnittsalter lag bei fünfundzwanzig Jahren. Bevorzugtes Verkehrsmittel ist das Skateboard. Mit diesem ist man früher auch schon mal durchs Büro und über eine Rampe gefahren. Jetzt wurde die Rampe durch einen Kicker ersetzt. Man brauchte den Platz für einen neuen Schreibtisch, denn die Firma wächst. Aber – so viel Zeit muss sein – noch immer spielen die Mitarbeiter fast täglich zu einem festgelegten Zeitpunkt ihr gemeinsames Computerspiel im Netzwerk.

Geregelt ist in dieser Firma eigentlich nichts. Wo traditionelle Unternehmen nach dem Prinzip der Hühnerleiter organisiert sind – unten der Stift, oben der Generaldirektor, dazwischen Gesellen, Meister, Sachbearbeiter, Abteilungsleiter, Bereichsleiter und Direktoren –, gibt es bei D-Office zwar einen Chef und einen Art-Director, aber die anderen sind keine Untergebenen, sondern einfach Mitarbeiter, die ihre verschiedenen Jobs machen, sei es als Projektmanagerin oder als Grafiker, aber nicht immer lässt sich das so genau definieren, und außerdem kann ein und dieselbe Person auch verschiedene Jobs machen.

Nur wenige sind fest angestellt. Die meisten arbeiten als Freelancer, oft zu Hause, manchmal im Büro. Einige arbeiten regelmäßig an jedem neuen Projekt mit, andere unregelmäßig mal an diesem, mal an jenem Projekt, einige auch noch in anderen Projekten für andere Unternehmen. Manche studieren noch, etliche haben etwas ganz anderes gelernt oder studiert als das, was sie jetzt machen, und es ist sehr unwahrscheinlich, dass sie das, was sie jetzt gerade machen, bis zum Ende ihres Lebens tun werden. Wie viel einer arbeitet und wie lange, ist bei jedem anders, wird individuell abgesprochen und kann auch wieder geändert werden.

Äußerlichkeiten und Rangabzeichen – Dienstwagen, Büro, Schreibtisch, Bürostuhl – spielen keine Rolle. Viel wichtiger ist das Feeling, die Frage: Fühle ich mich hier wohl? Oder: Verstehe ich mich gut mit den anderen? Und dazu gehört auch die Frage: Kann ich hier selbstständig und eigenverantwortlich agieren, kann ich mich entfalten? Werden meine Ideen angenommen oder zumindest durchdacht?

Jürgen Salenbacher, der Chef, sagt: »Wir arbeiten nicht nach dem Prinzip, drei Jahre lang schaut der Lehrling nur zu, dann darf er auch mal, sondern bei uns darf er gleich, von Anfang an. Dabei passieren natürlich Fehler, aber mit der Zeit immer weniger und nach drei Jahren keiner mehr.«

Insgesamt sei es eigentlich viel schwieriger, so zu arbeiten. Man müsse »viel mehr improvisieren, immer wieder brechen Pläne zusammen, und das sorgt für Stress, macht auch konventionelle Unternehmen, für die wir arbeiten, misstrauisch und skeptisch, aber es funktioniert, und vor allem: So zu arbeiten entspricht viel mehr unserem Lebensgefühl und unseren Bedürfnissen.«

Noch etwas ist neu an D-Office: Während die alten Unternehmen sich unentwegt über mangelnde Flexibilität der Arbeitnehmer beklagen, aber selbst extrem unflexibel auf die Bedürfnisse ihrer Mitarbeiter reagieren, versteht Salenbacher unter Flexibilität eine Forderung, die gleichermaßen für die Unternehmen gilt. Auch die Firma reagiert flexibel auf ihre Mitarbeiter. »Wird eine Mitarbeiterin schwanger, kann das unmöglich ein Grund sein, das Arbeitsverhältnis zu beenden, dann muss man einfach nach einer neuen Lösung suchen«, sagt Salenbacher.

Nicht jeder künftige Arbeitgeber wird so denken, nicht jeder wird sich für seine Mitarbeiter so verantwortlich fühlen wie dieser junge Münchner Unternehmer, und ein Unternehmen so zu führen, wie er das tut, geht auch nur, wenn maximal zwei oder drei Mütter oder Väter mitarbeiten, der Rest aber kinderlos ist.

Aber alle Unternehmen wollen so werden wie Salenbachers D-Office. Überall schallt es daher der Jugend entgegen: Bilde dir nicht ein, dass du deinen jetzt erlernten Beruf bis an dein Lebensende wirst ausüben können. Stell dich darauf ein, ihn mehrmals wechseln zu müssen, dich beständig weiter- und fortbilden und auch mal beschäftigungslose Zeiten überstehen zu müssen. Feste Belegschaften wird es kaum noch geben, allenfalls ganz kleine Truppen Festangestellter, die mit wechselnden Teams während begrenzter Zeiten ganz bestimmte Projekte verwirklichen. Vor den üblichen Risiken des Lebens, Krankheit, Arbeitslosigkeit, Alter, wirst du dich selbst schützen müssen. Und du solltest dich bemühen, stets kreativ, flexibel und voll belastbar zu sein und zu bleiben. Kannst du das nicht, stehst du alleine da, denn das soziale Netz gibt es nicht mehr.

Aber das alles ist gut für dich, denn du wirst freier, selbstständiger und flexibler sein, als es dein Vater, der Angestellte, je gewesen ist. Du wirst dein eigener Chef sein, dich selber managen, dich mit deiner Kreativität immer wieder neu erfinden und dich glücklich preisen, deine Arbeit frei von den Zwängen betrieblicher Hierarchie verrichten zu können, frei von betriebsüblichen Intrigen, Mobbing, Neid und Gezänk. Und dank der Telekommunikation wirst du zu Hause arbeiten und selbst bestimmen können, wie du dir Arbeit und Freizeit einteilst. Auch den Job und die Familie bekommst du besser unter einen Hut.

Das alles klingt sehr gut, und es ist ja auch überhaupt nichts dagegen einzuwenden, wenn die Mehrheit wieder zu mehr Selbstständigkeit und eigenverantwortlichem Handeln angeleitet wird. Dem Sozial- und Wohlfahrtsstaat der siebziger Jahre wohnte tatsächlich die Tendenz inne, dem Einzelnen die Verantwortung für sein eigenes Leben abzunehmen, ihn dadurch partiell zu entmündigen und gleichzeitig sozial schädliche Anspruchshaltungen zu generieren.

Dass junge Menschen davon nichts mehr wissen wollen, dass ihnen Freiheit wichtiger ist als Gleichheit und soziale Sicherheit und dass sie gern bereit sind, Verantwortung für sich selbst zu übernehmen, für sich selbst zu sorgen, und auch bereitwilliger als ihre Eltern den Sprung in eine unternehmerische Selbstständigkeit wagen, ist zu begrüßen und sollte von Eltern, Staat, Wirtschaft und Gesellschaft nach Kräften gefördert werden.

Es wird ja auch getan, denn das Lebensgefühl der Jungen, deren Bedürfnis nach Flexibilität, Spontaneität und fließenden Übergängen zwischen Arbeit und Privatleben, trifft sich mit den Bedürfnissen der Unternehmen und Arbeitgeber in der New Economy – welch glücklicher Zufall. Vor lauter Freude über diesen glücklichen Zufall wird aber der Blick auf die Kehrseite dieser New Economy verstellt.

Die Bereitschaft der Jungen, nicht auf Tarifverträge und Arbeitszeiten zu achten, wird von neuen Unternehmern und Arbeitgebern gnadenlos ausgebeutet. Und wo diese Bereitschaft nicht vorhanden ist, wird sie erzwungen und werden alle Errungenschaften kassiert, für die Arbeitnehmer und Gewerkschaften ein Jahrhundert lang gekämpft haben. Unter den modern klingenden Begriffen »Outsourcing« und »Lean Production« verfolgen derzeit alle Unternehmen das Ziel, die Belegschaft auszudünnen, nur noch zeitlich befristete Arbeitsstellen zu vergeben, immer mehr Funktionen aus den Betrieben an freie Teams und freie Mitarbeiter zu vergeben. Gelegentlich handelt es sich bei den Mitarbeitern solcher Teams um dieselben Leute, die zuvor innerhalb des Betriebs als Angestellte den gleichen Job verrichtet haben. Jetzt aber tun sie das für weniger Geld, bei längerer Arbeitszeit, mit weniger Rechten und – zwangsweise – mit mehr Engagement. Und einige derer, mit denen man früher im alten Betrieb zusammengearbeitet hat, sind nicht mehr dabei, sitzen zu Hause und sind arbeitslos.

So holt man aus weniger Leuten mehr Leistung heraus, und das auch noch zu niedrigeren Kosten. Dadurch entsteht etwas völlig Neues: Die Wirtschaft wächst, aber die meisten Leute werden ärmer. Neue Studien zeigen, dass viele Amerikaner, die Anfang der neunziger Jahre ihren Job verloren, am neuen Arbeitsplatz fast ein Viertel weniger Geld verdienen.[8] Meinhard Miegel, Direktor des Instituts für Wirtschaft und Gesellschaft in Bonn, weiß aus Untersuchungen: »Viele Amerikaner – etwa die Hälfte – müssen heute länger und härter als vor 20 Jahren arbeiten und leben dennoch schlechter als damals ... Nicht wenige Amerikaner erhalten heute für einen vollen Arbeitstag ein niedrigeres Einkommen als ein deutscher Sozialhilfeempfänger.«[9]

In den USA gingen in den achtziger Jahren »sämtliche realen Lohnzuwächse bei den Löhnen der männlichen Erwerbstätigen an die obersten zwanzig Prozent. Das oberste Prozent allein kassierte vierundsechzig Prozent der Gehaltszuwächse. Blickt man auf die Einkommen[10], so fielen dem obersten Prozent gar neunzig Prozent der Einkommensgewinne zu«, schreibt der deutsche Diplomat Konrad Seitz in seinem Buch *Wettlauf ins 21. Jahrhundert*.[11] Seitz, Botschafter in China, war Leiter des Planungsstabs im Auswärtigen Amt, hatte in dieser Funktion besonders die »Triade« USA-Japan-Europa beobachtet und in einem viel beachteten Buch vor der »japanisch-amerikanischen Herausforderung« gewarnt. In seinem Buch schreibt Seitz über die Umverteilung von unten nach oben dank »Reagonomics« weiter: »1973 hatten die Reallöhne für männliche Beschäftigte zum ersten Mal zu fallen begonnen. In der ersten Hälfte der neunziger Jahre fielen sie in jeder Industrie- und für jede Ausbildungsgruppe. Beschäftigte mit Universitätsabschluss bildeten keine Ausnahme.«[12]

Dass Arbeitgeberherzen deshalb höher schlagen, versteht man, und weil die Gewerkschaften dank der Globalisierung entmachtet sind, können die Arbeitgeber auf dem eingeschlagenen Weg fast widerstandslos weitermarschieren. Globalisierung ist darum eine von Kapitaleignern gewollte Entwicklung, die von diesen bewusst und systematisch herbeigeführt und forciert wird. »Shareholder Value« nennt man den weltweiten Vergleich von Unternehmensrenditen – und wenn diese zu niedrig ausfallen, wird dem betreffenden Unternehmen von den Anlegern das Geld entzogen und wird das Management gefeuert.

Wo immer das Gespann aus Informationstechnik und liberalisiertem Welthandel pflügt, scheidet es die Menschen in wenige Gewinner und viele Verlierer. Dem weltweit agierenden Investor wurde mit der digitalen Technik eine neue Waffe in die Hand gegeben, und von dieser Waffe macht er Gebrauch, ohne groß darüber nachzudenken, was er damit anrichtet. Der Shareholder ist ja nicht böse oder sadistisch. Er ist ein ganz normaler Mensch, der seinen Vorteil sucht, dem es eigentlich nur um den maximalen Ertrag seines Kapitals geht, aber mit der Verfolgung dieses Ziels löst er eine Kaskade von Entscheidungen, Handlungen, Wirkungen und Nebenwirkungen aus, die für viele Arbeitnehmer böse Folgen haben.

Schreibt man den bestehenden Trend in die Zukunft fort, dann wird es künftig vier Gruppen von Menschen geben: Die erste Gruppe sind die Globalisierungsgewinner, die Eigner von Kapital und deren Helfer auf den Führungsebenen. Dank eingesparter Arbeitskräfte, gedrückter Löhne und gestutzter Sozialleistungen steigt das Einkommen dieser Minderheit exponentiell.

Die zweite Gruppe sind hoch Qualifizierte, die gut verdienen, aber ständig am Ball bleiben müssen, um nicht von Konkurrenten ins Abseits gedrängt zu werden. Von einem Acht-Stunden-Tag kann bei ihnen nicht die Rede sein. Zeit für Kinder werden sie kaum haben. Sie könnten es sich leisten, die Kinderbetreuung und Erziehung an privates Personal zu delegieren, aber wozu Kinder, wenn man keine Zeit für sie hat?

Die dritte Gruppe sind gering Qualifizierte, die sich finanziell nur dadurch über Wasser halten können, dass sie mehrere Beschäftigungsverhältnisse gleichzeitig eingehen und wahrscheinlich moderne Formen einer Tagelöhnerei praktizieren. Auch sie kommen mit einem Acht-Stunden-Tag nicht aus. Auch sie haben keine Zeit für Kinder und Geld für Personal erst recht nicht. Also werden sie, wenn sie dennoch Kinder haben, diese vor das TV-Gerät setzen, und wenn sie groß sind, werden sie hunderttausend Stunden Werbung und hunderttausend Morde gesehen und gelernt haben, dass der Sinn des Lebens im Konsumieren besteht und man Konflikte am besten gewaltsam löst.[13]

Die vierte Gruppe sind die Überflüssigen, die den Konkurrenzkampf schon in der Schule oder auf der Universität verloren haben und nun sehen, dass sie nicht gebraucht werden. Diese Gruppe wird verstärkt von den Leistungsschwachen, die wegen Alter, Behinderung, Krankheit, Alkoholismus, Drogensucht oder Unqualifiziertheit nicht einmal zu einer geringfügigen Beschäftigung kommen. Delinquenz, Gewalt, Drogen, Vandalismus und Kriminalität werden deren ständige Begleiter sein.

So entsteht eine Abwärtsspirale zulasten der Lebensqualität der Menschen und zugunsten der Unternehmen und deren Aktionäre. Dieser Shareholder-Value-Kapitalismus will von einer gesellschaftlichen Verantwortung der Unternehmen nichts mehr wissen.

Wer an diese Verantwortung appelliert, wird als Maschinenstürmer gebrandmarkt. Aber es geht nicht um Maschinenstürmerei oder Verhinderung von Reformen, sondern um die Frage, wie wir die bevorstehende gesellschaftliche Umwälzung so steuern, dass es am Ende möglichst viele Gewinner und möglichst wenige Verlierer gibt. Es geht um die Frage, wie wir die schmale Schicht jener, die jetzt überdimensional fette Gewinne in die Scheuer fahren, dazu bringen, der Gemeinschaft wenigstens so viel wieder zurückzugeben, dass diese in sozialem Frieden weiterleben kann.

Es sollte nicht immer nur vorgerechnet werden, was uns der Sozialstaat kostet, sondern auch einmal aufgelistet werden, welche Lebensqualität wir dafür bekommen. Es ist ja schön, wenn wir weniger Steuern zahlen müssen, wenn wir dann aber das Ersparte in Stacheldraht, eingemauerte Grundstücke, Einbruchsicherungen, Überwachungskameras und Bodyguards investieren müssen, läuft es für den, der die Steuern spart, auf ein Nullsummenspiel hinaus. Und für die vielen Chancenlosen, die der digitale Kapitalismus produziert, bedeutet die Abschaffung des Sozialstaats, ein Verliererleben führen zu müssen.

Eine Gesellschaft mit wenigen Siegern, vielen Verlierern und einem ständig vom Sozialabstieg bedrohten Mittelbau mutiert selber zu einer Verlierergesellschaft. Für fast alle wird die Lebensqualität sinken, wenn wir den Sozialstaat abschaffen, und man soll sich von der Sozialrhetorik der Politiker nicht das Gehirn vernebeln lassen: Sie reden natürlich nicht von der Abschaffung des Sozialstaats, sondern von dessen Umbau. Was sie tatsächlich tun – kürzen, kürzen, kürzen und entlassen –, ist aber kein Umbau, sondern ein Abbau. Je länger sie abbauen, desto weniger bleibt übrig, und irgendwann wird es so wenig sein wie heute in den USA. Diese Rudimente sozialer Sicherheit als Sozialstaat zu bezeichnen wäre lächerlich.

Weltweit läuft der Großtrend jedoch genau auf die Zustände in den USA hinaus. Aber so attraktiv ist das angebliche Erfolgsmodell USA gar nicht, denn der Erfolg hat seinen Preis. Jedes fünfte amerikanische Kind wächst in Armut auf, schreibt der US-Unternehmer Edward Luttwak.[14] Millionen von US-Bürgern leben am Rande des Existenzminimums, und dass in den USA Vollbeschäftigung herrsche, ist nichts weiter als neoliberale Propaganda. Die niedrige Arbeitslosenrate in den USA wurzelt in der Tatsache, dass die Hälfte der Arbeitslosen im Gefängnis sitzt und die andere Hälfte durchs Raster fällt, weil in den USA die Arbeitslosen anders gezählt werden als bei uns. Dort gilt als beschäftigt, wer mindestens eine Stunde Arbeit pro Woche hat.

Die Arbeitslosen werden natürlich nicht eingesperrt, weil sie arbeitslos sind, sondern weil sie kriminell gewesen sind. Sie sind aber kriminell geworden, weil sie kein Arbeitslosengeld bekommen und ihnen daher kaum noch etwas anders übrig bleibt, als zu stehlen, einzubrechen, andere auszurauben oder mit Drogen zu dealen. Auf diese Weise kriminalisiert der Staat die Folgen seines Versagens.

Ich erwarte von den Kirchen, dass sie sich der Amerikanisierung der Welt widersetzen und laut und deutlich dagegen ihre Stimme erheben. Die Welt bedürfte dringend eines starken, weltweit organisierten Korrektivs. Sie bedürfte einer Kraft, die Lust macht auf lebenswerte Alternativen zu den Mega-Trends unserer Zeit. Dieses Korrektiv und diese Kraft könnte, sollte, müsste die Kirche sein.

Was wir brauchen, ist das Gegenteil des US-Kapitalismus

mit seiner unmenschlichen Fratze. Was wir brauchen, ist ein Kapitalismus mit menschlichem Antlitz, so etwas wie eine soziale Marktwirtschaft im globalen Rahmen, also für die ganze Welt, eine Europäisierung statt einer Amerikanisierung, eine Zivilisierung des digitalen Kapitalismus. Was wir bräuchten, wäre der politische Wille der Regierungen dieser Welt, so eine Ordnung zu etablieren. Einfach ist das nicht, aber versucht werden muss es. Aber es wird nur versucht werden, wenn wir, die Wähler, entsprechend Druck auf unsere Politiker ausüben. Die Kirche sollte diesen Druck initiieren, eine neue soziale Bewegung organisieren und ihr vorausmarschieren.

Die Macht des Marktes

Hören wir auf, von der Entmachtung der Politik durch die Wirtschaft zu reden. Graf Lambsdorff hat schon vor fünf Jahren gesagt: »Die internationalen Investoren sind unsere Jury.«[15] Die Frage, wer uns regiert, ist also entschieden. Über die faktische Herrschaft des Kapitals müssen wir nicht mehr streiten.

Reden wir statt dessen über das, was noch bestritten wird. Und noch wichtiger: über das, worüber nicht geredet wird.

Bestritten wird, dass die Herrschaft der Lambsdorffschen Jury ein Übel sei. Deshalb wird die Kapitalistenherrschaft auch nicht so genannt, sondern als »Globalisierung« bezeichnet. Das klingt nach mehr Markt, mehr Wohlstand, mehr Chancen, nach Frieden und Freiheit für alle. Dagegen kann ein vernünftiger Mensch doch im Ernst nichts haben, und wer trotzdem dagegen ist, ist eben ein Traditionalist, Globalisierungsjammerer, Fortschrittsbremser, Bedenkenträger. Wer so viele Wortkeulen auf einmal auf seinen Schädel gehauen bekommt, ist abgemeldet. Die Globalisierungsjubler sind endlich unter sich und können der Öffentlichkeit ungestört ins Hirn blasen, was die Globalisierung sei: alternativlos, ein Schicksal, und zwar ein gutes.

Ist sie nicht. Was Globalisierung genannt wird, hat Peter

Glotz als »umstürzlerische Wirklichkeit« bezeichnet. »Sie marschiert, ob wir es wollen oder nicht, gelegentlich wie ein gottverdammter SA-Sturm: bis alles in Scherben fällt.«[16] Aber auch Glotz tut so, als sei diese »umstürzlerische Wirklichkeit« ein unabänderliches Fatum.

Ist sie nicht. Was wie ein »gottverdammter SA-Sturm« alles in Scherben haut, ist eine kleine Minderheit aus Großinvestoren, Großaktionären und deren hochbezahlten Lakaien. Ein paar hunderttausend Milliardäre und Millionäre aus Europa, Amerika, Japan, Südostasien und den OPEC-Staaten, also ein paar Promille der Weltbevölkerung, lassen den Rest der Welt nach ihrer Pfeife tanzen.

Das kann man nun als vulgäre Klassenkampf-Ideologie abtun, und in der Tat ließe sich das Wesen der Globalisierung differenzierter und mit einer langen argumentativen Kette beschreiben, aber am Ende dieser Kette entdeckte man unweigerlich als letztes Glied die nach Spitzenrenditen und Shareholder Value gierenden milliardenschweren Kapitalanleger. Deshalb zählt die beliebte Ausrede nicht, dass es so einfach auch wieder nicht sei. Letztlich stimmt das Bild: Die Milliardäre pfeifen und lassen pfeifen, und die Welt tanzt.

Auch die Medien tanzen nach dieser Pfeife, weshalb das Gebaren der Pfeifer in den Medien immer seltener kritisch durchleuchtet wird. Deshalb kann sich die Ideologie der Lambsdorffschen Jury ungestört verbreiten. Deshalb fällt kaum noch auf, dass die Jury und ihre Nachbeter zwar den Markt rühmen, aber was tatsächlich praktiziert wird, ist die Macht. Mit dieser Macht lässt die Lambsdorffsche Jury den Markt zu, wo er ihr nützt, und sperrt ihn aus, wo er ihr schadet.

Schädlich ist der Markt, wenn der Konsument hohe Investitionen gefährdet. Deshalb darf der Verbraucher, der Gen-Food nicht haben will, nicht erfahren, wo Gen-Food drinsteckt. In einer funktionierenden Marktwirtschaft würden Produkte, die keiner will, einfach nicht hergestellt. Aber nun haben die Konzerne schon so viele Milliarden für Forschung und Entwicklung verpulvert, dass sie es sich gar nicht mehr leisten können, ihr Gen-Food nicht zu verkaufen. Also werden die Genprodukte mit Macht durchgedrückt und dem Verbraucher untergejubelt, solange es geht.

Schädlich ist der Markt, wenn die Konkurrenz zu groß ist, denn das drückt die Preise und damit den Profit. Also führt man eine »Marktbereinigung« durch, fusioniert mit seinen Konkurrenten oder kauft sie auf und münzt die zusammengekaufte Marktmacht in politische Macht um. Jetzt lässt sich herrlich Druck ausüben auf Parteien, Medien und Regierungen. Und man kann sich große Think-Tanks leisten, die von morgens bis abends nichts anderes tun, als darüber nachzudenken, was die Interessen des fusionierten Mega-Konzerns sind und wie man sie möglichst geräuschlos durchsetzt.

Nützlich dagegen ist der Markt, wo er die Konkurrenz zwischen Arbeitnehmern erhöht, denn das senkt die Kosten der Arbeit, und wenn man diese mithilfe der Informationstechnik und des liberalisierten Welthandels global verteilen kann, darf man als Investor den Arbeitern dieser Welt ins Ohr diktieren: Du, Ware Arbeitskraft, du bist mir zu teuer geworden. Waren, die zu teuer sind, sind Ladenhüter. Mach dich also billiger, wenn ich dich kaufen soll. Und sei bitte auch ein bisschen flexibler und mobiler. Du musst bereit sein, wenn ich dich rufe, auch am Wochenende, in der Nacht, im Urlaub und weit weg von deiner Familie. Nie sollst du dich beklagen, wenn ich dich nicht mehr brauche, sondern warten, bis ich wieder rufe. Und noch etwas: Es hat keinen Sinn, sich dagegen zu wehren. Waren wie dich finde ich überall auf der Welt.

Ein Segen ist der Markt auch, wenn er die Konkurrenz unter den Medien verschärft. Das zieht ihnen die Zähne. Je mehr Medien um den Werbekuchen konkurrieren, desto freundlicher müssen sie zu den Geldgebern sein. Wer meint, sich weiterhin hyperkritisch und »unkooperativ« verhalten zu müssen, wird mit Liebesentzug bestraft. Journalisten, die sich weigern, als Anzeigen- oder Werbeumfeldgestalter zu arbeiten und feinfühlig um die beworbenen Produkte herumzuschreiben oder zu -senden, werden kaltgestellt. Deshalb geht es mit der Qualität des Fernsehens so steil bergab, denn mit der Quote schafft sich der Markt ein ganz einfaches Kriterium für Qualität in den

Medien: Gut ist, was erfolgreich ist. Hat Scheiße Erfolg, ist Scheiße gut. Der Rammelsender RTL II macht daraus Gold für Bertelsmann, den Bauer Verlag und Herbert Kloiber.

Information, Aufklärung, Kritik haben unter solchen Bedingungen nur dann noch eine Chance, wenn sie unterhaltsam und nicht zu anstößig sind. Wenn sie es nicht sind, müssen sie unterhaltsam verpackt werden. Wenn das nicht geht, liefert man eben Unterhaltung und verpackt sie als Information. Über die Blow-Jobs jener Praktikantin, die im Weißen Haus das Oval Office zum Oral Office umfunktionierte, sind wir darum viel gründlicher informiert worden als über die soziale Lage in den USA.

In den siebziger Jahren mokierten sich Wirtschaftsliberale über die marxistischen Theoretiker, die mithilfe eines Denkers des 19. Jahrhunderts die Probleme des 20. Jahrhunderts zu lösen versuchten. Die gleichen Wirtschaftsliberalen versuchen heute, die Probleme des 21. Jahrhunderts mit Adam Smith zu lösen, der 1790 gestorben ist, achtundzwanzig Jahre bevor Karl Marx geboren wurde.

Macht nichts. Unsere Führungseliten glauben trotzdem an den Markt wie die Kinder an den Weihnachtsmann. Und wenn er, wie in Russland oder Ostdeutschland, seit zehn Jahren ununterbrochen versagt, wird daraus nicht die Lehre gezogen, dem Aberglauben endlich abzuschwören, sondern es wird gesagt: Wir müssen eben noch viel stärker an den Markt glauben, noch viel radikaler den Sozialstaat zurückstutzen, mehr soziale Ungleichheit akzeptieren, die Konkurrenz zwischen Arbeitnehmern verschärfen und den fusionierten Giga-Konzernen noch mehr Einfluss zugestehen. Bevor sich also die unsichtbare Hand der geheimnisvollen Gottheit für uns regt, müssen wir ihr noch mehr und noch größere Opfer bringen.

Geopfert wird nun schon seit mehr als zwanzig Jahren, ein paar Helden der New Economy werden ganz schnell ganz reich, aber dem Rest wird weiter gepredigt, den Gürtel noch enger zu schnallen. Wann darf denn die Mehrheit mal vom süßen Honig der New Economy naschen?

Irgendwie erinnert der neue Kapitalismus doch sehr an den

alten Kommunismus. Die Opfer werden in beiden Systemen von den kleinen Leuten gebracht. Den Lohn ernteten im Kommunismus die großen Funktionäre, der Rest wurde auf die Zukunft vertröstet, und die war weit. Im Kapitalismus ernten den Lohn die großen Investoren, der Rest muss wiederum auf die Zukunft hoffen. Aber seien wir fromm. Glauben wir: Gewiss werden sich die kapitalistischen Verheißungen alle noch erfüllen. Dennoch wüssten wir ganz gerne: Wann? Und für wen?

Bei aller Frömmigkeit – fragen wird man ja wohl noch dürfen.

Wir Daxianer

Wie stellt man es an, dass Menschen sich mehr um ihren Job und ihre Karriere kümmern als um ihre Kinder und ihre Ehepartner? Wie schafft man es, die Demokratie, die Arbeit, die Medien, den Einzelnen einem einzigen Prinzip – dem ökonomischen – zu unterstellen? Wie kann es gelingen, die ganze Welt zu ökonomisieren und die Gedanken und Köpfe ökonomistisch zu infiltrieren? Wie ist es möglich, dass die kleine Minderheit der Milliardäre und Millionäre – die Lambsdorffsche Jury – die gesamte Weltbevölkerung unter Kontrolle bekommt?

Die Antwort ist einfacher, als viele vielleicht denken. Jeder Mensch auf dieser Welt braucht für sein Überleben das, was die Lambsdorffsche Jury im Übermaß besitzt: Geld. Wer davon etwas haben möchte, bekommt es, sofern er bereit ist, im Interesse der Jury zu funktionieren.

Das Interesse der Jury ist ganz einfach: Sie möchte das Geld, das sie an die Habenichtse abgibt, wieder zurückhaben, und zwar mehr, als sie abgegeben hat, mit einer ordentlichen Rendite, mit Zins und Zinseszins, so dass die Millionen und Milliarden immer weiter wachsen. Geld soll noch mehr Geld produzieren. Das Geld soll »arbeiten«, heißt es.

Es ist aber nicht das Geld, das arbeitet, sondern es sind die Menschen, die arbeiten. Damit sie das auch tun, braucht die

Jury Führungskräfte, die wissen, wie man viele Menschen so organisiert, kontrolliert und diszipliniert, dass sie im Interesse der Geldvermehrung funktionieren. Diese Führungskräfte sind für die Jury die wichtigsten Menschen, die sie haben. Von deren täglich zu fällenden Entscheidungen hängt ab, wie viel Geldzuwachs die unter dem Kommando der Führungskräfte stehenden Menschen erzielen. Deshalb werden diese Führungskräfte von der Jury sorgsam gehätschelt, üppig entlohnt und mit zahlreichen Statussymbolen wie Dienstwagen mit Fahrer, persönlichen Referenten, Assistentinnen und Sekretärinnen ausgestattet. Vor allem wird ihnen ein großer Spielraum gewährt, innerhalb dessen sie sich ziemlich frei entfalten können, solange sie regelmäßig eine ordentliche Beute abliefern.

Nun sind Manager auch nur Menschen und darum trotz ihrer hohen Stellung gelegentlich noch zu menschlichen Regungen fähig und sogar zu einem Verantwortungsgefühl gegenüber ihren Mitarbeitern, den Kunden, der Gesellschaft und sogar dem Finanzamt. Jeder halbwegs normale Mensch lebt lieber im Frieden mit seiner Umwelt, auch der Vorgesetzte schätzt die harmonische Zusammenarbeit mit seinen Untergebenen in der Regel mehr als Dauerstress, Konflikt und Hader. Und mag er auch den einen oder anderen »Lowperformer« in seiner Truppe haben, so fällt es ihm dennoch nicht leicht, ihn einfach an die frische Luft zu setzen, wenn er weiß, dass diesem Lowperformer gerade die Ehefrau weggestorben ist oder dass er geschieden wurde oder ihn sonst ein Kummer drückt.

Solche menschlichen Regungen und Skrupel sind jedoch die größte Gefahr für die Rendite und die Marktführerschaft. Um die Gefahr zu minimieren, ist jeder Vorstandsvorsitzende von Vorstandskollegen umgeben, die wie ein Rudel Wölfe nur darauf lauern, dass der Leitwolf eine Schwäche zeigt, um selber in die Leitwolfposition zu kommen. Diese Konkurrenz, die sich auf allen darunter liegenden Ebenen fortsetzt, garantiert schon mal, dass die Menschlichkeit und Skrupulösität nicht unkontrolliert ausartet.

Ein weiterer Trick, das Management enger an die Interessen der Jury zu binden, ist ein Entlohnungssystem, das in den USA schon lange praktiziert wird und jetzt auch in Europa Einzug hält: Amerikanische Topmanager erhalten zusätzlich zu ihrem eh schon sehr hohen Gehalt eine Erfolgsbeteiligung in Form von »stock options«, Aktienoptionen, deren Wert das eigentliche Gehalt um ein Vielfaches übersteigt. Da fällt es einem dann schon etwas leichter, aufkeimende menschliche Regungen zu zügeln, mehr Druck auf Mitarbeiter auszuüben und regelmäßig eine bestimmte Zahl von ihnen zu feuern. Damit werden die finanziellen Interessen der Führungskräfte mit denen der Aktionäre gleichgeschaltet.

Das reicht der Jury aber noch immer nicht. Noch viel effizienter könnte ihr Räderwerk funktionieren, wenn man auch die Interessen der unteren Chargen und der vielen, die gar nicht dazugehören, enger an die Interessen der Jury koppeln könnte. Das ideale Mittel dafür ist die Volksaktie. Und wieder ist es der ehemalige SPD-Vordenker Peter Glotz, der am lautesten jubelt: Gut so. »Die Gründerzeit der New Economy könnte einen alten Traum Wirklichkeit werden lassen – den Volkskapitalismus, in dem jeder Aktionär ist.«[17]

In einem Volkskapitalismus, in dem jeder Aktionär ist, wäre der Konflikt zwischen Kapital, Arbeit und Gemeinwohl praktisch aufgehoben. Das Gemeinwohl wäre dann identisch mit einem möglichst hohen und immer höher steigenden DAX.

Alle hätten jetzt das gleiche Kapitalinteresse. Alle würden dann nach jener Aktie gieren, die am meisten Gewinn verspricht, und sei es auch auf Kosten der Umwelt, der Gesundheit oder der Moral. Alle wären plötzlich irgendwie gekauft. Wer »high performing« Gentechnik-Aktien besitzt, wird zum Klonen, zu Gen-Food, zu gentechnisch geschrumpften Elefanten fürs Kinderzimmer oder zu genmanipulierten Sport- oder Tittenmonstern eine etwas tolerantere Einstellung haben als jemand, der nur ein paar Pfandbriefe besitzt. Die Vernuttung der Gesellschaft würde durch den Volkskapitalismus ihren Höhepunkt erreichen.

Theoretisch ist der Fall denkbar, dass der Arbeitnehmer-Volksaktionär in seinem Verlangen nach immer höheren Kursgewinnen die Aufsichtsräte und Vorstände so sehr unter

Erfolgsdruck setzt, dass er durch diese Gier seinen eigenen Arbeitsplatz wegrationalisiert, was wieder einmal beweisen würde: Jedes Prinzip mündet, konsequent zu Ende gedacht, in Absurdität. Auf dem Weg zu diesem Ziel haben wir es mit dem ökonomischen Prinzip schon ziemlich weit gebracht.

Der Netizen

Das Internet hebt die Einwegkommunikation vom Sender zum Empfänger auf. Jeder Empfänger kann jetzt auch senden, jeder kann der Welt ungefiltert mitteilen, was er weiß, sieht, denkt und hört. Und jeder kann sich weltweit über alles informieren, was er wissen möchte.

Deshalb laufe die Kommunikationsrevolution auf Individualisierung, also die Stärkung des Einzelnen hinaus, kann man allenthalben hören, wo über die Chancen der neuen Technologien debattiert wird. Nathan Myhrvold, Chef der Forschungsabteilung bei Microsoft, spricht sogar von einer Ermächtigungstechnologie, wenn er sagt: »Im Grunde geht es bei der digitalen Revolution um die Ermächtigung der Menschen. Es geht darum, ihnen zu ermöglichen, ihr Leben in die Hand zu nehmen, Kontrolle über die Information in ihrem Leben zu gewinnen. Sie können besser als je zuvor miteinander kommunizieren, sich öffentlich artikulieren. Computer sind die demokratischste und egalitärste aller Technologien.«[18]

Bricht also jetzt ein neues athenisches Zeitalter an? Geht es mit der Demokratie jetzt erst richtig los?

Wer seine Maus sattelt und ins Internet einreitet, merkt nichts davon. Schon am Eingang, dem so genannten »Portal« – das mit dem Portal einer Kirche nichts, mit dem Eingang zu einem Kaufhaus viel zu tun hat –, brüllen ihn optisch Dutzende von Marktschreiern an, doch mal hierhin oder dorthin zu klicken. Man hält fast automatisch seine Taschen zu und tastet nach seinem Portemonnaie, um sich zu versichern, dass es noch da ist.

Zwar werden Millionen Informationen angeboten, Texte, Bilder, Wissen, News, Guides, Dienstleistungen, Produkte, Marktübersichten, Produkttests und Einkaufsführer, so dass nun allenthalben verkündet werden kann, im Internet sei der Kunde König und der Einzelne mächtig. Aber in den seltensten Fällen erfährt man, wer hinter den Informationen steht: Sind es neutrale, unabhängige Redaktionen, oder stecken Marketing-, Werbe- und PR-Agenturen hinter den scheinbar neutralen Informationen? Hat man es mit einem seriösen Anbieter zu tun oder mit halbseidenen Klitschen oder professionellen Betrügern? »Gefälschte Richtpreise und Preisvergleichsdienste, die im geheimen Auftrag fester Partner recherchieren, um die Kunden dann immer an die gleichen Unternehmen zu vermitteln«, seien im Internet »de facto eher die Regel als die Ausnahme«, schreibt das Computermagazin c't.[19]

Nicht der mündige, demokratische Staatsbürger wird angesprochen, wenn er sich irgendwo einklickt, sondern der Konsument. Nicht um Aufklärung, Politik und sachliche Information geht's im Netz, sondern um Verkaufe, Anmache, Unterhaltung und Zerstreuung.

Natürlich kann, wer will, sich zur SPD oder zur CDU vorklicken, auch die Grünen wird er finden, Greenpeace, die IG Metall und auch den Vatikan oder das Weiße Haus. Aber was der Einzelne diesen Gruppen, Institutionen und Verbänden zu sagen hätte, scheint sie nicht besonders zu interessieren – denn wie eh und je denken und agieren viel eher die politischen und gesellschaftlichen Organisationen: Der Einzelne soll sich für sie interessieren, soll Parteiprogramme herunterladen, sich Bundestagsreden in voller Länger reinziehen, Pressemitteilungen per E-Mail abonnieren. Kommuniziert wird also, wie immer, von oben nach unten. Der elektronische Briefkasten, über den man selber etwas mitteilen kann, ändert daran prinzipiell wenig. Briefe schreiben konnte man ja auch vor der Internet-Zeit schon. Die wurden dann von irgendwelchen Referenten routinemäßig und mit vielen Standardfloskeln und Textbausteinen beantwortet, früher mit der gelben Post, jetzt billiger mit der elektronischen.

Auch der Polit-Promi, mit dem man gelegentlich chatten kann, ist nichts prinzipiell Neues, sondern die kostengünstige und Zeit und Material sparende Verlagerung des Infostands von der Fußgängerzone ins Computernetz. Hier wie dort geht's nicht um den Einzelnen, sondern um Marketing, PR, Propaganda und Agitation.

Natürlich kann jeder Einzelne übers Netz seine politische Meinung, flammende Proteste, leidenschaftliche Appelle oder engagierte Aufrufe in die Welt hinausposaunen, aber wen juckt das? Wer nimmt davon Notiz? Wer mit seiner Botschaft unter den hundert Millionen konkurrierender Botschaften nicht untergehen will, muss auf sich aufmerksam machen, und wie kann er das? Nur mit ganz viel regelmäßiger Werbung, mit Werbebannern im Netz und mit Werbung in den klassischen Medien, also in der Zeitung, Zeitschrift und im Fernsehen.

Dazu braucht er vor allem eines: Geld. Und um seine Botschaft im Netz attraktiv zu gestalten und stets auf dem aktuellen Stand zu halten, braucht er noch einmal Geld. Wer wird sich also in der virtuellen Welt durchsetzen? Die üblichen Verdächtigen natürlich, die wir schon aus der realen Welt kennen, *Stern*, *Spiegel*, *Focus*, ARD, ZDF, RTL, Daimler, Bayer, Siemens, Volkswagen, Telekom und so weiter. Die schöne Hoffnung, dass im Internet alle Bürger gleich seien und die Argumente der Intelligenz über die Macht des Geldes siegen, war von Anfang an eine naive Vorstellung und konnte sich nur deshalb eine Zeit lang halten, weil die Erwartung fleißig geschürt wurde von jenen, die am und im Netz Geld verdienen.

Gern wird auch behauptet, in der New Economy fresse nicht mehr der Große den Kleinen, sondern der Schnelle den Langsamen, und die Schnellen seien oft genug die Kleinen. Stimmt aber nur eine Zeit lang. Hat ein besonders Schneller ein paar Langsame gefressen und sich dadurch vergrößert, wird er gern von einem Großen geschluckt. Und die Großen haben inzwischen auch gemerkt, dass es aufs Tempo ankommt, weshalb sie längst aus ihren paar Großtankern viele kleine Schnellboote – also kleine, selbstständige Unternehmenseinheiten – gemacht und sich überdies das Personal und den Apparat gekauft haben, der ihnen hilft, als Erste an eine neue Idee oder Information zu gelangen. Viele Große sind daher inzwischen schon wieder schneller als die Kleinen.

Auch die Behauptung, das Internet ermögliche dem Einzelnen, sich viel besser zu informieren als jemals in der Geschichte der Menschheit, ist eher Ideologie oder Unsinn als ein echtes Argument. Jeder, der schon einmal gezielt nach einer bestimmten Information im Internet gesucht hat, weiß, dass er sie nicht findet oder nur nach einem unverhältnismäßig großen Aufwand an Zeit. Davon abgesehen: Das Internet löst ein Problem, das wir gar nicht haben, nämlich Informationsmangel, und schafft ein Problem, das wir ohne Internet nicht hätten, nämlich Informationsüberflutung und Informationsmüll. Und schließlich: Das, was uns wirklich interessiert, und das, was wirklich wissenswert wäre, steht leider auf keiner einzigen der hundert Millionen Websites. Die Namen von Kohls Parteispendern, was Hessens Ministerpräsident Koch über die Machenschaften seiner Hessen-CDU wirklich gewusst hat oder wen der Waffenhändler Schreiber mit welchen Summen bestochen hat, finden wir im ganzen Internet nicht.

Von einer Stärkung des Einzelnen durch die neuen Technologien kann also keine Rede sein, eher von einer Schwächung, denn im Internet sehen die Verkäufer von Waren und Dienstleistungen nicht nur einen neuen Vertriebskanal und nicht nur die kürzeste Verbindung zwischen ihnen und dem Geldbeutel des Konsumenten, sondern vor allem eine unerschöpfliche Datenquelle für ihr Marketing. Mit jeder Transaktion liefert der Konsument nicht nur sein Geld ab, sondern auch Informationen über sich. Die werden gespeichert, gesammelt, nach allen Regeln der Kunst ausgewertet und aufbereitet, fürs eigene Marketing genutzt oder an andere Interessenten weiterverkauft.

In diesem »ungeheuren Cross-Selling-Potential« liege der eigentliche Reiz des Internet, sagt Bertelsmann-Chef Thomas Middelhoff.[20] Sein Unternehmen könne jetzt einen Kunden des Buchversenders Bertelsmann Online (BOL) zu Stern online weiterleiten, von dort zu Bertelsmanns digitalem CD-Laden

BMG, von dort zum TV-Programm des Bertelsmann-Senders RTL und wieder zurück zu BOL.

Das Internet ist für Unternehmen das Medium, von dem sie immer geträumt haben. Für Werbung galt früher der Grundsatz: Die Hälfte des dafür nötigen Geldes ist zum Fenster hinausgeworfen, aber man weiß nie, welche Hälfte es ist. Im Internet lässt sich die Werbewirkung direkt messen, lässt sich zählen, wie oft ein Werbebanner wann von wem angeklickt worden ist, und nur das wird bezahlt. So halbieren sich die Werbekosten. Und noch besser: Das Internet ermöglicht die direkte Kommunikation zwischen Verkäufer und Käufer. Die Verkäufer sehen, wer was wann wo und wie oft kauft und wie lange er sich in einem Online-Shop aufhält, speichern diese Daten und können monatlich, vierteljährlich, jährlich ablesen, wie viel Geld der Einzelne ausgibt und wofür. »Diese genaue Kenntnis der Kundenperformance ist der eigentliche Kick an der ganzen Geschichte«, sagt der Bertelsmann-Multimediavorstand Klaus Eierhoff.[21] Wer bei BOL sein drittes Kochbuch kauft, bekommt die Empfehlung, die Zeitschrift *essen & trinken* zu abonnieren.

Etwaige Skrupel wegen des Datenschutzes? Keine. »1:1-Marketing« sei im Internet Standard, sagt Middelhoff, so, als sei das Computernetz extra zu dem Zweck geschaffen worden, um den Einzelnen auszuspionieren und marketingmäßig in den Griff zu bekommen. Die Konsum- und Surfgewohnheiten jedes Internetnutzers werden verfolgt und analysiert, und irgendwann wird er klassifiziert, ist dann entweder ein 1a-Kunde, den die Deutsche Bank hofiert, oder gehört der C-Klasse an, dem Kleinvieh, das zwar auch Mist macht, aber unnötig Kosten verursacht und darum in eine extra gegründete Kleinviehmist-Bank abgeschoben wird.

Dass dies tatsächlich so ist, hat sich bei der geplanten und zugleich geplatzten Fusion zwischen Deutscher Bank und Dresdner Bank aufs Schönste gezeigt: Weil das Massengeschäft mit den so genannten Kleinkunden für die Banken unwirtschaftlich ist, sollten achthundert Filialen geschlossen und sechzehntausend Mitarbeiter gefeuert werden. »Die großen

Häuser sind die kleinen Leute leid, weil sie ihnen viel Arbeit machen, aber nicht viel einbringen.«[22]

Der Einzelne wird benutzt als Fan von Popstars, ist nützlicher Idiot für Bundesliga-Clubs, Rennfahrer und Filmstars, wird zum Affen gemacht in Talk-Shows, wird aus festen Belegschaften hinauskomplimentiert auf die Straße oder in freie Teams, wo er für die Gewerkschaften nicht mehr erreichbar, dadurch auch nicht mehr organisierbar ist, als Vereinzelter seine Interessen also nicht mehr wahrnehmen kann gegen die Übermacht der Arbeitgeber und sich beliebig gegen andere Vereinzelte ausspielen lassen muss. Er wird mithilfe der Medien, der Werbung und durch Marketing-Aktionen mit den anderen Einzelnen zusammengetrieben wie Schafherden, um in Kaufhäusern, auf Weinfesten, in Urlaubszentren, auf dem Oktoberfest, in Sportstadien und Konzerthallen sein Geld abzuliefern, damit es wieder dorthin zurückfließt, wo es hergekommen ist. Und die so genannten Ermächtigungstechnologien setzen die Entmachtung des Einzelnen noch effizienter fort.

Will der Einzelne seine Entmachtung nicht mehr länger dulden, müsste er sich mit den vielen anderen Vereinzelten zusammentun, sich neu sammeln, neu organisieren. Die Kirche könnte ein Raum sein für solch eine Versammlung, denn das Volk Gottes war die erste Sammlungsbewegung der Weltgeschichte. Aus Fronarbeitern in Ägypten, aus Versprengten aus aller Herren Länder hat Gott sein Volk gesammelt und aus Ägypten geführt.

Wenn dann diese versammelten Einzelnen ihr Schicksal gemeinsam in die Hand nähmen, dann könnten sie sich übers Internet weltweit organisieren, dann wäre der Computer tatsächlich eine Ermächtigungs- und Befreiungstechnologie, denn in dem Augenblick, in dem die Einzelnen sich übers Netz organisieren und ihr Handeln abstimmen, entsteht die Gegenmacht.

Dort könnte man vereinbaren, wo man nicht kauft, dort könnten die an Selbstbestimmung interessierten Einzelnen ihre eigenen Shops, Läden, Banken, Kaufhäuser und Versicherungen aufmachen, um nur noch dort zu kaufen, mit der (kontrollierbaren) Garantie, dass keine Benutzerprofile erstellt werden, und mit der Zusatzgarantie, dass man dort nur kaufen kann, was geprüft und für gut befunden worden ist. Ökologisch einwandfreie Produkte, Dritte-Welt-Produkte zum fairen Preis, Produkte, die von politisch, feministisch oder sozial engagierten Unternehmen hergestellt werden, oder Produkte, die garantiert ohne Kinderarbeit entstanden sind, könnten dort verkauft werden. Es ließe sich eine Gegenwirtschaft aufbauen, die zwar auch Geld verdienen muss, aber den Profit nicht als alleinigen Zweck des Wirtschaftens begreift.

Irgend jemand müsste den Anfang machen. Die Kirche? Warum eigentlich nicht?

DER DIGITALE NIHILISMUS

Fernsehen ohne Grenzen

Aufhebung aller Grenzen, seien es räumliche, zeitliche, nationalstaatliche, rechtliche, kulturelle, ethische oder religiöse – das
ist das Bestreben des Kapitalismus von Anfang an. Ehemals
natürliche Grenzen wie Raum und Zeit sind vom weltumspan-
nenden Glasfaser-Computernetz aufgehoben worden. Ehemals
nationale Grenzen und nationalstaatliche Beschränkungen sind
unter amerikanischer Führung und dem neoliberalen Druck
der entwickelten Industriestaaten beseitigt worden. Erst jetzt
findet der Kapitalismus die Bedingungen, die er immer wollte
und immer brauchte, um sich hemmungslos zu entfalten.

Vor nichts Halt zu machen, nichts gelten zu lassen, außer
den kommerziellen Erfolg, nichts zu respektieren, außer das
Recht des Stärkeren, darin drückt sich das innerste Wesen des
Kapitalismus aus. Selbstbeschränkung ist ein dem Kapitalismus widersinnig erscheinendes Bestreben. Zwanghaft, geradezu manisch muss er alles, was uns jemals heilig war, ent-
werten, um es zu verwerten, ehemals unantastbare Werte in
finanzielle zu verwandeln. Der entfesselte Kapitalismus befindet sich in Gesellschaft eines unheimlichen Begleiters, und
das ist der Nihilismus.

Nirgends lässt sich dieses nihilistische, Werte zerstörende
Interesse an permanenter Grenzverletzung, Grenzerweiterung
und Grenzbeseitigung besser beobachten als an der Entwicklung unserer Medien, vor allem des Fernsehens, besonders seit
Einführung des Privatfernsehens. Ich bin mir sicher, wenn man
vor rund zwei Jahrzehnten, also kurz vor Einführung des Privatfernsehens, den Leuten gezeigt hätte, was im Jahre 2000 alles so über die Sender gehen wird, und wenn man sie gefragt
hätte: Wollt ihr das? – die Leute hätten sich mit Grausen ge-
wendet und mit satter Zweidrittelmehrheit die Einführung des
Privatfernsehens abgelehnt.

Heute wäre eine Zweidrittelmehrheit für die Abschaffung
des Privatfernsehens vermutlich nicht mehr zu bekommen,

weil das sanfte Gift der Gewöhnung inzwischen seine Wirkung entfaltet hat. Kaum jemand regt sich noch auf, wenn wir von Porno-Queens auf allen Kanälen regelmäßig darüber aufgeklärt werden, wie sinnerfüllt ihr Tun und wie lustvoll es ist, sich vor laufender Kamera von zwei Männern gleichzeitig von hinten traktieren zu lassen und vorne mit dem Mund noch einen dritten zu bedienen. Niemand regt sich mehr auf, wenn danach die Aufforderung an das arbeitslose Ossi-Mädel oder die schlecht bezahlte Kassiererin im Supermarkt ergeht, doch mal darüber nachzudenken, ob nicht auch sie lieber ein Star oder eine Queen wäre und ob sie nicht Glück, Erfüllung und bessere Bezahlung im Beruf der Pornodarstellerin suchen sollte. Und kaum jemand findet noch etwas dabei, wenn sich während der Werbepausen die nackten Lockvögel des Telefonsex in ihren Betten räkeln und die Zuschauer eindringlich auffordern, sie für einundachtzig Pfennig pro Minute doch mal anzurufen.

Eher schon findet man es kurios, wenn das Fernsehen so gut wie alles zeigt, nur den steifen Schwanz von Pornodarstellern nicht und nicht das Eindringen dieses Schwanzes in die Frau. Das ist das letzte Tabu, wie ein allerletztes Feigenblatt wird es in den einschlägigen Sendungen technisch verwischt, unscharf gemacht oder überblendet. Wann wird dieses letzte Feigenblatt fallen, nächstes Jahr, in fünf Jahren, in zehn? Fallen wird es, das ist sicher.

Längst schon ist das Austesten der Grenzen in vollem Gange, und wer sich darüber informieren will, wo diese Grenzen derzeit sind und wie sie unmerklich, aber stetig jeden Tag um ein bisschen mehr ausgedehnt werden, der muss nur die nachmittäglichen Talk-Shows verfolgen. Dort wird beständig experimentiert, um eine Antwort auf die Frage zu finden: Was geht, was vor einem Jahr noch nicht gegangen ist, und was müssen wir auf die lange Bank schieben, weil es vielleicht erst in einem Jahr gehen wird?

So wird es immer weitergehen. Die Privaten setzen auf Gewöhnung, auch auf die Kinder und Jugendlichen, die's gar nicht mehr anders kennen, und von Zeit zu Zeit zündet man eine neue Stufe der Eskalation nach unten. Man verletzt wieder eine Grenze, aber diesmal denkt man nicht daran, sich schon wieder öffentlich das Büßerhemd anzuziehen, sondern geht sofort keck zum Gegenangriff über, so geschehen vor der Ausstrahlung der Reality-TV-Soap »Big Brother«.

Für diese Show wurden sorgfältig ausgewählte Freiwillige, die einander nicht kannten, in einen Wohncontainer gesteckt, wo sie auf 153 Quadratmetern wochenlang zusammenleben mussten. Bei diesem Leben ohne Fernsehen, Radio, Zeitungen und wenig Alkohol wurden sie ununterbrochen von 24 Kameras und 59 Richtmikrofonen beobachtet. Jeden Abend wurde eine fünfunddreißigminütige Zusammenfassung der Peep-Show ausgestrahlt – im Internet war alles live mitzuerleben. »Wir zeigen alles, auch die Intimszenen«, sagte der Produzent John de Mol, »tabu ist nur die Toilette.«

Alle zwei Wochen mussten die Bewohner zwei von ihnen auf die Abschussliste setzen. Einer der beiden musste den Container verlassen, wer, entschieden die Zuschauer. Der »Sieger« in diesem Ausscheidungs-Psychoterror sollte reich und berühmt werden.

Als »Big Brother« in Holland zum ersten Mal über die Bildschirme flimmerte, war die Öffentlichkeit zunächst entsetzt. Von »totgeglaubten NSBler-Antrieben (Nazi-Holländern), Menschen zur Deportation anzugeben« (*De groene Amsterdamer*), über »schamlos« (*De Volkskrant*) bis zu »atemberaubend« (*NRC Handelsblad*) reichte die Kritik. Kurze Zeit später hatte sich die Aufregung in Holland gelegt, die Show wurde gezeigt, ihr Produzent John de Mol in allen Talk-Shows als visionärer Unternehmer gefeiert und die nächste Grenzverletzung angekündigt.

Auch in Deutschland flammten die üblichen Erregungen und Proteste auf, Politiker und Landesmedienanstalten zeigten sich alarmiert, aber fühlten sich machtlos oder nicht zuständig, und der Bundesinnenminister wertete die Show als Anschlag auf die Menschenwürde, sah sich aber außerstande, den Anschlag zu verhindern. Die *FAZ* sprach von einem Experiment, das die Aufmerksamkeit von Animal Peace und anderen Tierschutzorganisationen auf sich zöge, würden darin Laborversuche am Tier und nicht am lebenden Menschen durchgeführt. Der rheinland-pfälzische Ministerpräsident und Vorsitzende der Rundfunkkommission der Länder, Kurt Beck, hatte die Landesmedienanstalten aufgefordert, die für den 1. März 2000 geplante Ausstrahlung der ersten Folge der Container-Show bereits im Vorwege zu untersagen. Beck hatte seine Forderung damit begründet, dass die Jagd nach der Quote nicht allen Mist erlaube und man nicht jede Idiotie, die im Ausland hohe Einschaltquoten habe, in Deutschland nachäffen müsse.

Doch diesmal glaubten die Programmverantwortlichen und Interessensvertreter der Privaten, sich der veröffentlichten Meinung ohne große Gefahr widersetzen zu können. Forsch widersprach SAT.1-Geschäftsführer Jürgen Doetz:»Doch, Herr Beck: Auch Mist ist erlaubt!«[1] Doetz, der zugleich Präsident des Verbandes Privater Rundfunk und Telekommunikation (VPRT) ist, berief sich auf das verfassungsrechtliche Gebot der Staatsfreiheit des Rundfunks. Dieses garantiere, dass in Deutschland nicht die Politiker darüber zu entscheiden hätten, was gesendet werden dürfe und was nicht. »Die Rundfunkfreiheit gilt auch für Mist.«[2] Und tatsächlich: Der Mist wurde gesendet. Mit Unterstützung von BOL Bertelsmann Online.

Wir sind also im Jahr 2000 wieder ein Treppchen tiefer – oder höher, je nach Sicht der jeweiligen Interessenten – gestiegen. Für Mist entschuldigt man sich nicht mehr, Mist wird jetzt unter Berufung aufs Grundgesetz und die Rundfunkfreiheit öffentlich verteidigt. Es gibt also offenbar ein Grundrecht auf Voyeurismus und Schlüsselloch-TV, es gibt ein Grundrecht auf Krimi, Krebs und Koitus auf allen Kanälen, es gibt ein Grundrecht auf Blut und Horror und das Gerammel und Gestöhne auf RTL II: Es gibt ein Grundrecht auf Mist – so sagt Doetz es zwar nicht, und davon steht auch nichts im Grundgesetz, aber so wird es von Doetz und den privaten Fernsehsendern interpretiert.

Der Produzent von »Big Brother«, der Holländer John de Mol, dem mit Endemol die größte private TV-Produktionsfirma Europas gehört und der praktisch alle europäischen Sender mit seinen Produkten beliefert, ist gedanklich schon wieder einen Tick weiter als Doetz. Während dieser noch glaubte, die Empörung über »Big Brother« offensiv abwehren und sich gegen die Vorwürfe behaupten zu müssen, war John de Mol die Empörung höchst willkommen. Er hat es von vornherein auf die Empörung angelegt, sie als unbezahlbare PR für seine Show mit einkalkuliert, und die Kalkulation ging auf. Die öffentliche Erregung hat die Show nicht verhindert, sondern sie bekannt gemacht und ihr die Zuschauer zugetrieben. Auch John de Mol selbst, bis dato in Europa eine unbekannte Größe, ist damit über Nacht berühmt geworden.

Natürlich wurde er in allen Talk-Shows gefragt, ob er mit »Big Brother« nicht die Menschenwürde derer verletze, die sich zwar freiwillig für dieses Experiment zur Verfügung stellen, aber offenbar nicht wissen, was sie tun. John de Mol antwortete auf diese Frage mit einer Gegenfrage: Was ist Würde? Und bekam nur Gestammel als Antwort.

Die in Holland geübte Kritik, seine Show bediene Voyeurismus und verletze die Intimsphäre der Kandidaten, wies de Mol zurück: »Eineinhalb Millionen Zuschauer können sich nicht irren.« Wahrscheinlich dachte der Zyniker dabei insgeheim an den Sponti-Spruch: »Esst Scheiße, Leute, Millionen Fliegen können sich nicht irren.«

Zur Grenzverletzung sagte er in einem Interview von Bild online: »Es ist allgemein so, dass jedes Medium, egal, ob Fernsehen, Radio oder Print, Kritik erntet, wenn man neue Grenzen definiert. Man ging davon aus, dass im Fernsehen bereits die Grenzen erreicht waren. ›Big Brother‹ beweist, dass die Grenzen noch lange nicht erreicht sind.« Die Grenzverschiebung – John de Mol hat sie zum Prinzip erhoben und nennt es »die Grenzen neu definieren«. Und hat Erfolg damit. Niemand tritt ihm entgegen und sagt: Bis hierher und nicht weiter.

Grenzen dürfen nicht sein, darum darf Moral nicht sein, denn Moral ist nichts anderes als eine Grenzziehung zwischen dem Erlaubten und dem Verbotenen. Nichts hasst der auf Deregulierung erpichte kapitalistische Zeitgeist mehr als Verbote, Grenzen, Regulierungen. Darum sind Moralisten, Grenzzieher, Regulierer und Grenzensetzer heutzutage so verhasst. Den Stinkefinger erträgt unsere Zeit leichter als den moralischen Zeigefinger. Wer diesen erhebt, muss sofort niedergemacht werden als Stimmungskiller, moralinsaurer Traditionalist und freudloser, bigotter, zu kurz gekommener Spielverderber. Zum Glück für die Grenzsteinversetzer sterben die Spielverderber aus. Zum Glück werden die Menschen, die sich ein Gefühl für die Grenzen des Statthaften bewahrt haben, immer weniger. Zum Glück ist der moderne Mensch in Fragen der Moral zutiefst verunsichert und darum passiv, abwartend, gleichgültig, teilnahmslos.

Und die Kirche? Protestiert nur sehr verhalten, sehr leise. Warum eigentlich? Wenigstens könnte sie ja mal dem frommen Katholiken und Herrn über Sat.1 und ProSieben, Leo Kirch, ein bisschen ins Gewissen reden. Der behauptet schließlich von sich, nicht nur Kaufmann zu sein, sondern auch ein gläubiger Mensch. Auch könnte es nicht schaden, Herrn Mohn, den Herrn über Bertelsmann, RTL und RTL II, gelegentlich daran zu erinnern, dass seine Vorfahren, die Bertelsmann-Gründer, mit dem Druck von Bibeln und pietistischer Erweckungsliteratur begonnen haben.

Warum geschieht dies nicht? Warum sagt die Kirche nichts? Hat vermutlich Angst, mit Entzug von Sendezeit bestraft zu werden, ist wohl dankbar, dass auch die Privaten sie ab und zu senden lassen, wenn auch zu ungünstigen Zeiten, aber immerhin.

Den Privaten tut das auch gar nicht weh, im Gegenteil. Macht die Kirche bei ihnen irgendwie mit, stimmt sie ihnen auch irgendwie zu – das sollte die Kirche bedenken und sich überlegen, wann der Zeitpunkt gekommen ist, an dem sie sagen muss: Schluss. Da mach ich nicht mehr mit. Ich stimme nicht mehr zu.

Dieser Zeitpunkt scheint noch in weiter Ferne zu liegen. Den kirchlichen Öffentlichkeitsarbeitern und TV-Machern gefällt ihr Job. Den lieben Gott ins Fernsehen zu bringen hat mehr Glamour und macht mehr Spaß als die Kärrnerarbeit in den Gemeinden. Darum werden die kirchlichen TV-Macher nicht einsehen wollen, warum sie sich aus dem Privatfernsehen zurückziehen sollten.

Und darum werden die Grenzverletzer und Grenzverschieber ungehindert immer weitermachen, denn an einer bestimmten Grenze zu verharren lässt schnell Langeweile aufkommen, zwingt allein schon deshalb zur nächsten Grenzverletzung, um die Langeweile zu verscheuchen. Den Rest erledigt der Kampf der Sender um die Quote.

Und tatsächlich: Kaum war »Big Brother« bei RTL II angelaufen, fragte Radio PSR aus Leipzig seine Hörer: »Was würden Sie für 250.000 Mark tun?« Anscheinend ziemlich viel, meldete Spiegel online: »Eine Mittvierzigerin aus Leipzig will einen Tag lang im Supermarkt oben ohne kassieren. Eine sechzehnjährige Gymnasiastin bietet an, in der Leipziger Innenstadt zweitausend Menschen den nackten Hintern zu küssen. Noch unappetitlicher ist der Vorschlag eines Zuhörers aus dem Erzgebirge, der zwei lebenden Mäusen die Köpfe abbeißen und dazwischen noch eine Bockwurst essen will.«[3]

Bei Jerry Springer, dem Talk-König der USA, sind Prügeleien unter den Gästen ein fest eingeplanter Standard im Programm.[4] Durchschnittlich elf Millionen Zuschauer sehen seine Sendung. Und jedes Mal giert die Nation nach neuen Episoden, um sich anschließend darüber zu empören, wie tief man doch gefallen sei.

Die Themen bei Springer: Ich habe eine bisexuelle Affäre; meine Frau ist ein Mann; zu dick zum Peitschen; ich schlafe mit dem Mann meiner Schwester; ich betrüge dich mit deinem besten Freund. Homo-, bi- oder transsexuell, Dreiecks- oder Vierecks-Beziehungen, Dominas und Sklaven, Zwitter und Geschlechtsumwandlungen – Springer bietet die Bühne für Beziehungsextreme, eine durchgeknallte Vorführung der sexuell Besessenen, ein Panoptikum der sozial Geächteten.

Die Kämpfe unter den Gästen haben inzwischen Kultstatus erreicht, die Zuschauer warten auf Prügelorgien wie einst die Zuschauer im Kolosseum auf die Löwenfütterung. Es sind meist Angehörige der unteren Schichten der nur scheinbar klassenlosen amerikanischen Gesellschaft, die sich bei Jerry

Springer vorführen lassen. Und es sind die Mitglieder der vermeintlich besseren Gesellschaftsschichten, angeführt von einer stetig wachsenden Schar begeisterter College-Kids, die das Sozialverhalten der Unterschicht bejubeln. Springer hat seine größte Fangemeinde unter Studenten, die in ihm fast eine Vaterfigur sehen. Ihre Perspektive ist immer dieselbe: von oben herab auf den Trailer Trash, das fahrende Volk der sozial Schwachen, die in Amerika fast schon die Kaste der Unberührbaren bilden.

Auch Springer wehrt sich gegen die Kritik, gegen die Forderung, seine Show zu verbieten, auch er lässt keine Grenzen gelten. »Das ist ein Ausschnitt aus dem amerikanischen Leben, und manchmal hat man eben eine Show, die das wiederspiegelt«, sagt Springer. »Hey, lern endlich, damit zu leben. Das ist Amerika.«

Zeigen, was angeblich ist, die ganze Realität, wie sie in ihrer Brutalität, ihrer Peinlichkeit und ihrer Gewöhnlichkeit nun einmal ist, das sei das Motiv für solche Shows, sagen alle, die solche Shows machen und davon leben. Gegen diese Abbildung von Realität sei doch nichts einzuwenden.

Wenn man mal davon absieht, dass diese in den Shows gezeigte Realität bis ins Detail geplant und sorgsam inszeniert, das dafür nötige Personal sorgfältig ausgesucht und genauestens gebrieft ist, wahrscheinlich oft auch Schauspieler oder Berufs-Talker angeheuert werden – wenn man von all dem absieht, dann lässt sich mit dieser Argumentationsstruktur auch rechtfertigen, demnächst echte Morde und Selbstmorde vor laufender Kamera live zu übertragen oder Hinrichtungen auf dem elektrischen Stuhl, durch den Strang oder die Giftspritze. Das wäre ja auch nichts weiter als das Zeigen von Realität, wie sie nun mal ist, und wer es zeigte, könnte im Fall der Hinrichtungen sogar heucheln, er zeige sie doch nur aus Protest gegen die Todesstrafe, er wolle die Leute mobilisieren, damit sie sich für deren Abschaffung aussprechen.

Und wenn die Leute nicht daran dächten, sich gegen die Todesstrafe auszusprechen, wenn sie immer mehr Hinrichtungen sehen wollten wie früher die Leute im Mittelalter? Dann hätte der angebliche Protestler eben Pech gehabt, aber wenigstens ein paar hundert Millionen Dollar verdient. Wahrscheinlich wird bereits daran gearbeitet. Wahrscheinlich braucht man noch ein paar Steigerungen der Jerry-Springer-Talk-Show, um das Publikum für die Live-Hinrichtung und den Live-Mord empfänglich zu machen und die öffentliche Erregung zu steuern.

Und was bereitet John de Mol gerade vor? Demnächst eine Show, in der eine Gruppe von Freiwilligen wochenlang aneinander gekettet zusammenleben und alles gemeinsam machen muss, hört man. Nun ja, das ist aber nur eine mäßige Steigerung von »Big Brother«. Nichts Spektakuläreres im Köcher?

O.k., wie wär's damit: zehn Menschen mit nur neun Fallschirmen in einem Flugzeug. Alle Insassen wissen vor dem Einstieg, dass zwar die Maschine abstürzen, aber jeder der neun Überlebenden auch eine Million Mark oder Gulden oder Dollar bekommen wird. Also – könnte man das? Natürlich könnte man – da ist John sicher, weiß der Spiegel-Reporter.[5]

»An durchgeknallten Kandidaten würde es nicht mangeln in einer TV-Ära, wo Menschen schon für ein paar tausend Mark Rolltreppen-Laufbänder ablecken oder ihre Frau bei Bärbel Schäfer für eine Nacht versteigern wollen. Die Würde des Menschen ist antastbar geworden, weil viele Menschen es erlauben, sobald sie eine Kamera sehen. So einfach ist das. Aber dürfte man es auch? Den programmierten Selbstmord zum Programm adeln?«

»Er habe zwei Grundsätze, fängt de Mol dann an, als glaube er es selbst«, berichtet der Reporter weiter. »Jeder seiner Kandidaten müsse am nächsten Morgen erstens unverletzt und – zweitens – ohne sich zu schämen, wieder über die Straße gehen können. Nein, er würde diese Fallschirm-Show nicht produzieren.«

Aber man wird ja wohl darüber nachdenken, in Gedanken damit spielen dürfen, oder? Jetzt lächelt er, der John de Mol, gar nicht diabolisch, sondern harmlos, allenfalls ein bisschen spitzbübisch. »Als hätte er sich die Rechte längst gesichert.«

Der Mensch als Marke

Wen oder was wählen wir eigentlich, wenn wir zur Bundestagswahl gehen? Den Kanzler? Eine Partei? Ein politisches Programm? Gar ein Wertesystem? Alles falsch. Wir wählen eine Marke, bei uns in Deutschland vielleicht auch noch ein bisschen diese oder jene Person, vielleicht auch diese oder jene Partei wegen ihres politischen Programms, aber das hört allmählich auf.

In England und in den USA ist die Wahl von Menschen aus Fleisch und Blut schon längst abgeschafft. Wer Tony Blair ist oder Bill Clinton, was sie wirklich denken, welche Überzeugung sie wirklich haben, ob sie überhaupt eine haben, das wissen wir nicht, denn wir kennen sie nicht. Wir kennen nur die Marken Tony Blair und Bill Clinton, und diese Produkte verdanken ihren Erfolg systematischem Marketing und sorgsam inszenierten öffentlichen Auftritten, bei denen nichts dem Zufall und schon gar nichts persönlichen Spontaneitäten der Kandidaten überlassen bleibt. Wo sie dennoch Spontaneität zeigen, ist sie vorgetäuscht, eingeplant, inszeniert. Deutsche Politiker, allen voran Gerhard Schröder, blicken fasziniert auf diesen programmierten Erfolg und versuchen, fleißig davon abzukupfern.

Holzmann gerettet? Sechzigtausend Arbeitsplätze gesichert? Wissen wir nicht. Müssen wir nächstes Jahr nochmals prüfen. Im Augenblick wissen wir nur: Schröder gerettet. Vorerst. Großer Marketing- und PR-Erfolg, wenn auch auf Steuerzahlers Kosten. Und seit dem Marketing- und PR-Desaster der CDU sitzt Schröder recht sicher im Sattel und poliert sein Der-tut-was-Image.

Was bleibt ihm auch anderes übrig in einer Welt, in der schon lange nicht mehr nur Coca-Cola und VW, sondern auch Bayern München, die Welthungerhilfe und das Deutsche Museum mit Hilfe des Marketings populär gemacht werden? Dass man Personen genau so vermarkten kann wie Klopapier oder Dosenbier, macht das Showbusiness schon lange vor. Was wir als Michael Jackson wahrnehmen, sieht zwar menschenähnlich aus, aber das täuscht. Uns wird nur ein Produkt, eine Marke namens Michael Jackson vorgeführt. Dahinter mag sich auch ein Mensch verbergen, aber über diesen wissen wir nichts. Mensch und Marke müssen nicht das Geringste miteinander zu tun haben.

Manche Künstler, wie etwa Rex Gildo, werden mit dem Widerspruch zwischen der Person, die sie sind, und der Marke, als die sie verkauft werden, irgendwann nicht mehr fertig und stürzen sich aus dem Fenster in den Tod. Andere können fein säuberlich unterscheiden und kommen mit dem Unterschied zwischen Schein und Sein bestens zurecht. Es darf nur nicht öffentlich bekannt werden, dass es da eine Diskrepanz gibt. Die Konsumenten sollen möglichst in dem Glauben gelassen werden, dass sich Schein und Sein, Image und Person decken.

Was im Showbusiness funktioniert, klappt auch in der Wirtschaft und sogar im Privatleben, erzählen uns die Marketiers, und immer mehr Leute glauben ihnen und handeln entsprechend. »Jeder von uns muss das A und O des Branding beherrschen«, sagt der US-Management-Guru und Erfolgsautor Tom Peters, »wir sind die Chefs der Me, Inc., und unser Topjob ist, Marketing-Chef für die Marke Ich zu sein.«[6]

Das klingt so ungeheuer modern, Erfolg versprechend, dynamisch und zukunftsorientiert, dass wir darüber glatt vergessen, wie heruntergekommen wir in Wahrheit sind. Es hat schließlich einmal von uns geheißen, wir seien das Ebenbild Gottes, die Haare auf unserem Kopf seien gezählt, darum seien wir nicht einfach nur Lebewesen, Produkte, Marken, sondern jeder Einzelne von uns sei eine unverwechselbare Persönlichkeit mit einer je eigenen Würde. Und jetzt? Sind wir im günstigsten Fall eine Marke, im ungünstigsten ein No-Name, und in beiden Fällen müssen wir uns immerzu an irgend jemanden verkaufen.

»Jeder verkauft sich, so gut er kann ... Keine weiteren Ziele, keine sonstigen Inhalte. Die Verkaufe wird zum Instrument der Lebensbewältigung. Und wenn die Form zum Inhalt wird, dann haben wir es mit Marketing zu tun.«[7] Aber das ist gut so, denn: Das Leben bekommt »wieder einen Sinn, und das Ego muss sich nicht mehr schämen, weil Egoismus früher mal als schlechte Angewohnheit gegolten hat«.[8]

Unabhängig von Peters hat der Bamberger Soziologe Gerhard Schulze erkannt: »Man betrachtet das eigene Leben als eine Art Gott – ihm gilt es zu dienen, von ihm bezieht man seine grundlegenden Maßstäbe.«[9] In einer von alten Göttern und tradierten Moralvorstellungen entleerten Welt wird der Einzelne zum Maß aller Dinge, jedoch nicht als ein Mensch mit personaler Würde, sondern als glitzerndes, ausgestelltes, inszeniertes Produkt. War früher die Erfüllung einer Pflicht der Grund des Seins, ist es heute die Selbstdarstellung in einer Welt, in der alles nur noch dargestellt wird.

Daraus erwächst eine eigentümliche Form von Wirklichkeit, die darin besteht, »dass Menschen sich selbst wirklich machen, indem sie sich in Szene setzen«.[10] Bei dieser Selbstinszenierung müssen die Leute dann – mangels eigener Substanz – ihren Status, ihre sozialen Links, ihre Stammeszugehörigkeit, ihren Lebensstil, ihre Persönlichkeit und letztlich ihre Weltanschauung durch den Markenmix zum Ausdruck bringen, den sie kaufen, mit sich herumtragen, und mit dem sie sich umgeben.

Damit wird natürlich keinerlei Realität ausgedrückt, sondern nur eine gestylte Vorstellung der erwünschten Realität, in der es nicht mehr auf ein Gott wohlgefälliges Leben ankommt, »sondern auf den richtigen Dress im richtigen Auto beim richtigen Event«.[11]

Es gibt heute »eine breite Akzeptanz von Marketing als einer Selbstdarstellungsform im öffentlichen Leben«.[12] Früher war es verpönt, sich selbst zu vermarkten. Inzwischen ist Marketing »zum Schlüssel der Welt geworden. Wie ein Buschfeuer breitet sich die Methode der systematischen Selbstdarstellung aus.«[13] Die Kirche wurde auch schon versengt, und in der Politik brennt es lichterloh.

Inzwischen glaubt jeder und jede: Wer die Gesetze des Marketings nicht beachtet, wer meint, solcher Mittel nicht zu bedürfen und nicht mitspielen zu müssen, wird nicht mehr wahrgenommen. Wer nicht mehr wahrgenommen wird, kann gleich einpacken.

Jedoch: Wer mitspielt, akzeptiert die Spielregeln, unterwirft sich dem System. Spielt die Kirche nun auch mit, unterwirft auch sie sich dem System. Dass sie das tut aus Angst, nicht mehr wahrgenommen zu werden, ist verständlich, aber falsch, und die Kirche weiß das. Sie weiß, wem sie sich zu unterwerfen hat. Unterwirft sie sich trotzdem fremden Göttern, kann sie nicht mehr die Kirche des Gottes von Abraham, Isaak und Jakob sein. Also kann sie gleich einpacken. Denn eine Kirche, die das Spiel um die Gunst der Massen mitspielt, verrät sich selbst, ist überflüssig, brauchen wir nicht.

Also soll sie sich der Gefahr aussetzen, endgültig nicht mehr wahrgenommen zu werden? Ja, genau das soll sie. Sie hat gar keine andere Wahl, und die Gefahr, nicht mehr wahrgenommen zu werden, wird ohnehin jeden Tag kleiner.

Allmählich tritt nämlich der Stadioneffekt ein, und der geht so: Wer auf der Tribüne eines Fußballstadions sitzt, sieht viel besser als alle anderen, was gespielt wird, wenn er einfach aufsteht. Damit wirft er jedoch einen kegelförmig sich ausbreitenden Schatten auf die Leute hinter ihm, was diese zwingt, ebenfalls aufzustehen, um wieder besser zu sehen. Die Aufstehenden zwingen ihrerseits die Leute hinter ihnen zum Aufstehen, so dass nach kurzer Zeit die ganze Tribüne steht. Jeder sieht jetzt wieder genau so gut oder schlecht wie vorher und wie die Zuschauer auf den billigen Stehplätzen, hat aber teurer dafür bezahlt.

Dieser Stadioneffekt wird über kurz oder lang auch das Marketing-Spiel beenden. Wenn heutzutage jeder Depp glaubt, sich als Marke profilieren zu müssen, dann mag er heute kurzfristig noch ein paar Vorteile für sich verbuchen können, aber schon morgen werden sich die Millionen einzelner Marketing-Anstrengungen gegenseitig aufheben. Je mehr Produkte, Dienstleistungen, Organisationen, Institutionen und Personen mit den Mitteln des Marketings gegeneinander konkurrieren, desto langweiliger, austauschbarer und wirkungsloser werden sie.

Und desto interessanter und unverwechselbarer werden die wenigen, die nicht mitmachen, sich außerhalb des Systems stellen und es damit kritisieren und in Frage stellen.

Schon heute sind doch viele Menschen in unserem Land der geklonten Karrieretypen, der Yuppies von der Stange und künstlich konstruierten Scheinpersönlichkeiten überdrüssig und sehnen sich nach Menschen aus Fleisch und Blut. Warum wollten denn plötzlich alle Angela Merkel an der Spitze der CDU sehen und nicht die opportunistischen Polit-Manager Volker Rühe und Christian Wulff oder den selbstgefälligen Bernhard Vogel? Weil Merkel das Gegenteil eines gestylten Marketingprodukts ist. Weil sie in der Parteispendenaffäre als Mensch mit Vernunft und einem Gewissen und nicht wie ein ausgebuffter Parteiprofi agiert hat und weil man ihr glaubt, dass sie nicht aus taktischen Erwägungen von Anfang an für Aufklärung der Affäre eingetreten ist, sondern weil es ihrer Überzeugung entsprach. Und weil man ihr zutraut, dass sie ihre Überzeugungen nicht nach Bedarf wechselt wie die Blusen.

Die Kirche wäre schön blöd, wenn sie als Letzte auf den Marketing-Zug aufspränge. Sie würde nur feststellen, dass es ihr nichts mehr bringt und die Trendsetter von morgen schon wieder abgesprungen sind.

Die Wahrheit im digitalen Nihilismus

Was ist der Stil unserer Zeit? Was wird der Stil des neuen Jahrhunderts sein? Was ist überhaupt Stil?

Stil ist, »wenn es gelingt, viele Elemente, die nichts miteinander zu tun haben, unter einen Hut zu bringen, der auch noch toll aussieht«, sagt der New Yorker Maler Alex Katz,[14] der als Meister des Stils und des Stylings gilt und groß, silhouettenhaft, zweidimensional und auffallend flächig malt. In den USA, besonders in New York, verkauft er sich und seine Werke sehr teuer und erfolgreich.

Seine Bilder »zelebrieren nichts als die pure Oberfläche der Dinge«, schreibt Annette Tietenberg. »Eigensinnig beharren sie darauf, dass sich hinter der Wahl des Motivs, hinter dem malerischen Gestus und hinter der planen Leinwand nun einmal keine tieferen Wahrheiten verbergen.«[15]

Stil und Erscheinungsbild seien Dinge, die ihn »mehr beschäftigen als die Frage, was etwas bedeutet. Was mir vorschwebt, ist, dass der Stil an die Stelle des Inhalts tritt, dass der Stil zum Inhalt wird.«[16]

Aber »Stil ist Fassade. Fassade ist Marketing.«[17] Marketing soll also an die Stelle von Inhalt, ja sogar an die Stelle von Wahrheit treten.

Darum hätten seine Bilder keine Inhalte, sagt Katz, sie seien frei von Bedeutung und sollen nur durch ihren Stil bestechen. Sowieso gebe es für ihn nichts Aufregenderes als die Oberfläche. Die Wahrheit interessiere ihn nicht. Nichts sei langweiliger als die Wahrheit. »Hauptsache, etwas ist interessant.«[18]

Es ist wohl kein Zufall, dass man solche Äußerungen ausgerechnet in jenem journalistischen Produkt gern zitiert findet, dessen Macher ebenfalls lange Zeit mehr am Interessanten als an der Wahrheit interessiert gewesen sind. Dieses Produkt, das *Magazin* der *Süddeutschen Zeitung*, hatte regelmäßig Texte des in den USA lebenden Schweizer Autors Tom Kummer gedruckt, die allesamt sehr interessant, aber vermutlich nur selten besonders nahe an der Wahrheit gewesen sind, wie das Magazin *Focus* Mitte Mai des Jahres 2000 berichtete.

Ich weiß nicht, ob auch dieses Interview mit Katz nur eine Erfindung war. Falls ja, war es eine sehr gute Erfindung, denn es bringt den Stil des postmodernen Zeitgeists, als dessen Herolde sich die beiden ehemaligen Chefs des *SZ-Magazins*, Ulf Poschardt und Christian Kämmerling, offenbar verstanden, sehr gut auf den Punkt.

Focus hatte dem *SZ-Magazin* vorgeworfen, wiederholt und seit Jahren gefälschte Interviews von Kummer gedruckt zu haben. Diese Interviews mit Schauspielern wie Brad Pitt, Kim Basinger oder Sharon Stone seien »frei erfunden« und »nie geführt« worden, schrieb *Focus*.[19] Der Verlag und die Redaktion der *Süddeutschen Zeitung* und des *SZ-Magazins*, das eigenständig und getrennt von der Zeitung gemacht wird, versuchten nach Erscheinen des *Focus*-Artikels zu klären, welche Interviews gefälscht waren, und auf der Medienseite der *Süddeutschen Zeitung* wurden die Fakten dokumentiert.[20] Insgesamt dreißig Texte Kummers seien im *SZ-Magazin* gedruckt worden, darunter viele Interviews. Am Anfang habe Verdacht bestanden gegen vier Interviews. »Jetzt richtet sich der Verdacht auf alle«,[21] sagte Christian Kämmerling, einer der beiden Chefredakteure des *SZ-Magazins*, die nach diesem Vorfall ihres Postens enthoben wurden.

Die Macher des *SZ-Magazins* haben wohl immer wieder Fragen nach der Glaubwürdigkeit der Kummerschen Texte zu hören bekommen, sie aber offensichtlich nicht hören wollen, weil sie wahrscheinlich wussten, dass es sich bei den schönen Interviews um gefakte Ware handelte. Jedenfalls waren aus Münchner Insider-Kreisen blasierte Kommentare zu hören von der Art: Ich verstehe die ganze Aufregung nicht, das war doch eh jedem klar, dass es sich bei den Kummer-Interviews um Fakes gehandelt hat.

Es wäre ein Leichtes gewesen, sich davon zu überzeugen, ob Kummer wirklich mit den Hollywood-Stars gesprochen hat und tatsächlich an sie rangekommen ist, an die ranzukommen anderen Journalisten so unendlich schwer gemacht wird. Die *Magazin*-Macher hätten sich nur die diversen Tonbänder schicken lassen müssen.

Warum haben sie es nicht getan?

Die Antwort gab Kämmerling ungewollt, als er auf eine ganz andere Frage, nämlich die nach den Folgen für das *SZ-Magazin*, antwortete: »Unser Motto war es immer, die Grenzen auszuloten. Dass jetzt diese Thematik reinkommt – stimmt das? stimmt das nicht? – wird einen Großteil unserer Arbeit nicht mehr möglich machen.« Das *SZ-Magazin* sei eben anders an seine Themen herangegangen als andere Blätter. Kämmerling: »Was ist wahr, was ist nicht wahr, das war nicht die Frage.« Damit steht Kämmerling ganz nah bei John de Mol – der ist auch so ein Grenzenausloter.[22]

In einem Interview mit *werben und verkaufen* hat Poschardt das *SZ-Magazin* als »Entgrenzer« beschrieben, das Definitionen infrage stellt, das »schimmert und scheint«.[23] Auch damit wird das *SZ-Magazin* in die Nähe der Produkte von Endemol gerückt. Auch dort schimmert's und scheint's allenthalben.

Kummer schrieb an Kämmerlings Kollegen Ulf Poschardt,

nachdem dieser ihm die Zusammenarbeit aufgekündigt hatte, er habe doch nur »gute, smarte Unterhaltung« liefern wollen. Die hat er tatsächlich auch geliefert.

Man sollte den Fall Tom Kummer und das *SZ-Magazin* nicht als Blamage einer einzelnen Redaktion wie einst die Hitler-Tagebücher des *Stern* abtun. Die journalistische Haltung, die hinter den Kummer-Interviews und der Bereitschaft, sie ungeprüft zu drucken, steckt, ist heute in fast allen Medien bis in die seriösesten Nachrichtenredaktionen hinein weit verbreitet. Natürlich werden News (noch) nicht gefakt, aber der Zwang und der Drang, sein Publikum möglichst kurzweilig zu unterhalten, damit es »dran« bleibt, führt auch in Nachrichtenredaktionen dazu, zunehmend nach »Bilderlage« und Unterhaltungswert zu gewichten.

Der Reporter, der meldet, »starke Bilder« zu haben, hat große Chancen, damit in den Nachrichten nach vorne zu rücken, auch wenn das Ereignis, von dem die Bilder handeln, von seiner Bedeutung her eigentlich nach hinten gehört. Auch hier, in den Nachrichtenredaktionen, werden – wie überall – »die Grenzen ausgelotet«. Da mag an einem Tag der Papst sterben, der nordirische Konfessionskrieg beendet und in Berlin eine große Steuerreform verabschiedet werden, das alles landet weiter hinten, wenn die Redaktion gleichzeitig ein Amateurvideo hat, das zeigt, wie eine Rentnerin von einem Kampfhund zerfleischt wird. Gut, das Beispiel ist erfunden und überzeichnet, aber es beschreibt die Tendenz: Die Unterhaltung hat Vorrang vor der Bedeutung und Information. Krieg ist besser als Frieden, weil man vom Krieg fahrende Panzer, fliegende Hubschrauber und feuernde Kanonen zeigen kann. Von Friedensverhandlungen kann man nur vorfahrende Limousinen und aussteigende Politiker zeigen.

Alex Katz sagte übrigens laut *SZ-Magazin* auch noch, nicht nur die Wahrheit lasse ihn kalt, auch soziale Probleme interessierten ihn nicht. Er sei kein Heuchler. Ob Kunst, Mode oder Werbung, für ihn laufe alles immer auf dieselbe Frage hinaus: auf die Stilfrage. Eleganz, Glamour, Coolness, darauf komme es an.

Wenn ein Maler Inhalt durch Stil und Glamour ersetzt, mache er sich zwar der »billigen Affirmation« verdächtig, schreibt Thomas Wagner, aber wer genau hinsehe, erkenne in Katz' Werken, besonders in seinen Porträts und Gruppenbildern, Schöpfungen »voll hinterhältiger Bösartigkeit. Sie setzen dem Betrachter zu – etwa dann, wenn vier, fünf, sechs Frauen ihn unablässig freundlich, aber ganz und gar maskenhaft angrinsen. So wird das keep smiling in seiner Permanenz und Obskuranz schließlich als Markenzeichen einer Kultur der Oberflächlichkeit erkennbar.« In seinen besten Arbeiten schlage Katz' scheinbare Gefälligkeit um »in eine vergiftet wirkende Demonstration der Sucht seines Personals, jedem gefallen zu wollen«.[24]

Ob Katz sich damit richtig interpretiert sieht, ob er eine Interpretation seiner Bilder überhaupt als zulässig empfindet, weiß ich nicht, müsste er eigentlich ablehnen, denn ihn interpretieren hieße ja, hinter seinen Oberflächen nach einer Wahrheit zu suchen, obwohl da gar keine Wahrheit zum Vorschein kommen kann, da Katz ja keinerlei Wahrheit intendiert. Aber seit ich einige seiner Bilder gesehen und ein bisschen darüber gelesen habe, verstehe ich, was mich bei der Bambi-Verleihung 1999 verwirrte, bei der ich Gast war.

Udo Jürgens gehörte zu den Preisträgern. Whitney Houston sang. Mario Adorf war da. Fast die gesamte deutsche TV-Prominenz flanierte am Berliner Gendarmenmarkt unter Blitzlichtgewitter über den roten Teppich zu dem glamourösen Ereignis. Aber häufiger als alle wurde Nadja Auermann fotografiert. Und das eigentliche Ereignis fand nicht im Saal, sondern draußen in den Fluren statt, als die Preisverleihung schon vorbei war: als nämlich Claudia Schiffer auftrat und die ganze Veranstaltung und deren Sinn und Zweck allein durch ihr bloßes Erscheinen toppte. Sie hatte nichts mitzuteilen, hat nichts gesagt, nichts getan, wahrscheinlich auch nichts gedacht, sie ist nur für die Kameras ein bisschen hin und her gegangen und danach wieder verschwunden.

Für die Preisträger mit ihren jeweiligen Inhalten, ihren künstlerischen, politischen, journalistischen oder gesellschaftlichen Ansprüchen interessierte sich in diesem Augenblick kein

Mensch mehr. Eine Claudia Schiffer oder eine Nadja Auermann sind einfach bessere Objekte für die visuellen Medien, die nur Oberflächen abbilden können, denn für diese Medien wurden die Models gemacht, und darum bestehen sie nur aus Oberfläche. Es reicht, sie abzubilden. Es müssen keine Inhalte mühsam vermittelt werden. Es gibt keine Botschaft mehr außer der, dass es darauf ankommt, gut auszusehen.

Dem Bedarf nach mediengerechten Oberflächen verdanken inhaltslose Produkte wie Naddel, Verona Feldbusch, Nadja Auermann, Claudia Schiffer oder Jenny Elvers ihren kometenhaften Aufstieg. Ein Star wie Marlene Dietrich, die sich einst den Luxus einer eigenen politischen Meinung leistete, noch dazu einer Meinung, die derjenigen ihrer Landsleute widersprach, käme heute gegen die Naddels und Feldbuschs nicht mehr an, es sei denn, sie behielte ihre Meinung für sich und beschränkte sich darauf, vor wechselnden Kulissen wechselnde Oberflächen für die Kameras abzugeben und niemand mit irgendwelchen Botschaften oder Ansprüchen zu belästigen. Ein Star, gar ein Mythos wäre daraus nicht mehr entstanden, nur noch eine Oberfläche, eine unter vielen.

Was keinen Glamour hat, kommt nicht mehr in die Medien, schon gar nicht ins Privatfernsehen, dessen Zweck es ist, Werbebotschaften an den Mann zu bringen. Da Inhalte nur noch als Werbung etwas wert sind, darf man sie verwerten, benutzen, für die eigenen Zwecke einspannen, um den Konsumenten vor den Bildschirm zu locken. Redaktionelle Inhalte dürfen daher nicht mehr nach journalistischen Kriterien, nach gesellschaftlicher Relevanz und nach politischer oder kultureller Bedeutung ausgewählt und präsentiert werden, sondern allein nach Quotenträchtigkeit.

Doch nicht nur im Fernsehen sind Inhalte wurscht. Nicht nur im Fernsehen kommt es auf schöne, glitzernde Oberflächen an. Auch in der Politik werden Politiker-Images poliert und werden Inhalte, Werte und Überzeugungen nur noch benutzt, um sich Vorteile im Machtkampf zu verschaffen. Unsere Zeit ist ideal für die Möllemänner dieser Welt, deren einzige Botschaft und Inhalt sie selber sind. Legt sich einer eine Überzeugung zu, von der er irrtümlich glaubte, sie sei mehrheitsfähig, wird die Überzeugung eben gewechselt. Oder man desertiert und schmeißt den Bettel hin.

Den Bettel hinschmeißen heißt neuerdings »den Lafontaine machen«. Lafontaine hat hingeschmissen, ein Buch geschrieben, darin ein bisschen schmutzige Wäsche gewaschen, aber auch Staatsmännisches abgesondert. Er hat das Buch vor dem Schreiben meistbietend verkauft, ist dann auf PR-Tour gegangen und hat überall erzählt, die sozialen Probleme bedrückten ihn, und vor allem deshalb habe er das Buch geschrieben. Wenn er wahrheitsgemäß gesagt hätte, es sei ihm nur um sein Ego und seine Kasse gegangen, wäre er vielleicht dafür bewundert worden, von manchen sicherlich und von vielen heimlich, vielleicht sogar von Peter Glotz. Der ist, als Lafontaine gefragt wurde, ob er die Art und Weise seines Rücktritts für guten Stil halte, für Lafontaine in die Bresche gesprungen und hat Stilfragen mit dem Argument beiseite gewischt, Politik sei doch »eh eine Soap«, da solle man sich nichts vormachen.[25]

Und Glotz hat Recht, wie sich am Ergebnis der Landtagswahl in Nordrhein-Westfalen im Mai 2000 gezeigt hat. Die altmodischen Grünen, die noch immer auf Inhalten beharren, wenngleich nur noch auf wenigen und heftig zurückgestutzten, haben bei dieser Wahl plötzlich uralt ausgesehen gegen den größten Seifensieder und Schaumschläger der bundesdeutschen Politik, den FDP-Landesvorsitzenden Jürgen Möllemann, dessen inhaltslose, aber spektakuläre Fallschirmsprünge und Selbstinszenierungen die jugendliche Klamauk-, Comedy- und Fun-Gesellschaft mit fast zehn Prozent der Stimmen honorierte.

In einer Gesellschaft, in der die Politik zur Seifenoper verkommt und Inhalte, Überzeugungen, Qualitätsansprüche und Werte nichts mehr gelten, wirken Personen, die dennoch daran festhalten, leicht lächerlich, anachronistisch. Das ist das Problem der katholischen Kirche und des Papstes, der nicht nur Wahrheiten verkündet, sondern die absolute Wahrheit, daraus die unbedingte Geltung christlicher Werte ableitet und deshalb der wertfreien Spaßgesellschaft regelmäßig und provokant in die Suppe spuckt. Aber auch undogmatische Institutionen und

Personen, die trotz relativer Wahrheiten gleichwohl an humanistischen Werten und Prinzipien wie der Achtung der Menschenwürde, an Freiheit, Gleichheit, Brüderlichkeit und Gerechtigkeit festhalten, erscheinen unserer modernen Zeit »traditionalistisch«, als ein bisschen von gestern, nicht mehr ganz ernst zu nehmen, aber doch immer noch irgendwie lästig.

Ein Mann wie Günter Grass, der noch heute den Springer-Konzern boykottiert, weil er noch immer auf eine Entschuldigung dieses Konzerns für dessen miese Behandlung seines Schriftstellerkollegen Heinrich Böll wartet, wirkt heute wie ein Fossil aus einer längst versunkenen Epoche. Diese Standhaftigkeit, dieses eigensinnige Beharren auf Werten, Normen und bloßem Anstand, zahlt sich nicht aus, nicht für den Papst, nicht für Grass, auch wenn er den Nobelpreis bekommen hat, schon gar nicht für andere, weniger geniale Menschen.

Heute sucht man den schnellen Erfolg. Der ist nur möglich im Windschatten des Mainstream. Da empfiehlt es sich, Mainstream-kritische Überzeugungen an den Nagel zu hängen. Noch besser ist es, sich um eine eigene Überzeugung gar nicht erst zu bemühen, denn die Moden wechseln. Da empfiehlt sich die Konzentration auf die Oberfläche, auf die leere Hülle, die sich bestens mit den jeweils herrschenden Mainstream-Inhalten füllen und von diesen auch wieder entleeren lässt.

Was gerade Mainstream wird, bestimmt die Marktmacht der jeweils stärksten Konzerne und Interessensgruppen, und in diesem Wechselspiel sind Überzeugungen zu nichts mehr nütze, in der Politik sogar schädlich. Wo es nur noch um Machtgewinnung, Machtsicherung und Machtausbau geht, wird am erfolgreichsten sein, wer sich aus dem Arsenal abgelegter Überzeugungen je nach Zeitgeist bedient und damit das verkündet, was gerade en vogue ist. Einzelne haben mit dieser Tour enorme Erfolge, die Entwicklung der Gesellschaft als Ganzes stagniert, aber die Gesellschaft als Ganzes interessiert ja auch nicht mehr.

Inhalte, Überzeugungen, Haltungen nach Gusto zu benutzen, damit zu spielen, sie gegeneinander auszuspielen, das gilt inzwischen vielen Zeitgenossen als professionell und ist normal in einer Zeit, in der modisch-postmoderne Soziologen und Philosophen mit den Trend-Forschern und Lifestyle-Literaten darin übereinstimmen, dass es keinen Sinn mehr hat, nach einem Sinn zu suchen. Auch die Suche nach der Wahrheit habe keinen Sinn, denn der Mensch sei leider zu deren Erkenntnis nicht befähigt, und zu einer für alle verbindlichen Ethik reicht es ebenfalls nicht, erzählen uns die Zeitgeistphilosophen und Propheten der Postmoderne. Alles ist relativ, anything goes, alles ist gleich gültig, also wurscht, und wenn nichts mehr unterschieden wird, bekommt man natürlich auch mühelos die veschiedensten Elemente, die nichts miteinander zu tun haben, unter einen Hut, der auch noch toll aussieht.

Wenn alles geht, weil alles wurscht ist, brauchen wir uns natürlich auch für die sozialen Probleme in Europa und auf der Welt nicht mehr zu interessieren und dürfen sagen: Die Ungleichverteilung von Wohlstand in unserem Land, in Europa und weltweit, die Probleme der Arbeitslosen, der Sozialhilfeempfänger, der Benachteiligten, der Asylbewerber, der Ausländer und aller anderen sozialen Randgruppen interessieren uns nicht mehr, das alles langweilt uns unsäglich, und darum wollen wir auch in den Medien nichts mehr davon hören und sehen und lesen (und die Medien erfüllen diesen Wunsch immer lieber).

Immerhin: Das ist ein ehrlicher Standpunkt.

Aber ist nicht der Ehrliche mitunter der Dumme?

Niemand muss sich für Politik interessieren, für soziale Probleme, für Wahrheiten. Wenn ein paar Millionen weiße Ästheten den Sinn ihres Lebens darin erblicken, ehrlich, oberflächlich und cool ihren glamourösen Stil zu kultivieren, sich ausschließlich um die eigene Befindlichkeit zu kümmern, allenfalls das Auf und Ab des Dax noch ein bisschen sorgenvoll zu verfolgen und sich für den Rest der Welt nicht mehr zu interessieren, so werden sie sich dieser grandiosen Selbststilisierung sicher ein paar Jahre hingeben können, vielleicht sogar einige Jahrzehnte. Sie werden aber nicht verhindern können, dass sich der Rest der Welt für sie und ihren schönen Lebensstil interessiert. Und der Rest der Welt, immerhin rund 5,9 Milliarden Menschen, wird auf Dauer nicht einsehen, warum dies Leben in Schönheit nur ein paar Promille der Weltbevökerung vergönnt sein soll.

»Sie haben kein Brot? Warum essen sie dann keinen Kuchen?«, soll Marie Antoinette die Mitbewohner ihres Schlosses gefragt haben, als von draußen der erste Lärm des hungernden Volkes durch die Mauern drang. Kurze Zeit später hat sie diese Ignoranz den Kopf gekostet. Gleichgültigkeit gegenüber sozialen Problemen mag ja ehrlich sein. Dumm ist sie immer.

Doch diese Gleichgültigkeit kann ebenfalls keine Wahrheit beanspruchen. Der Glaube an Gott, der Glaube an die Vernunft, der Glaube an die universale Gültigkeit christlich-humanistischer Werte mag zwar bloßer Glaube sein und kritischen Nachfragen nicht standhalten. Wer aber deshalb Gott, Glaube, Vernunft, Wahrheit und Werte als menschliche Wahnvorstellungen zu entlarven versucht, intendiert auch eine Wahrheit, und wer nur sie gelten lässt, verabsolutiert sie. Auch in der Ablehnung der Wahrheitsfrage können wir ihr nicht entrinnen. Die Behauptung, Gott, Wahrheiten und Werte seien bloße menschliche Konstrukte und könnten deshalb keine Gültigkeit beanspruchen, ist auch nichts weiter als nur ein Glaube.

Wenn trotzdem viele Postmoderne so tun, als habe sich die Wahrheitsfrage erledigt, und wenn sie so großen Erfolg damit haben, dann liegt das an unserer hedonistischen Mentalität. Der Glaube an die Relativität aller Wahrheit macht uns scheinbar frei, frei von einer fordernden Religion, frei von einer verbindlichen Moral, frei von politischen Überzeugungen, frei von Verantwortung für irgend etwas.

Die Freiheit im digitalen Nihilismus

Wahrhaftig: Wir sind frei. Aber jetzt wird's Zeit zu erkennen, dass Freiheit immer zwei Seiten hat. Zuerst befreit man sich von etwas – das haben wir geschafft –, dann aber müsste man eigentlich irgendetwas anfangen mit dieser »Freiheit von etwas«. Nun käme es darauf an, dass man frei wird zu etwas – davor drücken wir uns. Für eine »Freiheit zu etwas« können wir uns offenbar nicht entscheiden, weil wir dazu einer verbindlichen Wahrheit bedürften, aber die haben wir ja relativiert, die interessiert uns ja gar nicht mehr und hätte außerdem den Nachteil, dass sie uns neu binden würde. Wir würden uns neue Zwänge einhandeln, also verharren wir lieber im unverbindlichen Zustand des anything goes und der Freiheit von etwas. Diese Freiheit macht jeden einzelnen Nabel zum Mittelpunkt der Welt.

Wenn jeder einzelne Nabel der Mittelpunkt der Welt ist, dann gibt es ein Problem. Jeder einzelne Nabel ist umstellt von Millionen anderer Nabel, die ebenfalls beanspruchen, Mittelpunkt der Welt zu sein. Daraus entspringt ein gigantischer Kampf um den Platz in der Mitte – und ein unstillbares Bedürfnis nach Erfolgsregeln und Unterweisung für den Kampf im survival of the fittest.

Machiavellismus für jedermann ist darum angesagt, gekonnter Einsatz der Ellenbogen, Eliminierung hinderlicher Skrupel und die Kunst des Spiels mit versteckten Fouls. Dessen Regeln verbreiten neue Überlebenshilfe-Magazine wie *Bizz*, wenn sie ihren toughen, cleveren Jungdynamikern einflüstern, dass die »Zeiten des Fair Play vorbei sind. Das Talent zu täuschen ist ein Erfolgsfaktor.«[26] Ein bisschen Schein, ein bisschen Schwein, wenig Sein und viel Design – damit robbt jeder Nabel seinem Mittelpunkt ein Stückchen näher.

Aber wir leben in einer beschleunigten Gesellschaft. Alles ändert sich immerzu und immer schneller. Was gestern in war, ist heute out, und schon morgen wird wieder eine andere Sau durchs Dorf gejagt. Darum ist's mühsam, immer den jeweils richtigen Schein zu wahren, das jeweils richtige Verhältnis von Schwein und Sein auszutarieren und sein Design immer auf dem Stand des gerade gültigen Updates zu halten. Wer hier nicht straucheln will, muss sich stets auf dem Laufenden halten. Davon leben Blätter mit Titeln wie *InStyle, Life & Style, Fit for Fun, Men's Health* oder *Bizz*. Sie gehören zur wichtigsten Lektüre jedes zur Mitte strebenden Nabels.

Diesen Blättern entnimmt der Nabel die jeweils neuesten Regeln, Erfolgsstrategien, In-Produkte, Out-Produkte, Siegerty-

112

pen. Hier bekommt er gesagt, welcher Anzug für welchen Event der richtige ist, welche Bars, Kneipen, Restaurants und Discos er aufsuchen muss, welchen Wein man zu welchem Essen trinkt, welcher Sport für ihn der passende ist, wo man heute Urlaub zu machen hat und wo man am schicksten wohnt. Vom richtigen Schuh über die Länge und Farben der Socken, der Wahl der richtigen Automarke, der ultimativen Brille bis zum Design der Wohnungseinrichtung wird jeder Hinweis gläubig angenommen. Mit einer Siebziger-Jahre-Frisur herumzulaufen wäre gnadenlos peinlich, und in manchen Kreisen ist es schon tödlich, Wörter zu benutzen, die in den Achtzigern oder noch früher en vogue waren. Darum ist kein Rat klein und kein Tipp nebensächlich genug, als dass ihn nicht die kämpfenden Nabel aufmerksam zur Kenntnis nähmen und auf momentane Tauglichkeit prüften.

Jede Regel, die auch nur von ferne irgendeinen vagen Erfolg verspricht, wird sofort ausprobiert. Ergebnisse der Affenforschung über auftrumpfende Primatenmännchen und Erfolgsstrategien von Schimpansen-Bossen werden nicht etwa zur Kenntnis genommen, um sich halb erschrocken, halb belustigt von den Affen zu distanzieren und deren Verhaltensweisen gerade nicht zu übernehmen, nein, sie werden ohne jeglichen Sinn für Komik und Humor sofort und bierernst in die persönliche Erfolgsstrategie eingebaut.

Daraus entsteht ein hübsches Paradox: Ausgerechnet jene, die sich für so wahnsinnig frei, modern und aufgeklärt halten, dass sie keinerlei moralische oder religiöse Autorität mehr anerkennen, begeben sich freiwillig und höchst lustvoll unter das Joch Tausender feinst gesponnener Regeln und Gesetze, von denen sie glauben, deren Befolgung entscheide über ihr persönliches Heil. Der orthodoxeste Jude ist in seiner Lebensführung freier und weniger Regeln unterworfen als der moderne Zögling des digitalen Kapitalismus.

Über Frauen spottete man früher, das Bewusstsein, gut angezogen zu sein, verleihe ihnen mehr innere Sicherheit als religiöse Überzeugungen, darum gelte ihnen der altmodische Papst nichts, aber dem verzopften Modepapst würden sie sich zu Füßen werfen, obwohl er in der Regel schwul ist und sich vor ihren weiblichen Formen graust. Trotzdem joggten und hungerten sie unterwürfigst vor sich hin, um jenen Knaben zu gleichen, an welchen die Modepäpste ihr Wohlgefallen haben.

Inzwischen zeigen diese Unterwürfigkeit nicht mehr nur die Frauen, sondern auch die Männer, und längst schon bezieht sie sich nicht mehr nur auf Mode, sondern fast aufs ganze Leben. Mode-, Design- und Fresspäpste sagen dem Massenindividualisten, was er tun muss, um als einzigartig dazustehen. Gleichzeitig entlasten sie die Gläubigen von der Anstrengung, einen eigenen Geschmack und einen eigenen Stil zu entwickeln. Es genügt, ordentlich zu löhnen für einen Fummel, dessen irgendwo angebrachtes päpstliches Siegel von Gucci, Lagerfeld, YSL oder Armani beglaubigt, der Fummel sei das Ultimativste, was es derzeit gibt.

Der Friseur Meir war ein Friseur wie jeder andere, bis er es schaffte, Fürstin Gloria von Thurn und Taxis Vogelnester und Hahnenkämme auf den Kopf zu setzen und die Medien davon zu überzeugen, es handle sich um Kunst. Seitdem ist Herr Meir nicht mehr irgendein Friseur, sondern der Friseur an sich. Die Stars strömen zu ihm und hinterlassen viel Geld, nicht für die Frisur, sondern für die innere Gewissheit, nichts falsch gemacht zu haben.

Der Lachs, das Steak, der Wein können schmecken, wie sie wollen, aber da sie teuer waren und von Käfer kamen, müssen sie gut geschmeckt haben, mag auch der Lachs trocken, das Steak ledrig und der Wein zu warm gewesen sein.

Als die Trend-Redakteure schrieben, Tennis sei zum Massensport verkommen, und wer sich als Individualist beweisen wolle, müsse reiten oder golfen, haben sich die Individualisten sofort massenhaft auf den Golf- oder Reitplatz begeben, wo sie dann unter den anderen hunderttausend golfenden und reitenden Individualisten gut dastanden. Fremdenverkehrs-Manager, die jetzt noch auf den Zug aufspringen möchten und Golfplätze planen, sollten wissen, dass der Tag nicht mehr weit ist, an dem das Golfen getoppt werden muss. Bald schon wird der nächste Trend-Redakteur verkünden, die gemütliche Karrenschieberei auf dem Golfplatz sei ja vielleicht ein ganz netter Seniorensport, wer aber wirklich Sinn für Lebensstil habe und sich nicht dem Verdacht aussetzen wolle, vom Zipperlein geplagt zu sein, der spiele Polo.

Als Deutschlands Reiche, Schöne und Berühmte sich anschickten, Mallorca zu besetzen und mit ihrem Glamour zu schmücken, folgten ihnen rasch und in großer Zahl die »Kurzläufer unter den TV-Schaffenden«[27], die Nur-Reichen und schließlich die Ballermänner, mit der Folge, dass Trendsetter Harald Schmidt die Insel fluchtartig wieder verließ, aus Ekel vor den geröteten und von Alkohol aufgeschwemmten, in »desillusionierenden Klamotten«[28] steckenden Körpern, über die er allenthalben stolperte. Würde Fresspapst Siebeck heute in der *Zeit* verkünden, die Blutwurst habe in letzter Zeit doch sehr gewonnen, würden sich schon morgen die Reichen, Schönen und Berühmten im Blutwurst-Bistro verabreden, zumindest so lange, bis die ersten Nur-Reichen hechelnd eintrudeln, im Schlepptau die Ballermänner, die dann endgültig jegliche Exklusivität versauen und die Schönreichberühmten zum nächsten Ort des neuesten Geheimtipps treiben.

Ja, es gibt eine große Sehnsucht nach Führung, Anbetung, Unterwerfung und Schmerz, die täglich wachsende Zahl neuer Sado-Maso-Studios, die Folter in den Tattoo- und Piercing-Kerkern und das Massenschwitzen in den Fitness-Tempeln beweisen es. Und da die Welt täglich undurchschaubarer wird, braucht jeder Knackarsch seinen Navigator. Es macht nichts, dass diese Trendgurus, Dschungelführer, Nacktkaiser und Spezialpäpste genau so orientierungslos sind wie wir und uns Waschbrettbäuche beständig im Kreis herumführen, denn erstens merken wir das nicht, und zweitens ist es völlig egal, wohin sie uns führen. Es wird nirgends besser, und wo wir auch hinkommen, es ist überall Dschungel. Aber da wir einem Papst gefolgt sind und ihn dafür fürstlich entlohnt haben, dünkt uns, der Ort, den er für uns gefunden hat, sei doch ein wenig lichter und stechmückenfreier als die Orte, in denen der papst- und führerlos umherirrende Pöbel oder der vom Billigpapst irregeleitete Ballermann landet.

Liebe und Ehe im digitalen Nihilismus

Die Umstände sind zur Zeit nicht günstig für die Liebe und werden täglich ungünstiger. Die sich täglich weiter ausdehnende Herrschaft des Marktes beginnt immer mehr auch die mitmenschlichen Beziehungen zu erfassen und zu vergiften. Die Marktgesetze gelten nicht nur zu Beginn, sondern gelten auch danach noch weiter. Darum kommen immer mehr Paare über das anfängliche Verliebtsein nicht mehr hinaus.

Ist es damit vorbei, beginnt sogleich das Rechnen: Bringe ich nicht viel mehr ein als er? Nutzt sie mich nicht aus? Warum soll ich zurückstecken und er nicht? Warum soll ich auch im Haushalt noch mithelfen, wo ich doch den ganzen Tag arbeite und die Brötchen verdiene, während sie sich zu Hause ein schönes Leben macht? Soll ich wirklich um der Familie und der Kinder willen meine beruflichen Ambitionen aufgeben, mich mit einem Halbtagsjob begnügen oder gar den Beruf ganz an den Nagel hängen und in der Vater- oder Mutterrolle aufgehen? Was ist, wenn die Ehe schief geht? Dann habe ich Jahre meines Lebens verloren und stehe als der Dumme da, ohne Job und ohne Berufserfahrung. Wer soll mich dann einstellen? Was soll, was kann ich dann aus dem Rest meines Lebens noch machen?

In vielen Paarbeziehungen stehen solche Fragen im Raum, oft unausgesprochen. Man wagt nicht, solche profanen Dinge zu erörtern in einer Beziehung, die noch jung ist, voller Zärtlichkeit, Leidenschaft und Romantik. Aber je länger diese Fragen verdrängt werden, desto übermächtiger werden sie. Kommen sie nicht zur Sprache, werden sie nicht geklärt, geht die Beziehung eben in die Brüche, ohne dass die beiden so genau zu sagen wissen, warum sie zerbrach. Oder, schlimmer, man heiratet, ohne irgend etwas geklärt zu haben, bekommt Kinder und hat noch immer nichts geklärt, muss aber nun dauernd sehr schnell sehr viele Entscheidungen treffen, und plötzlich stellt einer der beiden fest, dass der andere bei jeder Entscheidung seine Interessen durchgesetzt hat.

Kluge Paare klären daher solche Fragen vorher, streiten sich deshalb auch heftig. Dieser Streit muss sein, denn erst danach klärt sich, ob man wirklich miteinander kann und will. Ist klar, dass man kann und will, ist trotzdem noch nicht entschieden, wie man sich einigt. Aber sich einigen muss man. Sich einigen heißt aber: nachgeben, Kompromisse schließen, Verzicht akzeptieren, dem eigenen Egoismus und Individualismus Schranken setzen. Jetzt erst erweist sich, was Liebe wirklich ist. Jetzt erst stellt sich heraus, was von den vielfältig abgelegten Liebesschwüren zu halten ist. Erst in der Selbstbeschränkung erweist sich die Liebe.

Immer weniger Menschen sind zur Selbstbeschränkung bereit, eine wachsende Zahl von Menschen ist dazu offenbar gar nicht mehr fähig oder glaubt nicht oder kann sich nicht vorstellen, dass aus Selbstbeschränkung ein größeres und tieferes Glück entspringen kann als aus unbeschränktem Individualismus. Die soziale Kälte der Markt- und Konkurrenzgesellschaft nistet sich in der Zweisamkeit ein, kriecht hoch in die Köpfe, in die Herzen und lässt die Gefühle gefrieren.

Bereitwillig stehen die Männer-, Frauen- und Zeitgeistmagazine mit ihrem Rat zur Seite. Gerade wieder eine Beziehung in die Brüche gegangen? Macht nichts, lies, wie andere es schaffen, die Erinnerungen an den »Ex« von der mentalen Datenbank zu löschen. Das schaffst du auch, und bei der nächsten Beziehung, in die du dich stürzt, halte dich an den Grundsatz: »Be better than her last lover.«[29] Wir leben in einer Leistungsgesellschaft, je besser du bist, desto mehr kriegst du.

Dein Kerl funktioniert nicht so, wie du es möchtest? »Verhaltensmodifikation nennen Tiertrainer ein psychologisches Prinzip, das auch bei Menschen funktioniert. Das heißt: Viel Lob für Verhalten, das man gut findet – und Dienstverweigerung bei Missfallen. Plötzlich hat er kein frisches Hemd mehr! Er bekommt erst wieder eines gebügelt, wenn er die leeren Flaschen weggebracht hat.«[30]

Im Geschlechterkampf von *Cosmopolitan* kommt der Tierpsychologe zu spät. »Stundenlang lagen die beiden Freundinnen ineinander verschlungen und taten sich viel Gutes. Martha weiß heute: ›Ein so vertrauensvolles Erlebnis kann man eigentlich nur mit einer Frau haben.‹«[31] Wusste *Emma* doch schon immer.

Der Single-Treff von *Fit for Fun* enthält Tipps für den rückstandsfreien Abschied und den »finalen Korb«. »Irren ist menschlich. Keiner erwartet, dass Sie mit Ihrem zum Stinktier mutierten Rosenkavalier weiterhin das Bett teilen ... Wenn Sie Ihren Prinzen wieder zum Frosch werden lassen wollen, dann rücken Sie sofort mit der Wahrheit heraus.«[32] Ehen wurden früher im Himmel geschlossen, dann auf der Erde, künftig wohl in der Hölle. Wo so geredet, geschrieben und gedacht wird wie in unseren Trend-, Zeitgeist-, Männer-, Frauen- und Lebenshilfemagazinen, hat die Liebe keine Chance mehr, die Emanzipation übrigens auch nicht.

Claudia Nolte, die ehemalige Familienministerin, trägt noch immer die Hälfte ihres Begrüßungsgeldes mit sich herum, das sie wie jeder DDR-Bürger nach dem Fall der Mauer bekommen und in zwei Eheringe für achtundneunzig Mark investiert hat. Der Ring ist noch da, die Ehe nicht mehr. Die Katholikin und Verteidigerin konservativer Werte, die abtreibende Frauen bestraft sehen möchte, hat sich im März 1999 von Mann und Kind getrennt. Als Familienministerin hatte sie »Furore gemacht mit der Arbeitsteilung, die sie mit ihrem Gatten pflegte. Sie erklomm blitzartig die Karriereleiter als oberste deutsche Familienpolitikerin in Bonn, er schmierte in Ilmenau die Stullen für Sohn Christoph und verzichtete als Hausmann auf ein Dasein als Diplom-Ingenieur.«[33]

Die Vorstellung, so zu leben und von seiner Frau so behandelt zu werden wie der Ehemann der Ex-Ministerin Nolte, ist für viele Männer eine Horrorvision. Darum wundert es nicht, dass das Mitgefühl der Medien mit den wenigen verlassenen Männern, welche zugunsten von Frau und Kind auf eigene berufliche Ambitionen verzichteten und zu Hause »die Stullen schmierten«, ungleich größer ist als das Mitgefühl für die vielen verlassenen Frauen, denen es nicht anders ergeht. Hüte dich vor emanzipierten Weibern, Mann, lautet die Botschaft, pass auf, dass es dir nicht so ergehe wie Herrn Nolte.

Oder wie Herrn Heidenreich, dem Ehemann des »Superweibs« Hera Lind, die aufbrach »in ein neues Leben, eine neue Liebe, ein neues Glück«. Nur einer blieb zurück: Ulrich Heidenreich, Internist in Köln, »ein Mann mit Stil, ein Mann mit Würde«. Verliert kein böses Wort über seine Ex, »kümmert sich rührend um die gemeinsamen vier Kinder« – tun das die vielen von ihren Männern verlassenen Frauen nicht auch? –, während Hera Lind mit ihrer neuen Liebe Engelbert Lainer turtelt oder im Kongresssaal des Linzer Rathauses vor dreihundert Managern über »Power, Erfolg und Wege zum Glück in Beruf und Privatleben« referiert. Jeder sei der Regisseur seines eigenen Lebens, trägt sie vor. »Jeder bestimmt selbst, wer der Hauptdarsteller ist, wer nur Statist, wer überhaupt nicht vorkommt. Das Drehbuch zu meinem Leben schreibe ich selbst!«[34]

Nun hat die große Regisseurin, Drehbuchschreiberin und Hauptdarstellerin des Erfolgsstücks *Das Superweib* eine kleine Umbesetzung vorgenommen. Die Rolle des wichtigsten Nebendarstellers darf jetzt Herr Lainer spielen. Und das Leben mit Herrn Heidenreich, der jahrelang Hera Lind, den Haushalt und das Familienleben mit vier Kindern gemanagt hat? War zuletzt nur noch »Routine, die die Liebe sterben ließ. Jetzt schweigt er«[35] und kommt nun wohl nicht mehr vor im Drehbuch zu Hera Linds Leben. Die vier Kinder dürfen weiter Statisten bleiben und haben mit einem neuen Vater weiter glücklich zu sein. Es bleibt ihnen gar nichts anderes übrig, denn Hera Lind hat ja entschieden: »Meine Kinder können nur glücklich werden, wenn ich glücklich bin.«[36]

Es geht also nur um sie. Sie muss glücklich sein, das ist die Hauptsache. Möglicherweise ist ja auch Herr Heidenreich ganz froh, dass er sein anstrengendes Superweib los ist, und schweigt vor allem deswegen. Vielleicht ist er aber auch richtig unglücklich – wir wissen es nicht, seine Kinder womöglich auch nicht –, denn laut Hera Lind spielt das Glück oder Unglück von Herrn Heidenreich für das Glück ihrer Kinder offenbar nicht so eine wichtige Rolle, vielleicht auch gar keine.

So ist das eben bei einem Nabel, der im Mittelpunkt der Welt steht. Ist der Nabel glücklich, dürfen auch die Satelliten glücklich sein, die um den Nabel kreisen. Ist er unglücklich, müssen alle mitleiden und einsehen, dass sie alles tun müssen, damit der Nabel wieder glücklich werde. Ein plötzlich dem Glück des Nabels im Wege stehender Ehemann sollte daher einsehen, dass er sofort Harakiri begehen muss, um den Weg frei zu machen für ein neues Glück. Darum, ihr Satelliten, Nebendarsteller und Statisten im Leben der Supermänner und Superweiber dieser Welt: Preist euch glücklich, dass ihr überhaupt um den Nabel kreisen dürft und euch von ihm eine Rolle zugewiesen worden ist.

Hera Lind wird jetzt vermutlich, nach dieser Berichterstattung durch *Bild* und andere Medien, von vielen gehasst, und nicht ganz zu Unrecht, aber vermutlich weniger dafür, dass sie ihren Mann verlassen hat, als viel mehr dafür, dass sie sich als Frau ein Recht herausnimmt, das sich bisher überwiegend nur Männer herausgenommen haben und denen man das bisher überwiegend auch zugesteht.

Sollten wir also Nolte und Lind bewundern, weil sie für sich ein Recht reklamieren, das sich Männer seit Jahrhunderten ganz selbstverständlich zugestehen? Wahrscheinlich meinen sie das so, wahrscheinlich halten sie sich für emanzipiert. Und tatsächlich kann man Emanzipation auch so verstehen, nur leider: Es ist keine. Es ist nur eine Umkehrung der bisherigen Herrschaft – gut für die Frauen, schlecht für die Männer. Aber keine Angst, Männer, eine Herrin Lind macht noch keinen Umsturz, von dieser falschen Emanzipation sind wir noch weiter entfernt als von der richtigen.

Wirkliche, echte Emanzipation wäre: Das Verhältnis von Mann und Frau, das in der Vergangenheit ein Herrschafts- und Abhängigkeitsverhältnis war, in welchem dem Mann die Herren- und der Frau die Dienerrolle zukam, wird überwunden. Beide, Mann und Frau, dienen einander und leben als gleichberechtigte Partner zusammen – noch immer eine bloße Utopie.

Wahrscheinlich haben sich die Bischöfe inzwischen damit abgefunden, dass der moderne Mensch, sei er nun Frau oder Mann, Katholik oder Protestant, es mit der ehelichen Treue nicht mehr so genau nimmt und in einer Ehe, die ein Leben lang hält, keinen besonderen Wert mehr zu erkennen vermag. Warum auch? Von morgens bis abends erfahren wir, dass Leben Veränderung ist, Abwechslung, Unbeständigkeit. Wir kaufen uns zweimal im Jahr neue Kleider, alle vier Jahre ein neues Auto, alle zehn Jahre ein neues Wohnzimmer, suchen uns jedes Jahr ein anderes Urlaubsziel. Wir wechseln den Wohnort, den Beruf, das Unternehmen – und nur den Ehepartner nicht?

Ehen wurden früher von wirtschaftlichen Zwängen zusammengehalten, von Konventionen, Kindern und der Kirche. Die Konventionen gibt es nicht mehr, auf die Kirche hört niemand mehr, die berufstätige Frau ist auf den Mann als Ernährer nicht mehr angewiesen. Was soll dann eine Ehe dauerhaft zusammenhalten? Die Liebe? Ach.

»Der einzige Unterschied zwischen einer Laune und der ewigen Liebe besteht darin, dass die Laune etwas länger dauert«, hat einst Oscar Wilde gespottet. Was damals die englische Gesellschaft verstörte, gilt heute als allgemeiner Erkenntnisstand: »Als er mir diesen Ring zum Geburtstag schenkte, wusste ich: Ich würde ihn ewig lieben. Den Ring natürlich«, sagt eine Frau in der Werbung – auch wieder so ein Gag, der mit ehemals geheiligten Werten und Institutionen spielt und implizit mitteilt, dass so ein Ring aus Gold mit einem Diamanten drauf heute zu den wahren, den eigentlichen, weil bleibenden Werten zählt. Wenn also schon vom vor Gott geschlossenen Bund des Lebens nichts mehr bleibt, sollte man wenigstens in Ringe investieren, auf deren Wert und Beständigkeit man sich verlassen kann.

Besser als die Fusionen von Mann und Frau klappen jetzt Firmenhochzeiten. Daimler zum Beispiel hat Chrysler geheiratet und vereinigt sich mit Mitsubishi zu einem flotten Dreier. Da ist Polygamie erlaubt, und an der Spitze des Konzerns steht Jürgen Schrempp, der sich in seinem neuen Lebensabschnitt ganz selbstverständlich die Freiheit nimmt, seine alte Lebenspartnerin durch eine neue zu ersetzen. Das widerspricht zwar dem familienpolitischen Leitbild der CDU, hat sich aber eingebürgert. Der Austausch der älteren Ehefrau oder Lebensgefährtin durch eine Jüngere wird von Männern aus unterschiedlichsten Milieus praktiziert. Es spielt keine Rolle, ob sie katholisch, protestantisch oder religionslos sind, links, rechts, konservativ oder liberal. Die Sache wurde vom konfessionslosen Moralisten Willy Brandt genauso praktiziert wie vom pensionierten RTL-Chef und buddhistisch angehauchten Zyniker Thoma. Der amtierende Bundeskanzler Schröder, dessen abgehalfterter Rivale Lafontaine, der konservative Deutsch-Banker Kopper und der n-tv-Talker Böhme haben wenig gemein außer dem Bedürfnis, von Zeit zu Zeit die Frau an ihrer Seite zu verjüngen.

Die gut situierten Frauen ab vierzig, die bestens Verheirateten, wissen das und treffen ihre Vorkehrungen. Um sich in der Konkurrenz gegen die zwanzig Jahre Jüngeren zu behaupten, machen sie täglich Gymnastik, joggen regelmäßig, bevölkern die Fitness-Studios, hungern von morgens bis abends, lassen sich regelmäßig liften, stürmen die Beauty-Farmen, verschreiben sich Beauty-Behandlungen, Anti-Stress-Kuren und Regenerationswochen und kaufen die Kosmetikregale leer.

Mit fünfzig werden sie von ihren Männern trotzdem ersetzt, so wie jene Martha Croker, die Tom Wolfe in seinem jüngsten Roman beschreibt, die mit dreiundfünfzig die Älteste im Fitness-Studio ist und unter überwiegend Zwanzig- bis Dreißigjährigen keuchend und hechelnd grätscht und springt und rennt, während ihr der Schweiß der anderen um die Ohren fliegt.

Tom Wolfe hat dieser Generation der von ihren Männern verbannten fünfzigjährigen Frauen in der Person Martha Crokers ein Denkmal gesetzt.[37] Ein ganzes, dickes Kapitel lang beschreibt Wolfe, was solchen Frauen von ihren Männern angetan wird. Er beschreibt, was so eine Frau fühlt in einem Fitness-Tempel unter lauter Jüngeren, wie sie vorne, hinten, links und rechts umstellt ist von Knabenfiguren, von »Jungs mit Brüsten«.

Dieser Ersatz der Ehefrau durch eine Jüngere bringt den Männern übrigens gar nichts, auch das beschreibt Tom Wolfe. Charlie Croker, der Martha durch Serena, einen »Jungen mit Brüsten«, ersetzt und geglaubt hat, sich damit einen Jungbrunnen an seine Seite geholt zu haben, wird von Anfang an von Serena nicht richtig ernst genommen, was er lange gar nicht merkt, und als es ihm bewusst wird, wird er impotent und stellt mit Erstaunen fest, dass er nicht mehr die Kraft hat, sich noch gegen Serena durchzusetzen.

Die Männer, die dieses Ablegen der Frauen als selbstver-ständliches Recht für sich in Anspruch nehmen, haben ein gutes Gewissen, halten sich für besonders ehrlich, weil sie's so offen handhaben, so offensiv und weil sie sich und ihren Frauen nichts mehr vormachen. Andererseits: Wer heuchelt, erkennt wenigstens noch die Norm oder Institution an. Wer sie öffent-lich verletzt, erkennt sie nicht mehr an und macht sie endgültig kaputt. Die Institution der Ehe wird daher das 21. Jahrhundert nicht überstehen. Dass die Zahl der Eheschließungen kaum zurückgeht, ändert nichts am Befund, da ja viele Ehen nach we-nigen Jahren wieder zerbrechen.

Die Ehrlichen ziehen daraus die Konsequenzen und lassen das Heiraten bleiben. Die anderen heiraten trotzdem, weil es noch immer zweckmäßig ist, richten sich aber schon auf eine »Lebensabschnittspartnerschaft« ein. Besonders Jung-Manager zeigen sich äußerst heiratsfreudig, denn eine Hochzeit ist not-wendiger Bestandteil jeder erfolgreichen Karriere, auch ein willkommener Anlass, wichtige Kollegen, Geschäftspartner, mögliche Mentoren einzuladen und ins Netz des beruflichen Fortkommens einzuweben. Eine Angetraute an der Seite des aufstrebenden Jung-Managers qualifiziert ihn für höhere Auf-gaben und gilt noch immer als unentbehrlich für gesellschaft-liche Anlässe und Repräsentationspflichten. Dabei spielt es keine Rolle mehr, ob es sich bei der Frau an seiner Seite um die erste, zweite, dritte oder x-te handelt.

Im Gegenteil. Was früher ein Karrierenachteil war – eine ge-schiedene Ehe –, ist heute eher ein Qualifikationsmerkmal. Ma-nager mussten früher »ordentliche Familienverhältnisse, an-ständige Anzüge, abgezahlte Immobilien und geputzte Autos vorweisen, wenn sie sich durchsetzen wollten. Künftig wird dieser altbackene Typ zum ökonomischen Sicherheitsrisiko. Wer abends brav mit den Nachbarn grillt, seinen Rasen kurz hält und sich mit einer Ehe begnügt, demonstriert eine Hal-tung, die auf einen immobilen Charakter schließen lässt, dem man die nötige Flexibilität und Beschleunigungsfähigkeit nicht zutrauen kann.«[38]

Ehe darf also weiterhin sein, aber sie muss nicht mehr lebenslang geführt werden. Es geht auch ohne Ehe, aber mit Ehe lebt sich's als Manager noch ein bisschen besser, denn sie ist auch steuerlich interessant. »Möchtest du, Robert Melzer, diese Frau heiraten? Und zehntausend Mark Steuern sparen? Und günstige Zinssätze nutzen?« So warb das deutsche Zentralorgan für den aufstrebenden, analen Charakter, *Bizz*, für sich, das sich für ein Wirtschaftsmagazin hält. *Bizz* rechnete vor, dass Heiraten sich rechnet. Sicherlich hat *Bizz* seinen dynamischen Jungspießern inzwischen auch schon die Vertragstexte nachgereicht, die man den Partner vor der Eheschließung unterschreiben lassen sollte, um die Kollateralschäden einer Scheidung zu minimieren.

In der Vergangenheit erschien einer wachsenden Zahl junger Leute die Hochzeit in Weiß vor dem Traualtar als fragwürdig und spießig. Inzwischen gilt nur noch als spießig, wer die Zeremonie und das Drumherum ernst nimmt. Wer's nicht mehr ernst nimmt und sich einen Jux daraus macht, es trotzdem zu tun, der ist cool. Und obercool ist es, extra zu diesem Zweck wieder in die Kirche einzutreten, dem Pfarrer für seine Rolle als Zeremonienmeister ordentlich was für die neue Kirchenglocke zu spenden und nach der Hochzeit wieder aus der Kirche auszutreten.

Die Kölner Pastorin Christine Breitbach, die schon vielen Paaren am Traualtar den kirchlichen Segen gegeben hat, spendet diesen Segen auch Paaren, die sich wieder trennen wollen. Sie verband einen ihrer Scheidungsgottesdienste mit einer Möbelausstellung in der Christuskirche.[39] Zu sehen waren »bindungs- und scheidungsfähige« Möbel des Geschäftsmannes Michael Boisseree, beispielsweise die Ahornschrankwand »Gütertrennung«, die aus kombinier- und teilbaren Beziehungskästen besteht, die dazu auffordern, sie in neuen Verbindungen zu nutzen.

War ein voller Erfolg, dieser innovative Scheidungsgottesdienst mit integrierter Möbelverkaufs-Show. »Fünfzehnhundert Menschen drängten sich in dem Gotteshaus, in dessen Vorraum die Pfarrerin ihren Beitrag zeigte: Texte für Trennungsliturgien.« Hunderte haben den Tisch »Wir müssen uns

124

mal unterhalten« ausprobiert. »Mit Handschellen gefesselt, sollten Paare an diesem Tisch ausdiskutieren, was ihnen auf der Seele brennt. Den Schlüssel zum Schloss hat jeweils der Partner. Aufstehen und Weggehen kommt nicht in Frage.«

Der Vernissage-Rummel – samt Brautpaar, das vor dem Altar einen Tisch zersägte – habe der Pfarrerin zwar wenig gefallen, wird berichtet, aber wenigstens sei in der Christuskirche mal nicht nur sonntags zwischen zehn und elf etwas passiert. »Wir können etwas Marketing vertragen«, hat sie gesagt.

Irgendwelche Einwände gegen diese praktische Lebenshilfe? Grundsätzliche theologische Bedenken gegen einen kirchlichen Segen für Paare, die auseinander gehen? Nein. Anything goes. Und wenn die Paare meinen, für ihr Vorhaben des kirchlichen Segens zu bedürfen, so zeigt dies eine geradezu rührende Anhänglichkeit an die Kirche, weshalb sie schon allein deswegen diese Paare nicht zurückweisen darf. Und außerdem: Wäre es nicht ein Verstoß gegen die seelsorgerischen Pflichten, den Segen zu verweigern?

Noch Fragen? Was Gott zusammengefügt hat, soll der Mensch nicht scheiden? Ach ja, dieser Spruch aus einer längst versunkenen Zeit. Ein schöner Spruch, zweifellos. Aber nicht mehr kompatibel mit unserem Leben.

Früher lebten die Leute nicht so lange wie heute. Da umfasste die Treue bis in den Tod oft nur eine kurze Zeitspanne. Das ließ sich aushalten. Und auch sonst war vieles anders. Man musste von morgens bis abends arbeiten, auch am Samstag, Urlaub gab es nicht. Da blieb gar keine Zeit fürs Fremdgehen oder für luxuriöse Selbstverwirklichungs-Trips. Man kam auch nicht so viel in der Welt herum, hatte wesentlich weniger Kontakte zu Menschen außerhalb seines persönlichen Umfelds, und in diesem lebten die meisten in stabilen Beziehungen. Die Möglichkeiten für ein Bäumchen-wechsle-dich-Spiel waren für die arbeitende Klasse stark reduziert. Den Rest – die wirtschaftliche Abhängigkeit der Frau vom Mann, die Konventionen, die soziale Kontrolle, die Anerkennung gesellschaftlicher Normen und Institutionen – hatten wir schon.

Logisch, dass Ehen heute nicht mehr halten. Logisch, dass

viele Paare ehrlicherweise aufs Heiraten ganz verzichten und zusammenleben nach dem Motto: Wir bleiben zusammen, solange es geht, und wenn's nicht mehr geht, stehen wenigstens keine falschen Versprechen zwischen uns, und wir haben einander nichts vorzuwerfen.

Das ist eine praktikable, ehrliche und massenhaft verbreitete Verhaltensweise, eine Lebensform, die wenigstens kompatibel ist mit unseren modernen Zeiten.

Andererseits: Wäre Treue bis in den Tod nicht doch auch schön, ziemlich unkonventionell, ja geradezu cool?

Ist es nicht großartig, wenn zwei sich ein Leben lang aufeinander verlassen können, einer des anderen Last trägt, keiner gleich wegrennt, wenn's mal weniger lustig ist, schwierig wird, Verzicht erforderlich ist, Einschränkungen nötig sind, Leben nach Lust und Laune nicht mehr geht? Ja, das ist großartig, und so richtig großartig könnte es gerade jetzt erst werden, wo die äußeren Zwänge, die bisher Ehen zusammenhielten, weg sind und zwei Menschen wirklich aus freien Stücken, ohne Not, in völliger Freiheit sich aneinander binden, zusammenbleiben und einander auch im Alter noch achten, lieben und ehren könnten.

Vor hundertfünfzig Jahren haben die Dichter dafür gekämpft, dass nicht Herkunft, bürgerlicher Stand, Vermögen, Konventionen und Sitte darüber bestimmen, welche zwei Menschen einander ehelichen sollen, sondern allein die Liebe. Jetzt, da wir alle Freiheiten dazu haben, schaffen wir die Ehe ab.

Ein bisschen vorgestrig, diese Klage, ich weiß, sehr traditionalistisch. Geradezu kurios aus dem Munde eines Alt-Achtundsechzigers, der einst dem Wahlspruch huldigte: Wer zweimal mit derselben pennt, gehört schon zum Establishment. War ja nicht schlecht, der Spruch, damals. Hat viele alte Fesseln gesprengt und befreiende Wirkungen erzielt.

Aber man wird älter, reifer und sieht irgendwann ein, dass man das Herumficken möglichst auf die Jugend beschränken sollte. Fünfzigjährige Erotomanen und Nymphomaninnen sind einfach peinlich, wie übrigens auch die siebzigjährigen Männer, die sich und ihrer neuesten jugendlichen Eroberung unbedingt beweisen müssen, dass sie noch ein Kind zeugen können.

Wir sind frei. Und was wir aus dieser Freiheit jetzt machen, hat wenig Glamour, sieht ziemlich stillos aus, ist geradezu uncool.

Warum muss eigentlich einer wie ich so etwas sagen? Warum kommt so etwas nicht von der Kirche?

Statt die Ehe zu rühmen, inszeniert sie Scheidungsgottesdienste. Darin steckt das ganze Elend der Gesellschaft und auch das der Kirche. Es ist nichts dagegen zu sagen, dass die Kirche dieses Elend mit der Gesellschaft teilt. Aber ist die Kirche nicht dazu da, das Elend zu überwinden?

Die Religion des digitalen Nihilismus

Der Glaube an Markt und Technik

Das Gründungsfieber, in den USA schon vor zehn Jahren ausgebrochen, hat jetzt auch Europa erreicht. »Die neuen Reichen« – so wurde man im Mai 2000 von einem *Focus*-Titel angebrüllt.[40] Wer genauer hinsah, konnte lesen, dass es eigentlich hieß: »Die neuen Erfolg-Reichen«. Das Wort »Erfolg« war deutlich kleiner geschrieben, aber so kam die Botschaft eben umso besser rüber. Eine neue, blutjunge Generation von Unternehmensgründern krempelt die deutsche Wirtschaft um, mischt weltweit mit in der New Economy, ist »cool, kreativ und nie mehr arm«.[41]

Sie verbreiten Optimismus, sie geben sich als Herolde eines neuen Booms, werden schon jetzt als Helden verehrt, und in ein paar Jahren werden sie so reden wie ihre US-Pendants schon heute und werden »the long boom«, einen lang anhaltenden Aufschwung, voraussagen. Warum? Das konnte man alles während der letzten Jahre immer mal wieder in *Wired* nachlesen, dem Welt-Zentralorgan für die globale New Economy, einer US-Zeitschrift für alle Internetfreaks.

Darin wurden die USA als Wohlstandsmotor der ganzen Welt verherrlicht.[42] Der technische Fortschritt beschere den USA zu Beginn des Millenniums »eine Periode anhaltenden

Wachstums«, das so groß sein wird, dass es die ganze Welt mitreißt und das Wachstum der Weltwirtschaft alle zwölf Jahre verdoppelt. Der lange Boom werde einen wachsenden Wohlstand für Milliarden von Menschen auf diesem Planeten mit sich bringen. Die Armut werde verschwinden, mit ihr würden die Konfliktherde aufhören zu existieren, so käme zum globalen Wohlstand auch noch der globale Friede, und einen wirkungsvollen Umweltschutz werde sich eine zu Wohlstand gekommene Welt dann auch leisten können. Die ganze Welt wird zu einem Land, wo Milch und Honig fließt.

Zwei Mega-Trends sollen das Wunder vollbringen. Die stürmische Entwicklung der neuen Technologien – Computer, Telekommunikation, das Internet, Biotechnologie, Nanotechnologie und alternative Energien – werde zu einer explosiven Vielfalt neuer Produkte, neuer Märkte und neuer Jobs führen, und die stürmische Entwicklung auf den Weltmärkten, getrieben von wachsender Liberalisierung und der Internet-Ökonomie, werde zur globalen Verteilung von Wohlstand führen. Alte Strukturen lösen sich auf, neue entstehen und formieren sich zu globalen Wohlstandsmaschinerien.

Allerdings kommt das nicht ganz von selbst. Ein bisschen müssen wir schon mithelfen und gehorsam befolgen, was uns die Hohepriester des neuen Booms, Ronald Reagan und Margaret Thatcher, gelehrt haben: Deregulierung, Privatisierung, Öffnung der Grenzen für ausländische Investoren, weg mit den Schulden des Staates, weg mit dem Wohlfahrtsstaat, und am besten wäre, man würde gleich den gesamten Staat abschaffen.

Diese Staatsfeindlichkeit haben die neuen Kapitalisten mit den alten Marxisten gemein. Sie geht so weit, dass die »Netizens«, also die sich als »Netzbürger« des globalen Dorfes verstehenden Mitglieder der weltweiten Computer-Kommunikation, sogar Kinderschänder, Neo-Nazis und Pornohändler vor polizeilicher Verfolgung schützen. Wann immer einer aus diesen Gruppen den Staatsanwalt im Haus hat, der dann die Festplatte oder gleich den ganzen Computer konfisziert, wird sich kurz vorher ein Netizen gefunden haben, der den Inhalt der konfiszierten Platte auf seine eigene kopiert, bevor der Staatsanwalt oder die Polizei zuschlagen kann.

So kommt's, dass ein vom Staat verbotenes und konfisziertes Internet-Angebot kurz nach dem Verbot wieder im Netz kursiert. Schaut der Staatsanwalt auch dort vorbei, von wo aus die verbotenen Inhalte ins Netz geschleust werden, sind sie längst auf einen dritten Computer kopiert worden, der aktiv wird, sobald der zweite lahm gelegt wurde. Dieses Spielchen setzt sich endlos fort, so lange, bis sich niemand mehr bereit findet, die anstößigen Inhalte zu verbreiten. Aber es findet sich immer jemand bereit dazu – nicht aus Sympathie zu Kinderschändern, Neo-Nazis oder Pornohändlern, sondern aus Sympathie zur grenzenlosen Freiheit des Internet, die auch radikale Meinungsfreiheit mit einschließt.

Nicht Moralfeindlichkeit, sondern Staatsfeindlichkeit ist das Motiv. Die Liberalität ist so radikal, dass sich deren Anhänger nicht mehr als Liberale, sondern als »Libertarians« bezeichnen, als »Libertäre«. Prinzipielle Schrankenlosigkeit ist das Prinzip dieser Libertarians – dazu gehört auch die Forderung nach einem Recht auf schrankenlosen Indiviualismus und nach einem schrankenlosen Markt, der von allen Grenzen und Fesseln befreit ist, auch von denen des Staates.[43]

Biologische, politische, psychologische und technische Grenzen sind dazu da, überschritten zu werden. Der Mensch kann sich selbst neu erschaffen – durch psychologische Techniken, aber auch durch »intelligente Drogen« und Eingriffe in die Biologie von Körper und Gehirn. Sozialer Fortschritt ist nur möglich in einem freien Markt, zentrale staatliche Institutionen verhindern »selbstorganisierende« Strukturen.

Für die Hälfte aller Probleme der Menschheit gibt es eine technische Lösung. Die andere Hälfte löst der Markt. Den Staat braucht es nicht mehr. Er stört nur, steht nur hinderlich im Weg herum. So lautet der zentrale Glaubenssatz dieser in den Rang einer Weltanschauung erhobenen Schrankenlosigkeit.

Sie ist unter der weißen, technisch-wissenschaftlichen Elite der USA, besonders Kaliforniens, weit verbreitet. Nicht mehr Staaten, Politiker, Behörden sollen das Zusammenleben regeln und organisieren, sondern die vielen Einzelnen über die Mechanismen des Marktes und mithilfe des Internet. Staaten, Regierungen und andere Vormünder werden nicht mehr geduldet. Der Einzelne weiß selbst, was ihm am besten bekommt. Gesetzgebung, staatliche Kontrolle der Geldwirtschaft, ja sogar moralische Prinzipien soll man den Marktmechanismen überlassen, wird man über kurz oder lang sowieso dem Markt überlassen müssen, denn in einer globalen Wirtschaft spielen nationale Regelungen keine Rolle mehr. Schon jetzt sind ja die internationalen Geldströme nicht mehr staatlich kontrollierbar.

Propagandisten dieser Ideologie sind keine unbekannten Sektierer, sondern einflussreiche Politiker wie Newt Gingrich, Autoren der Cyber-Kultur aus dem Umfeld der Zeitschrift *Wired* wie Esther Dyson, George Gilder, George Keyworth, Alvin Toffler und Kevin Kelly, weltweit bekannte Internet-Aktivisten wie John Perry Barlow, Management-Gurus wie Tom Peters und viele einflussreiche Manager und Journalisten aus der amerikanischen Hightech-Branche.

In der neuen Ideologie treffen sich neue Yuppies mit alten Hippies. Das Epizentrum der sich ausbreitenden Heilserwartung liegt in Kalifornien, weshalb der neue Glaube von den zwei englischen Soziologen Richard Barbrook und Andy Cameron die »Kalifornische Ideologie«[44] genannt wird. Diese Ideologie verquickt laut Barbrook und Cameron individualistisches, emanzipatorisches, libertäres, liberales und manchmal anarchistisches Gedankengut mit einer Verherrlichung des Kapitalismus und seiner darwinistischen Prinzipien zu einem sonderbaren Amalgam.

Dass gerade das Hightech-Business aufs Engste mit dem amerikanischen Staat verflochten ist, darüber sehen die Anarchokapitalisten großzügig hinweg. Es gibt wohl keine Branche auf der Welt, die mit mehr staatlichen Geldern aufgepäppelt wurde als die Computer- und Telekommunikationsindustrie. Ohne die Milliardenströme vom Pentagon, von der NASA und anderen staatlichen Stellen wäre diese Industrie überhaupt nicht entstanden, und das Internet ist aus einem Militärprojekt hervorgegangen. Das Pentagon wollte ein dezentrales Computernetz, das auch dann weiter funktionsfähig bleibt, wenn Teile dieses Netzes zerstört werden. Wenn die US-Regierung jetzt anstrebt, sämtliche Schulen Amerikas miteinander zu vernetzen, dann ist auch dies wieder ein gewaltiges staatliches Förderprogramm für die informationstechnische Industrie, und im Übrigen braucht diese Industrie, braucht jeder Eigner von Kapital den Staat, damit er dessen Eigentum schütze, den Profit und die Verträge.

Staatsfeindlich sind die Anarchokapitalisten also nur partiell. Geprügelt wird der Staat nur da, wo er die Geschäfte stört, wo er sich anmaßt, Steuern zu erheben, Gentechnikern auf die Finger zu schauen, Umweltschutzgesetze durchzusetzen, Datenschützer zu installieren, industrielle Monopole zu zerschlagen oder verbindliche Spielregeln durchzusetzen.

Ernst nehmen muss man diese naiv-liberalistische Ideologie trotzdem, denn deren Propheten wähnen sich an der Spitze des Zeitgeistes, glauben wie einst die Kommunisten, die Macht der Geschichte hinter sich zu haben, und vor allem verfügen sie über Einfluss und Geld. Ihre Ideologie strahlt ja auch schon aus bis nach Europa. Arbeitgeberfunktionäre, BDI-Präsidenten und FDP-Politiker sind längst davon angemuckert und kommen sich sehr fortschrittlich vor, wenn sie ebenfalls den Staat in die Nachtwächterrolle drängen und die Rückkehr zum Manchester-Kapitalismus des letzten Jahrhunderts anstreben.

Ihr werdet sein wie Gott

Die Fortschritte der letzten zehn Jahre in der Mikroelektronik, der Computerkommunikation und der Gentechnik haben den Glauben an die Technik weiter verstärkt. Gleichzeitig erregt eine neu entstehende Technologie die Fantasie der amerikanischen Wissenschaftler und Ingenieure: die Nanotechnologie.[45] Wir werden in den nächsten Jahren und Jahrzehnten immer öfter und immer mehr von ihr hören. Es handelt sich um eine ernst zu nehmende technisch-wissenschaftliche Entwicklung, die mindestens so revolutionäre Auswirkungen haben wird wie die Mikroelektronik.

Die an die Nanotechnologie geknüpften Hoffnungen übersteigen aber inzwischen jegliches Ausmaß. Man kann sie nur noch als religiös bezeichnen. In der Begeisterung über die Nanotechnologie kulminieren menschliche Allmachtsfantasien, primitive Tischlein-deck-dich-Vorstellungen, Selbsterlösungshoffnungen und der Wunsch nach Unsterblichkeit. Darum wird die Kirche sich damit zu beschäftigen haben.

Die Nanotechnologie hat ihren Namen vom Nanometer, das ist ein milliardstel Meter. Auf einem Nanometer passen gerade noch zehn Atome nebeneinander. Von der Existenz der Atome wissen wir schon lange, zu sehen waren sie aber lange Zeit nicht. Ihre Existenz wurde indirekt erschlossen aus dem, was man theoretisch wusste und was die Versuchsanordnungen nach bestimmten Experimenten anzeigten. Inzwischen können wir aber diese kleinen Welten mithilfe großer Apparaturen, mit Elektronenmikroskopen und Rastertunnelmikroskopen tatsächlich sehen – mit Letzterem nicht nur sehen, sondern abtasten, und was man abtasten kann, kann man auch bewegen. Mit Hilfe der Nanotechnologie kann man Atome verschieben, und das hat tatsächlich revolutionäre Konsequenzen.

Den Unterschied zwischen Makro- und Nanotechnologie hat der US-Wissenschaftler Eric Drexler in sein berühmt gewordenes Boxhandschuh-Beispiel gekleidet: Bisher, in der Welt der Makrotechnologie, konnten wir mit Materie lediglich so umgehen wie ein Kind, das Boxhandschuhe trägt und versucht, aus Lego-Steinen komplexe Figuren zu bauen. Das gelingt natürlich nicht. Das Kind kann allenfalls die Steine verschieben, die Farben sortieren und Haufen bilden, mehr nicht. Wenn es aber die Boxhandschuhe abstreift, dann kann es bauen, was es will.

Die Nanotechnik kommt diesem Abstreifen der Boxhandschuhe gleich. Jetzt, so hoffen die Nanotechniker, können wir Atome und Moleküle beliebig verschieben und so miteinander verknüpfen und verschachteln, dass ganz neue Strukturen entstehen, welche in der Natur nicht vorkommen. Die Chemiker können heute zwar schon sehr viel, beherrschen das molekulare Design, wissen, wie sie die Verbindungen zwischen einzelnen Atomen gezielt zerstören oder aufbauen können. Aber bisher haben sie über keine Methode verfügt, die es ihnen gestattet, die Atome an ihren zugedachten Platz zu dirigieren. Stattdessen können sie nur die verschiedenen Substanzen einfach irgendwie zusammenbringen, vermengen, erhitzen, abkühlen, rütteln, schütteln, auflösen, verdampfen oder unter Druck setzen und darauf warten, dass sich die Atome und Moleküle dann irgendwie selbst organisieren und sich in der gewünschten Weise umgruppieren.

Wenn man aber die einzelnen Atome und Moleküle quasi anfassen und versetzen kann, dann entsteht eine völlig neuartige Chemie. Neue Werkstoffe mit wunderbaren Eigenschaften könnte man konstruieren, beispielsweise superharte und zugleich superleichte Materialien, mit denen sich das Gewicht von Autos, Schiffen, Lokomotiven oder Weltraumraketen drastisch reduzieren ließe. Schadstoffe ließen sich zu harmlosen Substanzen umbauen. Müll könnte – bildlich gesprochen – zu Gold gemacht werden. Der alte Traum der Alchimisten scheint von der Nanotechnologie demnächst überflügelt zu werden, denn was ist schon die Fähigkeit, Blei in Gold zu verwandeln, im Vergleich zu der Fähigkeit, alles aus allem machen zu können?

Immerhin macht uns die Natur seit Jahrmillionen vor, wie man mit den Bausteinen der Materie zaubern kann. Nehmen wir zum Beispiel Gras. Ein bisschen Erde, Luft, Wasser und Licht genügen, um Gras zu erzeugen. Und das erzeugte Gras erzeugt sich von selbst immer weiter, solange es genügend Luft, Wasser, Erde und Licht zur Verfügung hat. Die Software, also die Information, was der Grassamen wann und unter welchen Bedingungen zu tun hat, steckt in einem winzigen Korn, das gerade aus so viel Materie besteht, wie nötig ist, um die Software zu speichern und zum Arbeiten zu bringen.

Nun kommt ein Kalb daher und frisst das Gras. Von diesem Gras wird das Kalb größer und größer und gibt irgendwann Milch ab. Die Kuh ist also eine Nanofabrik, die Wasser und Gras zu Fleisch und Milch umbaut, gesteuert von der Software ihrer Erbsubstanz. Ein Huhn ist eine Nanofabrik, die Körner in

Eier und Fleisch umwandelt. Schaf-Software wandelt Gras in Fleisch und Wolle um, und in allen drei Fällen reproduziert sich jede dieser Nanomaschinen regelmäßig selbst.

Aus der Kuh kann man Steaks, Rindssuppe oder Hamburger machen. Sie sind das Ergebnis einer mehrmaligen Umstrukturierung von Atomen und Molekülen, die sich aus dem Zusammenwirken von Gras- und Kuh-Software ergibt unter Hinzunahme einfachster Materialien wie Erde, Wasser, Luft und Kuh-Eiweiß und ein bisschen Energie in Form von Sonnenlicht und Wärme. Warum können wir nicht, wie die Natur, Dreck zu Gras, Gras zu einer Kuh aufbauen und daraus weitere Kühe gewinnen?

Wir werden es bald können, versprechen die Nanotechniker. Wir werden Nahrungsmittel aus Abfall herstellen können, und wenn wir das geschafft haben, wird sich der Abfall von selbst in Nahrung verwandeln, so, wie das Leben sich immer wieder von selbst reproduziert. Wenn man erst einmal genau weiß, wie diese Umstrukturierung der Atome und Moleküle funktioniert und den Code der dafür nötigen Software kennt, dann kann man aus den billigsten Rohstoffen die fantastischsten Produkte herstellen. Dann können wir das, was die Natur kann, auch, und möglicherweise sogar noch mehr. Gelänge es, ein einziges Nanomaschinchen herzustellen, dann könnte es innerhalb von Stunden oder Tagen eine molekulare Armee hervorbringen, mit der man Raumschiffe, Häuser oder auch Nahrung für die gesamte Menschheit produzieren könnte.

Schon gibt es erste Unternehmen, die damit Ernst machen wollen. In Dallas in Texas versucht die Zyvex Corporation, einen Assembler zu bauen, eine Art universeller, automatischer Baukasten. Er soll mit chemischen Ausgangsprodukten und einem Computerprogramm gefüttert werden und der Anweisung, was er daraus herstellen soll. Der Assembler zerlegt dann die Ausgangsprodukte in seine atomaren Bestandteile und baut aus ihnen das gewünschte Produkt.

Nanotechnologie sei ein Verfahren, das uns ermöglicht, alles herzustellen, was wir bisher auch schon herstellen, jetzt aber billiger, präziser, widerstandsfähiger und in größerer Reinheit als bisher, versprechen die Nanotechnologen, und darüber hinaus werden wir ganz neue Dinge herstellen, deren Konstruktion bisher weder der Natur noch dem Menschen gelungen ist.

Eine eminent wichtige Rolle wird die Nanotechnik für die Gentechnik spielen. Daraus könnte sich eine Nanomedizin entwickeln. Komplexe Moleküle würden zunächst am Computer designt, dann in der Nanomaschine tatsächlich hergestellt und könnten dann wie kleine Chemiefabriken arbeiten, sich an Krebszellen andocken und diese unschädlich machen oder im Körper zu festgesetzten Zeiten an festgelegten Stellen gezielt ein Medikament freisetzen. Oder die Nanotechnologie wird Skalpelle und andere Instrumente hervorbringen, die klein sind im Vergleich zu einer Zelle und darum auf molekularer Ebene feinste Operationen innerhalb der Zelle ermöglichen.

Neben der Medizin werden natürlich auch andere klassische Wissenschaften und Technologien durch die Nanotechnologie revolutioniert. Die Mikroelektronik beispielsweise wird sich zur Nanoelektronik weiterentwickeln. Sie wird die Miniaturisierung elektronischer Schaltungen noch einmal um ein Vielfaches weitertreiben und Nanocomputer ermöglichen, deren Rechenleistung, Speicherfähigkeit und Tempo die Leistung heutiger Computer um mehrere Zehnerpotenzen übertreffen.

Mit der Nanomechanik wird es uns gelingen, unsichtbar kleine Propeller, Zahnräder, Sensoren, Aktoren und Motoren zu bauen, und mit der Nanoelektronik werden wir sie programmieren und steuern. Sich selbst reproduzierende Nanoroboter in Zellengröße werden das Ergebnis sein. Sie können dann in Molekülen nach unseren Plänen Atom für Atom versetzen, auch in lebenden Zellen, im Erbgut, in unserem Körper. Sie werden defekte Zellen reparieren. Das heißt: Wir werden das Alter besiegen. Und den Tod.

Mit der Nanotechnologie, so lautet die Verheißung, bekommen wir die Kontrolle über Atome und Moleküle. Mit dieser Kontrolle und unserem Wissen über Physik, Chemie, Biologie, Werkstoffkunde und Technik wird uns nichts mehr unmöglich sein. Wir werden die Schöpfer neuer Welten und damit nicht mehr nur gottähnlich, sondern gottgleich sein. Wir werden allmächtig sein. Ein goldenes Zeitalter steht uns bevor.

Unsterblichkeit ist machbar

Es ist ernst gemeint: Eine wachsende Zahl amerikanischer Top-Wissenschaftler glaubt, dass es ein Leben nach dem Tode gibt. Die vage christliche Hoffnung auf eine fröhliche Auferstehung, die nur mit viel gutem Willen des lieben Gottes klappen kann, ist damit allerdings nicht gemeint. Vielmehr geht es um eine todsichere, eine großtechnische Lösung, für die wir eines gnädigen, allmächtigen Gottes nicht mehr bedürfen. Die Auferweckung von den Toten, gar die Verhinderung von Krankheit, Alter und Tod – das können wir demnächst selbst. Das ist die gute Nachricht.

Die schlechte lautet: Erleben werden das Leben nach dem Tod nur jene, denen die Gnade einer späten Geburt gewährt wurde, und auch nur, wenn sie sich ein wenig anstrengen: regelmäßig Bodybuilding, viel frische Luft, kein Rauch, kein Schnaps, kein Fett, Sex nur in Maßen und natürlich mit Kondom. Die Nahrungsaufnahme sollte man um ein Drittel reduzieren, denn zumindest bei Mäusen und Ratten führt diese Begrenzung des Stoffwechsels zu einer um ein Drittel höheren Lebenserwartung, hat Richard Weindruch von der Universität Wisconsin herausgefunden.

Die früher Geborenen sollten vorsorglich weiter auf den lieben Gott vertrauen, sich aber auf jeden Fall auch um ein Grab in flüssigem Stickstoff kümmern. Solchermaßen tiefgekühlt bleibt eine Leiche über Jahrhunderte frisch – das Fegefeuer gerät also zu einer äußerst coolen Angelegenheit – bis zu dem Tag, an dem es technisch möglich sein wird, in die aufgetaute Leiche Heerscharen winzigster Roboter zu schleusen, welche sich daran machen, alle zerstörten Zellen zu reparieren, und so der Leiche neues Leben einhauchen. So ungefähr lässt sich der Stand der Entwicklung des Prometheus-Projekts zusammenfassen.[46]

All jene, die nicht mehr erleben werden, wie sich selbst reproduzierende Nano-Zellreparatur-Roboter in alte, kranke oder tote Körper dringen und durch millionenfache Zellreparatur den alten Leib wieder jung machen, den kranken gesund und den toten lebendig, diese unglücklichen Zufrühgeborenen kann man in Kalifornien dabei beobachten, wie sie verzweifelt versuchen, ihr Leben zu verlängern, um die Erfindung der Nanoroboter doch noch zu erleben.

Zu ihrer täglichen Lektüre gehört die Website des Aeiveos Instituts[47], das alles weiß über lebensverlängernde Maßnahmen. Dort haben sie von Weindruchs Radikaldiät für Ratten und Mäuse gelesen und schließen daraus, dass eine Verlangsamung des Stoffwechsels auch ihr Leben verlängert. Also hungern sie. Sie haben gelesen, wie vorteilhaft sich hohe Vitamindosen auf das Lebensalter auswirkt, also schütten sie massenhaft Vitaminpillen in sich hinein. Sie haben gelesen, dass Sport das Leben verlängert, also rennen sie um ihr Leben. Vielleicht, so hoffen die heute Zwanzig- bis Dreißigjährigen, werden wir auf diese Weise hundertzwanzig Jahre alt oder noch älter. Mit solch einer supergesunden Lebensführung und unter Anwendung der jeweils allerneuesten Erkenntnisse und Methoden der konventionellen Medizin, die ja auch rasch fortschreitet, müsste es doch gelingen, die technische Machbarkeit des ewigen Lebens doch noch zu erleben.

Und wenn die hundertzwanzig Jahre doch nicht reichen oder man aufgrund eines tödlichen Unfalls vorzeitig aus dem Leben scheiden muss? Für diesen Fall tragen die Nanogläubigen ein Kettchen um Arm oder Hals, auf dem der behandelnde Arzt angewiesen wird, sofort die Firma Alcor in Arizona anzurufen. Alcor ist eine der Institutionen, die tote Menschen einfrieren. »Kryonische Suspension« nennt sich das. Für hundertzwanzigtausend Dollar wird der Verstorbene komplett in flüssigen Stickstoff eingelegt. Wer es billiger haben will, der kann auch lediglich den Kopf konservieren lassen – zum Preis von fünfzigtausend Dollar.

Irgendwann, wenn die Technik so weit ist, werden die Eisleichen dann aufgetaut, die Nanoroboter hunderttausendfach hineingeschleust, und nach erfolgter Reparatur soll die Leiche dann wieder leben. Die von den Toten Auferweckten werden dann mit einer Generation glücklicher Menschen zusammenleben, die nicht mehr altert und nicht mehr krank wird, denn die Nanoroboter schwirren nun schon zu Lebzeiten im Körper herum, um den Verfall der Zellen zu stoppen.

Das ist alles ernst gemeint. Ein paar tausend Leute auf dieser Welt – überwiegend Amerikaner, fast alle weiß, Angehörige der Hightech-Intelligenz, Programmierer, Webmaster, Systemadministratoren, Mathematiker, Physiker, Mediziner, Informatiker, Robotiker und NASA-Techniker – kommen regelmäßig in Kalifornien zusammen, um sich über die neuesten Fortschritte in der Kryotechnik, der Gentechnik und der Nanotechnologie zu informieren, denn diese drei Technologien sind es, die irgendwann das ewige Leben garantieren werden.[48]

Die Technik-Chiliasten nennen sich »Extropianer«. Das Kunstwort soll die Verachtung für die Entropie ausdrücken, jene physikalische Größe, die für die der Materie innewohnende Tendenz zu Unordnung, Tod und Zerfall steht. Der Erforscher der Künstlichen Intelligenz, Marvin Minski vom renommierten MIT, zählt sich ebenso zu den Sympathisanten der Extropianer wie der berühmte Computerforscher Hans Moravec oder die Nanotechnologen Ralph C. Merkle und Eric Drexler.

Marvin Minsky sagt, er sehe keinen Grund, warum die Menschen nicht Tausende von Jahren oder auch ewig leben sollten. Wir stünden kurz davor, zu verstehen, wie das Gehirn funktioniert und die Zellen, und dann könnten wir diese Teile ersetzen oder langlebiger machen. Im Übrigen sei es nicht sehr interessant, mit Menschen zu diskutieren, die blind daran glauben, dass alles so bleiben wird, wie es heute ist.

Ob Minsky und all die anderen klugen Köpfe wirklich alles selber glauben, was sie sagen, weiß man nicht. Es könnte auch sein, dass ihr Gerede vor allem Marketing ist, denn wer so redet wie sie, wird berühmt, und wer berühmt ist, tut sich leichter mit der Akquisition von Forschungsgeldern und dem Verkauf seiner Bücher. Ob sie sich selber glauben oder nicht, ist aber inzwischen auch schon egal, denn sie haben ihre Fan-Gemeinden gefunden, und die glauben alles, was sie sagen, und treffen sich seit 1996 jedes Jahr einmal zu einer Konferenz der Extropianer.

Dort lauschen sie den Vorträgen ihrer Gurus über neueste technisch-wissenschaftliche Entwicklungen, schwärmen von der Überwindung der biologischen Fesseln des menschlichen Lebens, entwickeln die Philosophie des Übermenschen und bestärken einander in dem Glauben, den eines ihrer Mitglieder einmal so formuliert hat: »Wir fordern das Recht, ewig zu leben. Der Tod ist die größte Unwürde. Zur Hölle mit der Natur!«

Sterben ist menschlich, sagen sie, aber wo steht geschrieben, dass wir menschlich bleiben müssen? Stattdessen werde sich der menschliche Geist von seiner hinfälligen biologischen Hülle befreien und in künstlichen Körpern, elektronischen Gehirnen und virtuellen Datenwelten weiterleben – in alle Ewigkeit, zumindest aber bis zum Ende des Universums.

Das Leben in einem selbst geschaffenen künstlichen Körper erscheint den Extropianern als die bessere Alternative, denn selbst wenn man den Verfall des biologischen Körpers stoppen kann, bleibt er doch ein unzuverlässiges Trägermaterial, kann bei einem Unfall, einer Explosion, einem Erdbeben oder einer Sturmflut innerhalb einer Sekunde zerstört, zerfetzt oder einfach weggespült werden. Zerfetzte oder verschwundene Körper können aber auch die Nanoroboter nicht mehr zusammenflicken.

Deshalb denken die Extropianer lange und ausdauernd darüber nach, wie sich das Bewusstsein, das Wissen, das Gedächtnis und die Individualität eines Menschen aus dessen Gehirn auf ein elektronisches Speichermedium kopieren lassen. Erste Hardware-Versionen eines derartigen »Seelenfängers« wurden bereits entwickelt, meldete *Business Week*.[49] Das Leben eines Menschen könnte mithilfe winziger Videokameras aufgezeichnet werden, die in einem Brillengestell platziert und mit der neuesten Festplatte von IBM verbunden werden. Sie ist ungefähr so groß ist wie eine Zehn-Pfennig-Münze und kann dreihundert MB Daten speichern – das wäre der Datenbestand eines Monats. IBM entwickelt darüber hinaus eine Software, mit der Video-Inhalte automatisch in einem Index erfasst werden können, so dass der Benutzer in der Lage wäre, die Video-Informationen zu einem speziellen Punkt seines Lebens auf einfache Weise abzurufen. Im Jahr 2099 könnte dann ein »Seelenerzeuger« in der Lage sein, die vorliegenden Daten auszuwerten und die Gedanken und Gefühle einer Person zu rekonstruieren.

Geht der Plan auf, könnte man sich die aufwändige Reparatur der Milliarden Zellen, aus denen ein Mensch besteht, sparen. Der Mensch könnte dann in einem dauerhaften Körper aus Silizium, Stahl und Kunststoff ewig weiterleben und, da er außer elektrischer Energie weder Sauerstoff noch Nahrung bräuchte und gegen Hitze, Kälte und Strahlung wenig empfindlich wäre, sogar auf dem Mond, der Venus oder in fernen Galaxien weiterleben.[50] Er wäre dann nicht mehr das, was man heute unter »Mensch« versteht, sondern wäre nach dem Verständnis seiner geistigen Väter die nächsthöhere Stufe der Evolution, die Überwindung des Menschen.

Was man davon halten soll? Es ist nicht alles Science-Fiction, was Amerikas Techno-Enthusiasten so ausbrüten.

Am Anfang unserer naturwissenschaftlich-technischen Erfolge standen die Alchimisten. Ihr Ziel, die Verwandlung von Blei zu Gold, haben sie so wenig erreicht wie das von ihnen schon gesuchte Mittel zur Unsterblichkeit.

Wurde das Ziel auch nie erreicht, so waren die Wege und Irrwege zu diesem Ziel doch höchst ergiebig, denn die vielen fehlgeschlagenen Versuche lieferten etwas viel Wertvolleres als Gold: Wissen über die Welt, Erfahrung im Umgang mit Raum, Zeit und Materie. Aus der Systematisierung dieser Erfahrung entstanden die Naturwissenschaften und die Technik, die jetzt durch Mikroelektronik, Informatik, Kybernetik, Nanotechnologie und Gentechnik in ein neues Stadium treten. Der Versuch, mithilfe dieser Technologien alles aus allem zu machen, Unsterblichkeit zu erreichen und ein goldenes Zeitalter zu schaffen, wird scheitern, aber wie die Alchemie viele Überraschungen und nicht erwartete Früchte bringen.

Und wenn es doch gelingen sollte, dann werden die Übermenschen in ihren künstlichen Körpern in den fernen Galaxien einander einen alten Mythos erzählen, den Mythos von ihrer Abstammung. Sie seien die Abkömmlinge ausgestorbener Wesen, die aus Fett, Eiweiß und Wasser bestanden und auf einem versunkenen Planeten namens Erde gelebt haben, einem irdischen Paradies. Dort seien ihre glibberigen Vorfahren zwar sterblich gewesen, aber sie lebten dennoch in einem goldenen Zeitalter, denn sie hatten über etwas verfügt, was ihnen, den Nachkommen, heute fehle und wonach sie immer suchen werden: ein kleines, unscheinbares Programm, das kein Mensch und auch kein Übermensch wieder herstellen kann.

Dieses kleine Programm, das die Menschen bei ihrer selbst gemachten Mutation zum Übermenschen kaum beachtet hatten, müsse über einen eingebauten Kopierschutz verfügt haben, der sich von den besten Spezialisten nicht knacken ließ. Es habe sich allen Versuchen, es zu kopieren, widersetzt. Die Menschen hätten dann, weil ihnen das Programm sowieso als so überflüssig wie ihr Blinddarm erschienen war, bei ihren zahlreichen Experimenten zur Selbstüberwindung einfach darauf verzichtet, es zu kopieren. Beim letzten Versuch sei dieser »Wurmfortsatz« versehentlich zerstört worden, was als unbedeutende Nebenwirkung abgehakt worden sei, denn der nun entstandene Übermensch funktionierte auch ohne dieses Programm.

Er ist seitdem unsterblich, frei von Leid, Alter und Schmerz, unabhängig von Nahrung, Sex, Wasser und Luft, und sein Gedächtnis und seine Intelligenz nehmen ständig zu in einem Ausmaß, das die geistigen Leistungen der größten menschlichen Genies wie kleine Wichte erscheinen lässt.

Allerdings haben alle Übermenschen bis heute das Gefühl, dass ihnen etwas Wichtiges fehlt. Sie vermuten, es sei dieses kleine Programm. Die irdischen Vorfahren nannten es »Menschenwürde«. Alle Versuche, es neu zu programmieren, sind bisher fehlgeschlagen. Einmal, so glauben sie, wird es gelingen, und dann werden sie erlöst sein.

Besuch der alten Dame[1]

Güllen, eine Kleinstadt irgendwo in Mitteleuropa, steht vor dem Ruin. Die Leute sind arm, arbeitslos und ohne Hoffnung. Doch plötzlich naht die Rettung. Die Ölmilliardärin Claire Zachanassian, die selbst aus Güllen stammt, hat ihren Besuch angekündigt. Alle sind sicher: Sie wird uns helfen. Das will sie auch. Doch die alte Dame stellt eine Bedingung. Sie fordert Gerechtigkeit. Ihre Gerechtigkeit. Die Kleinstädter sollen den Krämer Alfred Ill ermorden. Das ist die Rache dafür, dass der Krämer vor fünfundvierzig Jahren seine damalige Freundin Claire verleugnete, als sie ein Kind von ihm erwartete, deshalb die Stadt verlassen und sich fern ihrer Heimat prostituieren musste, um sich und ihr Kind durchzubringen. Später wurde sie dann reich durch Heirat, und diesen Reichtum setzt sie nun ein, um ihr Verständnis von Gerechtigkeit durchzusetzen.

Natürlich weisen die braven Bürger von Güllen das Ansinnen der alten Dame entrüstet zurück. Der Bürgermeister spricht für seine Bürger: »Noch sind wir in Europa, noch sind wir keine Heiden. Ich lehne im Namen der Stadt Güllen das Angebot ab. Im Namen der Menschlichkeit. Lieber bleiben wir arm denn blutbefleckt.«

Aber die Not ist groß und noch größer die Hoffnung, dass sich vielleicht doch etwas arrangieren ließe. So ernst wird sie es mit ihrer Forderung ja wohl nicht meinen, denken sich die Güllener, wollen mit ihr verhandeln, können nicht glauben, dass ihre ehemalige Mitbürgerin sie wirklich hängen lässt, und beginnen, auf großem Fuß zu leben, machen Schulden im Vertrauen darauf, dass sich alles schon irgendwie regeln lässt.

Doch dieses Wunschdenken geht nicht auf. Die alte Dame beharrt darauf: Geld wird nur fließen, wenn zuvor Blut fließt, das Blut von Alfred Ill. Und da kippt die Stimmung in der Stadt allmählich um – nicht zulasten der unmenschlichen Alten, nein, zulasten von Alfred Ill. Hat er sich sein Schicksal nicht selbst zuzuschreiben?, fragen die Bürger plötzlich. War sein Verhalten nicht schweinisch? Hat das gedemütigte Mädchen von damals nicht einen Anspruch auf Sühne?

Es beginnt der Prozess des Umdefinierens. Die Güllener zeigen, wie man sich die Wirklichkeit zurechtlügen kann, wenn man die Begriffe nur genügend lange hin und her wendet. Die Güllener lehren, was zu tun ist, wenn man seinen Egoismus und seine wirtschaftlichen Interessen mit der Moral in Einklang bringen möchte. Die Güllener wühlen in der großen Kiste der Rechtfertigungs-Schablonen, finden Fertigteile wie »Willen zur Gerechtigkeit« oder »notwendiges Opfer für die Allgemeinheit«, und auf einmal kommt eine Eigengesetzlichkeit in Gang, die schier unaufhaltsam auf die Katastrophe zusteuert. Wie von selbst wird aus Unrecht Recht, und am Ende ermorden die braven Güllener ihren Mitbürger während einer Ratsfeier. Dass sie »im Namen der Menschlichkeit lieber arm denn blutbefleckt bleiben« wollten, das war ein feierliches Lippenbekenntnis. Und sie wissen: Es wird weder Kläger noch Richter geben. »Tod durch Herzschlag« diagnostiziert der Arzt. »Tod aus Freude« schlagzeilt die Lokalzeitung. Und die Bürger von Güllen lebten in Wohlstand, aber mit einer Leiche im Keller.

Der Philosoph Robert Spaemann hat den *Besuch der alten Dame*, dieses Stück von Friedrich Dürrenmatt, vor ein paar Jahren aufgegriffen, als hierzulande über den Sonntag diskutiert wurde und über die Frage, was es die Wirtschaft koste, sonntags die Maschinen abzuschalten.

Wer fragt: »Was kostet uns der Sonntag?«, der hat, so sagt Spaemann, den Sonntag bereits zum Abschuss freigegeben. Dieser als Frage verkleidete Anschlag auf den Sonntag wirke wie der Anschlag der alten Dame in Dürrenmatts Stück. Die Menschen in diesem Stück beginnen sich nach einiger Zeit mehr unbewusst als bewusst zu fragen, was sie das Leben dieses Mannes eigentlich kostet, sagt Spaemann, und in dem Augenblick sind die Würfel gefallen, ist der Mann verloren. Dieselbe ökonomistische Denkweise stellt bei uns nun den Sonntag in

Frage und hält das für eine revolutionäre Tat im Namen des Fortschritts und der Freiheit.

Und es ist kein Zufall, dass der Sonntag ausgerechnet wegen jener Technik zum ersten Mal in Frage gestellt worden ist, die jetzt unsere Welt umpflügt: Es war der BDI-Chef Hans-Olaf Henkel, der in Deutschland den Kampf gegen den Sonntag eröffnete. Damals war er noch der Deutschland-Chef von IBM in Stuttgart und klärte die Welt darüber auf, dass die Produktion von Mikrochips ein kontinuierlicher Prozess sei, den man nicht unterbrechen dürfe. Unterbreche man ihn aber doch, weil sonntags nicht gearbeitet werden darf, dann steige am Montag der Ausschuss stark an, und man müsse mit höheren Preisen für die Mikrochips kalkulieren, könne daher nicht mehr gegen die anderen Hersteller in Asien und Amerika konkurrieren, wo selbstverständlich sonntags gearbeitet werde, und so bekam Henkel seine Ausnahmegenehmigung für die Sonntagsarbeit.

Das war der Beginn der Standort- und Globalisierungsdebatte, und schon damals zeichnete sich ab, was heute zur Gewissheit wird: Die hypermoderne Hightech- und Informationsgesellschaft kann sich den Sonntag nicht mehr leisten, muss zurück in jene vorkulturelle Zeit, in der die Barbarei geherrscht hat.

Deshalb verbündet sich die Informationsgesellschaft mit der von ihr selbst kreierten Spaß-, Comedy- und Konsumgesellschaft, die fragt: Was ist denn schon dabei, wenn sonntags die Läden öffnen? Wir sind eine Gesellschaft freier Bürger. Wenn wir sonntags einkaufen wollen, soll man uns lassen. Im Übrigen hat der Sonntag als Tag des Kirchgangs längst ausgedient. Es sind doch nur noch vernachlässigenswerte Minderheiten, die mit dem Sonntag noch einen christlichen Sinn verbinden. Beim Rest der Sonntagsheiliger handelt es sich um Scheinheilige, um Interessenvertreter des Handels und einiger Arbeitnehmergruppen.

Deshalb muss jetzt das Sunday-Shopping zu einem schicken Grund- und Freiheitsrecht umgelogen und die Feiertagsheiligung auf ein Ladenschlussproblem reduziert werden. Auf diese Weise kann man davon ablenken, dass der Sonntag für mehr steht als nur einen arbeitsfreien Tag. Er steht, sagt Spaemann, als eine Chiffre für vieles, was unsere Kultur, unsere christlich-abendländische Zivilisation, ausmacht: Dazu gehört alles Humane, alles Recht, alles Soziale, was dem der Wirklichkeit innewohnenden großen Trend zum Inhumanen, zur Barbarei und zum Recht des Stärkeren abgetrotzt werden musste, also auch all das, wodurch Alte, Kranke, Behinderte, Familien mit Kindern oder allein erziehende Mütter und Väter geschützt werden.

Nicht der Ladenschluss steht zur Debatte, sondern die humanistische Tradition des Westens. Die humanistische Zivilisation soll durch eine ökonomistische ersetzt werden. Darum geht letztlich der Streit, und der verkaufsoffene Sonntag ist das Symbol für diesen Kulturkampf.

Wer fragt, was der Sonntag kostet, hat ihn bereits in einen Arbeitstag verwandelt und den Gewinn berechnet, der uns entgeht, wenn wir ihn ungenutzt verstreichen lassen, argumentiert Spaemann. Und damit ist der Sonntag zerstört. Der Sonntag ist nämlich gerade dadurch Sonntag, dass er nichts kostet und ökonomisch nichts bringt.

Ökonomisten wenden hier ein: Wir leben nicht mehr auf einer isolierten Insel der Seligen. Unsere Wirtschaft ist weltweit verflochten, und wenn anderswo die Maschinen rund um die Uhr laufen, können wir es uns nicht mehr leisten, die Maschinen bei uns abzuschalten, andernfalls gehen unsere Unternehmen über kurz oder lang Pleite, damit auch die Arbeitsplätze, und dann ist jeden Tag Sonntag. Wenn es also neue Produktionsmethoden gibt, die eine Unterbrechung der Produktion verlustreicher machen als bisher, und wenn in anderen Ländern deshalb am Sonntag gearbeitet wird, dann können wir zwar weiter den Sonntag heiligen, dürfen uns aber nicht beschweren, wenn wir uns den Sonntagsbraten nicht mehr leisten können.

Wer so redet, hat natürlich den wirtschaftlichen Sachverstand auf seiner Seite, nur soll er dann aber gleich dazu sagen, dass für ihn andere als ökonomische Werte nicht mehr gelten. Und das bis zur Unkenntlichkeit strapazierte Attribut »christlich« oder »human« lässt sich auf diese bereitwillige Unterwerfung unter wirtschaftliche Sachzwänge auch von den größten Interpretationskünstlern nicht mehr anwenden. Es nützt auch nichts, auf Jesus zu verweisen, der einmal gesagt hat, natürlich dürfe man eine Kuh nicht ertrinken lassen, nur weil Sabbat ist. Auch der Verweis auf die Bauern, die sonntags ihr Korn einfahren, nützt nichts. Im Gegenteil. Beide Beispiele bestätigen das Gebot der Sonntagsheiligung. Jesus hat nichts weiter gesagt als: Der Sabbat muss geheiligt werden, aber es gibt Ausnahmen. Wer eine Kuh um eines abstrakten Prinzips willen opfert, heiligt das Prinzip nicht, sondern schändet es.

Dieser Ausnahme waren sich die Bauern stets bewusst, wenn sie sonntags das Korn ernteten. Dafür gingen sie im Winter umso häufiger in die Kirche. Die Geschäftemacher aber wollen weg von der Sonntagsheiligung, wollen die Ausnahme zur Regel, den Sonntag zum Arbeitstag, das Leben zum Alltag machen, angeblich weil die wirtschaftlichen Zwänge es erfordern, in Wahrheit weil man sich der Anstrengungen und Zumutungen der christlich-abendländischen Kultur entledigen und eine neue Kultur oder Unkultur des Konsumismus und Ökonomismus installieren will. Verschwindet der Sonntag, dann verschwindet das letzte christliche Rudiment, und die Arbeitgeber, Aktionäre und Investoren können sagen: Die Wirtschaft muss geheiligt werden, und davon gibt es keine Ausnahmen.

Zum scheinbar unschlagbaren Argument der Sachzwang-Ideologen sagt Spaemann übrigens, für freie Wesen gebe es so etwas wie Sachzwänge überhaupt nicht. In jedem vorgebrachten Sachzwang stecke verborgen bereits ein von bestimmten Wünschen, Präferenzen und Wertungen geleiteter Wille. Wem der Feiertag nicht mehr heilig ist, der sieht natürlich einen Zwang, ihn abzuschaffen, wenn die Produktionsunterbrechung teuer ist.

Spaemann verallgemeinernd heißt das: Wer soziale Gerechtigkeit nicht als einen ethischen Wert, sondern nur als Investitionshemmnis betrachtet, muss soziale Gerechtigkeit abschaffen. Wer in Arbeitnehmerschutzrechten nur ein Wettbewerbshindernis zu sehen vermag, muss sie beseitigen. Wem Ökosteuern als geschäftsschädigend erscheinen, der muss sie verhindern. Wer den Jugendschutz, die Volksgesundheit oder den Anspruch auf Bildung, Aufklärung und Information als Überregulierung des Medienmarktes und nicht als Kulturauftrag aller Medien betrachtet, fordert die Abschaffung dieser die Freiheit des Unternehmers einschränkenden »Zensur«. Wer Arbeit für eine bloße Ware hält und nicht für ein Grundrecht, der muss den Lohn so weit drücken, wie es der Markt hergibt, und der darf seine Angestellten guten Gewissens in die Arbeitslosigkeit entlassen, wenn die Maßnahme mit explodierenden Gewinnen und Aktienkursen honoriert wird. Wer Gewinnmachen als den alleinigen Sinn des Wirtschaftens begreift, muss alles, was das Gewinnmachen behindert, als Unsinn begreifen, auch die Demokratie, auch unsere Verfassung.

Theoretisch lassen sich alle diese »weichen« Werte – soziale Gerechtigkeit, Gesundheit, Ökologie, Arbeitnehmerschutz, Jugendschutz – in harte Währung umrechnen, und das wird auch gemacht, wie zum Beispiel vom VPRT, der ausrechnen ließ, dass Werbeverbote für Alkohol, Autos und Kinderprodukte die Medien in Deutschland 6,7 Milliarden Mark kosten werden, wenn sie denn kommen. Wer so rechnet, ist schnell bei Begriffen wie »Sozialluxus«, »Überregulierung«, »Besitzstandswahrung« oder »Traditionalismus«.

Die ökonomistische Sichtweise wird sich weiter entwickeln. Wir werden noch erleben, dass Menschen einfach deshalb geklont werden, weil es eine Nachfrage dafür gibt und weil für die Forschung und Entwicklung schon so viele Milliarden verpulvert worden sind, dass sie unbedingt wieder hereingeholt werden müssen. Wir werden erleben, dass Embryonen nach den Vorgaben der Eltern zurechtmanipuliert werden, denn »dem Leben als Maschine, als System, als Produkt und als Ware folgen Wünsche nach Gestaltbarkeit, Kontrolle, Effizienz und Perfektion, auch nach Schönheit. Schon jetzt gehen in den USA Eltern vor Gericht und klagen Mediziner an, wenn ihr Produkt, das Kind, nicht richtig ›designt‹ ist, wenn sie ›ungerechtfertigtes‹ Leben haben entstehen lassen.«[2] Wir werden auch erleben, dass private Krankenversicherungen Rabatte gewähren für Kunden, die sich einem Gentest unterziehen und nachweisen, frei von Erbkrankheiten zu sein. Die anderen, die sich weigern oder den Nachweis nicht erbringen können, werden dann eben nicht mehr versichert und fallen der gesetzlichen Versicherung zur Last, falls es staatliche Versicherungen bis dahin überhaupt noch gibt. Am Ende werden wir die Zweiklassenmedizin haben, die den Reichen länger leben lässt, und die Menschenwürde wird von der Kassenlage abhängen – es sei denn, die Sonntagsredner der Parteien und die Verkünder christlich-abendländischer Werte nehmen sich endlich selbst beim Wort und gebieten dem Trend zum Wirtschaftstotalitarismus Einhalt.

Wäre die CSU tatsächlich so christlich, wie sich ihre Repräsentanten bei ihrer Demo für das Kruzifix in Schulen gefeiert haben, dann müsste der Sonntag – auch als Chiffre für christlich-abendländische Werte – für die CSU unantastbar sein, und die Bischöfe hätten die Kirchenglocken läuten und mit der CSU die Frage stellen müssen: Wie lösen wir unsere Produktionsprobleme unter der Voraussetzung, dass bestimmte Werte unserer Kultur nun einmal nicht zur Disposition stehen? Warum, so könnte man ja fragen, entwickelt man überhaupt Produktionsmethoden, die nur unter der unakzeptablen Voraussetzung der Wertezerstörung realisiert werden können?

Oder man könnte überlegen: Wenn unsere Mikrochips in Europa wegen der sonntäglichen Produktionsunterbrechung etwas teurer ausfallen als die der asiatischen und amerikanischen Konkurrenz, dann machen wir eben die europäischen Grenzen für Chips aus Asien und Amerika dicht. Dann dürfen in Europa nur europäisch hergestellte Chips verwendet werden.

Da schreit natürlich der herrschende Zeitgeist laut und empört auf, das sei Protektionismus und eine Sünde wider den liberalen Geist und den Freihandel, aber man wird sich entscheiden müssen, welches Gut man höher schätzt: den Freihandel oder die Kultur. Im Übrigen wäre es Asiaten und Amerikanern unbenommen, in Europa Chip-Fabriken zu bauen und hier gegen europäische Chip-Hersteller zu konkurrieren. Aber am Sonntag blieben alle Chip-Fabriken geschlossen. Damit wäre wenigstens innerhalb Europas die Wettbewerbsgleichheit wieder hergestellt. Das ließe sich machen, wenn man wollte. Das würde man tun, wenn man sich in Europa noch bewusst wäre, dass wir nicht vom Brot allein leben, dass hinter dem Sonntag ein tiefer Sinn steht und dass der Sonntag eine große kulturelle Errungenschaft ist.

Aber in den Ohren der kämpfenden Manager-Truppen der Wirtschaft klingen solche Überlegungen natürlich so realitätsfremd, als kämen sie von einem anderen Stern. Eine Kaste, die sich das Zusammenleben der Völker auf diesem Erdball auch im Informationszeitalter, in der Hightech-Gesellschaft und wohl für alle Zeit nur in den Kategorien der Macht vorstellen kann – Herrschen oder Beherrschtwerden, Gewinnen oder Verlieren, Befehlen oder Gehorchen, Hammer oder Amboss sein –, kann natürlich nicht an die Vorstellung glauben, dass sich die Bürger dieser Welt aus freien Stücken für eine Wirtschaftsordnung entscheiden könnten, die nicht vom Markt und Aktionärsinteressen, sondern von humanitären Normen und kulturellen Werten gesteuert wird.

Man muss aber zugeben: Es sind nicht nur die Manager und Investoren, die vergessen haben, worin der Sinn des Sonntags liegt. Es ist auch der ganz normale Konsum- und Freizeitmensch, der an den verkaufsoffenen Sonntagen die Läden stürmt, und es ist der ganz normale Kleinaktionär, der sich freut, wenn der Kurs seiner Aktie immer weiter steigt. Für die Performance der eigenen Wertpapiere kann man dann schon einmal ein paar Werte, die nur auf dem Papier des Grundgesetzes oder in unseren Ethikbüchern stehen, über die Klinge springen lassen.

Es hat daher nicht viel Sinn, als Kirche die Politiker zu bedrängen, doch bitte für Sonntagsruhe zu sorgen. Wenn die das tun, das Volk aber dagegen murrt, dann wäre das ein Pyrrhussieg für die Kirche. Eine Feiertagsheiligung, die nur pro forma und aufgrund gesetzlichen Zwangs erfolgt, ist keine.

Den Sonntag so zu verteidigen, als wäre man eine x-beliebige Lobby, reicht nicht. Vom Staat zu verlangen, etwas gegen den Willen oder auch nur die Gleichgültigkeit großer Teile der Bevölkerung durchzusetzen, weil man als Kirche selber zu schwach ist, das Gefühl für den Sinn des Sonntags zu erhalten oder neu zu wecken, ist sinnlos. Wenn die Kirche die Sonntagsruhe erhalten will, dann muss sie ihre Mitglieder mobilisieren und machtvoll demonstrieren, dass sie eine große Mehrheit, zumindest aber eine starke Minderheit hinter sich weiß.

Doch diese Mobilisierung scheint nicht zu gelingen, wie sich bei der Abschaffung des protestantischen Buß- und Bettags als Feiertag gezeigt hat. Dieser einst arbeitsfreie Mittwoch im November war von der christlich-liberalen Koalition gestrichen worden, um die erste Stufe der Pflegeversicherung finanzieren zu können. Dagegen gab es zwar Proteste der evangelischen Kirche, aber sehr laut waren sie nicht, jedenfalls nicht so laut, dass es die Politiker beeindruckt hätte. »Ein Lehrstück für den zunehmenden Bedeutungsverlust der evangelischen Kirche«, klagte der Bischof der berlin-brandenburgischen Landeskirche, Wolfgang Huber, und bemerkte scharfsichtig, dass es heute für die Politik »weit ungefährlicher geworden ist, sich mit den Kirchen anzulegen als mit den Arbeitgeberverbänden und den Gewerkschaften«. Und es sei für die Politik noch einmal harmloser, sich mit einer Kirche anzulegen als mit beiden, und wiederum falle es leichter, »das evangelische Interesse zu übergehen als das katholische«.[3]

Warum aber ist es so? Weil den Kirchenleitungen längst ihre Basis abhanden gekommen ist. Sie haben zwar noch viele Mitglieder, aber nur wenige, die sie auch mobilisieren können, und wenige, denen der Sonntag und die christlichen Feiertage mehr bedeuten als nur Freizeit. Diese Tatsache ist durch Gesetze nicht mehr aus der Welt zu schaffen, sondern, wenn überhaupt, nur noch durch die langwierige, engagierte Überzeugungsarbeit der Wenigen, die noch wissen, was der Sonntag eigentlich ist, und deshalb darunter leiden, dass er sich in Freizeit auflöst.

Eine Chance, diesen Kampf vielleicht doch noch zu gewinnen, besteht überhaupt nur, wenn er in den übergeordneten Kampf gegen den Ökonomismus eingeordnet und der Gesellschaft deutlich gemacht wird, dass der Sonntag für mehr steht als nur den Sonntag, dass er die Chiffre ist für das Soziale, das Humane und vor allem für das, was wir nicht selber machen können, sondern was die Voraussetzung dafür ist, dass wir überhaupt etwas erwirtschaften können. Dazu muss sich die Kirche mit jenen verbünden, die schon lange nicht mehr die Sonntagsgottesdienste besuchen, aber trotzdem der Meinung sind, dass der Sonntag nicht nur arbeitsfrei, sondern auch als Symbol nicht angetastet werden sollte.

Die Kirche muss dafür kämpfen, dass eine Mehrheit des Volkes aus freien Stücken wieder zu der Überzeugung gelangt: Jawohl, im Konflikt zwischen Ökonomismus und Humanismus ist es tatsächlich besser, sich für den Humanismus zu entscheiden. Ein Sonntag als Kontrapunkt zum Werktag ist besser als sieben Tage Arbeit, Freizeit und Konsum. Und wenn ich jetzt darauf verzichte, die letzten Renditeprozente aus meinen Wertpapieren herauszuquetschen, dann ist das trotzdem ein gutes Geschäft, weil es Raubbau verhindert und dafür sorgt, dass meine Aktien auch in dreißig Jahren noch Geld verdienen.

Gelänge es, das Volk für den Humanismus zu gewinnen, dann könnten des Sonntags sogar die Läden öffnen – nach dem Kirchgang. Huldigt das Volk aber dem Ökonomismus, dann würden auch geschlossene Läden die Misere nicht ändern. Sie blieben aber eh nicht geschlossen, denn Sonntag im Ökonomismus, das wäre ein Anachronismus.

KIRCHE, WO BIST DU?

Die Mission der Kirche im 21. Jahrhundert

Marx, Engels, Lenin und Stalin haben geglaubt, ein ehernes Gesetz der Geschichte entdeckt zu haben und gemäß diesem Gesetz denken und handeln zu müssen. Das Ergebnis waren Millionen von Toten und jahrzehntelange Freiheitsberaubung ganzer Völker.

Hitler, Himmler, Goebbels und Göring haben geglaubt, ein ehernes Gesetz der Geschichte entdeckt zu haben und gemäß diesem Gesetz denken und handeln zu müssen. Das Ergebnis waren zwei Weltkriege, Millionen von Toten und der Versuch, ein ganzes Volk bis auf das letzte Kind auszurotten, und beinahe wäre das geglückt.

Zwei Mal schon hat der Glaube an ein vermeintlich ehernes Gesetz die Welt ins Unglück gestürzt. Nun kommen plötzlich die Ökonomen daher und versuchen uns weiszumachen, es gebe eherne Gesetze der Wirtschaft, gegen die sich aufzulehnen zwecklos sei. Das stellt uns vor die Frage: Wollen wir tatsächlich ein drittes Mal größenwahnsinnig und verrückt gewordenen Entdeckern vermeintlicher Weltgesetze folgen?

Weder die Geschichte noch die Wirtschaft noch die Gesellschaft folgt Naturgesetzen. Es gibt sie nicht. Es gibt nur Menschen, die durch ihr Handeln einzeln oder gemeinsam Glück oder Unglück über die Welt bringen, je nachdem wie sie sich entscheiden. Es gibt allerdings bestimmte Grundentscheidungen, welche fast gesetzmäßig zu bestimmten Folgen führen.

Die auf dem kommunistischen Glauben basierende Entscheidung, die Produktionsmittel und die gesamte Wirtschaft zu verstaatlichen und zentral zu steuern, musste zwangsläufig zu Unfreiheit, einer Geheimpolizei, der Knappheit aller Güter und einem Mangel an Innovationen führen. Die ökonomischen Gesetzmäßigkeiten, gegen die eine Planwirtschaft absichtlich und planmäßig verstößt, sind vielfältig und zutreffend beschrieben und durch den Gang der Geschichte auch bestätigt worden. Der Kommunismus hat sich damit selbst erledigt.

Die auf dem nationalsozialistischen Glauben beruhende Entscheidung, ein Volk als absolut zu setzen und als Herrenrasse zu etablieren und die anderen Völker und Rassen zu unterjochen, musste zwangsläufig den Widerstand demokratischer Systeme und den Selbstbehauptungswillen der bedrohten Völker provozieren. Die politischen Gesetzmäßigkeiten, gegen die das Nazi-Regime absichtlich verstieß, sind ebenfalls vielfältig und zutreffend beschrieben und durch den Gang der Geschichte bestätigt worden. Auch der Nationalsozialismus hat sich selbst erledigt, und seine mildere Variante, der Nationalismus, ebenfalls, wenngleich diese Tatsache noch nicht bei allen Völkern angekommen ist.

Nun sollen wir glauben: Die auf der kapitalistischen Annahme basierende Entscheidung, das gesamte Weltgeschehen dem freien Spiel der Kräfte zu überlassen und den Fortgang der Geschichte von der Entwicklung von Markt und Technik bestimmen zu lassen, wird per Selbstorganisation zu Freiheit, Wohlstand, Frieden und Demokratie führen. Unter idealen Ausgangsbedingungen in Sandkastenspielen, in denen alle Marktteilnehmer ungefähr gleich stark, gleichermaßen mündig, demokratisch gesonnen, sozial engagiert, selbstständig und intelligent sind und sich auf jedem Markt ausreichend viele Konkurrenten tummeln, mag das zu paradiesischen Ergebnissen führen.

Schon der Blick auf das in diesen Sandkastenspielen nicht vorgesehene weltbeherrschende Duopol von Intel und Microsoft oder die sich gegenwärtig bildenden Medien- und Telekommunikations-Oligopole lehrt, dass sich die Realität kaum nach den Vorgaben der Marktgläubigen richtet. In der garstigen Realität haben wir es mit Starken und Schwachen zu tun, mit Mündigen, weniger Mündigen und Unmündigen, mit Intelligenten und Dummen und Debilen, mit Herrschsüchtigen und mit Unterwerfungsbereiten, mit mehr Egoisten als sozial Engagierten und mit mehr Konkurrenzverhalten und Dominanzstreben als Kooperationsbereitschaft. Aber der Markt allein soll verhindern können, dass nicht die Starken die Schwachen beherrschen? Da lachen ja die Hühner.

Optimismus ist ja etwas Schönes. Nach einem Jahrhundert der Negativ-Utopien – Aldous Huxleys *Brave New World* und George Orwells *1984* – und einer Phase der angeblichen Utopielosigkeit nach dem Zusammenbruch des Kommunismus tut einem eine Positiv-Utopie ja mal wieder ganz gut. Nur haben wir inzwischen die Erfahrung gemacht, dass der Versuch, das Paradies auf Erden zu verwirklichen, regelmäßig in der Hölle endet.

Und die kapitalistische Hölle wird von allen Höllen, durch welche die Menschheit je gejagt worden ist, die perfekteste sein. Was sich George Orwell und Aldous Huxley ausgedacht haben, war damals, in der ersten Hälfte des letzten Jahrhunderts, Science-Fiction. Der Stalinismus und der Nationalsozialismus waren zwar nahe dran an Orwells Überwachungsstaat, aber um ihn so hinzukriegen wie im Roman, fehlten die technischen Mittel. Heute haben wir diese Mittel. Ein Stalin oder Hitler könnte heute mit Computern, dem Internet, Satelliten- und Videoüberwachung und drahtloser Kommunikation den perfekten Polizeistaat organisieren, genau so, wie das der Große Bruder in Orwells *1984* gemacht hat. Und mit dem Internet, dem privaten und dem digitalen Verblödungsfernsehen, der Gentechnik, der Nanotechnologie und den von der Pharmazie noch zu entwickelnden Glücks- und Lifestyle-Pillen – die Potenzpille Viagra ist nur der Erstling dieses neu entstehenden Designer-Pharmamarktes – lässt sich Huxleys »schöne neue Welt« ebenfalls realisieren.

Und diese Brave-New-Big-Brother-World scheint mir ein weit wahrscheinlicheres Ergebnis der kapitalistischen Selbstorganisation zu sein als ein Kapitalismus mit menschlichem Antlitz. Es ist Kinderglaube, von einem weltweit und total entfesselten Kapitalismus – welcher letztlich auf das Recht des Stärkeren hinausläuft, also auf das Faustrecht – zu erwarten, er münde, geführt von der angeblich weisen, unsichtbaren Hand des Marktes, dieser scheinbaren List der Vernunft, in eine Welt mit Frieden, Bildung, Freiheit, Demokratie, Wohlstand und sozialer Gerechtigkeit für alle.

Nichts davon ist bisher in der Geschichte von selbst entstanden. Jede kulturelle Leistung musste hart und gegen den ent-schlossenen Widerstand der Starken erkämpft und ihnen mühsam abgetrotzt werden. Und immer war das Erkämpfte gefährdet, auch für den Bestand und die Erhaltung des Er-kämpften musste und muss stets gekämpft werden. Unfrei-heit, Versklavung, Massenarmut und Diktaturen sind dage-gen jene natürlichen Zustände, die ohne unser Zutun wie von selbst entstehen, und wenn wir jetzt nicht endlich aufwachen und dafür kämpfen, dass dem globalen Kapitalismus endlich Schranken gesetzt werden, dann streben wir mit großen Schritten jenen natürlichen Zuständen entgegen.

Es nützt allerdings nichts, im nationalen Rahmen zu kämp-fen. Einzelne, Bürgerinitiativen, Gewerkschaften, Parteien können nichts ausrichten, wenn sie nur auf nationaler Ebene kämpfen. Der Trend, der gestoppt werden muss, ist global. Die Global Players können nur global in die Schranken gewiesen werden. Globalen Widerstand quasi aus dem Nichts erfolg-reich zu organisieren ist schier aussichtslos.

Darum ist jetzt die Kirche gefragt. Sie ist die einzige globale Organisation, die wir haben. Der Erhalt christlich-humanisti-scher Werte ist ihr ureigenstes Anliegen. Sie teilt es mit vielen, die der Kirche fern stehen, aus ihr ausgetreten oder ihr sogar feindlich gesonnen sind. Sie sollte sich mit den kirchenlosen Humanisten verbünden. Und diese sollten ihre Vorbehalte ge-genüber der Kirche Vorbehalte sein lassen und froh sein, dass es bereits eine globale Organisation gibt, welche – zumindest theoretisch – global für die Errungenschaften unserer Kultur eintreten kann.

Die protestantische Kirche hat sich auf dem Kirchentag 1999 in Stuttgart den Luxus einer Diskussion über die – angesichts der aktuellen Lage der Kirche und der Welt – völlig abwegige und absurde Frage geleistet, ob Christen Juden missionieren sollen. Zum Christentum bekehrte Juden sind so ziemlich das Letzte, was der Kirche und der Welt heute zu ihrem Glück noch fehlt.

Die Verteidigung der Menschenwürde und der Menschlich-keit, die Beschränkung des entschränkten Kapitalismus, die

Aufklärung über den Aberglauben an Markt und Technik, das ist die Mission der Kirche in der ersten Hälfte des 21. Jahrhunderts. Und da tut sie gut daran, sich mit den Juden zu verbünden, statt sie zu missionieren, denn die christliche Sozialordnung geht wesentlich auf die Sozialordnung des alttestamentlichen Gottesvolkes der Juden zurück. In dieser Hinsicht können die Christen noch vieles von der jüdischen Religion lernen.

Das Bündnis mit nichtkirchlichen Gruppierungen, die Diskussion mit diesen Gruppen, gemeinsame Entscheidungen und gemeinsames Handeln böten der Kirche eine Chance, ihren Sitz im Leben wieder zu finden. Zugleich steckt darin die Chance, dass die verschiedenen Gruppen im Raum der Kirche wieder mehr aufeinander zugehen und feststellen, dass sie mehr eint als trennt, wenn sie gemeinsam für unsere Grundwerte eintreten. Menschen, die weiterhin in einer Wertegesellschaft leben wollen, und nicht in einer Wertpapiergesellschaft, trifft man in den Sozialausschüssen von CDU und CSU genauso wie in der SPD, in den Gewerkschaften, der katholischen Arbeitnehmerbewegung, bei den grünen Bewahrern der Schöpfung und bei Atheisten, Agnostikern, Juden, Protestanten und Katholiken. Daraus müsste sich doch ein tragfähiges und zugleich schlagkräftiges Bündnis schmieden lassen.

Die Kirche als Retter – ist das Ihr Ernst, Herr Nürnberger?

3. Mai 2000. Privater Gesprächskreis mit Christa Wolf in der Literaturwerkstatt Pankow. Ich trage vor, was ich für die Essenz meines Buches über die Machtwirtschaft halte, und werde natürlich gefragt nach einer Gegenstrategie. Da sage ich frei heraus: Ich hoffe auf die Kirche, nenne dann einige Gründe für diese Hoffnung und erzähle, dass ich dazu gerade ein Buch schreibe, das den Titel haben wird: Kirche, wo bist du?

Ungefähr fünfzig, sechzig Frauen und Männer sind da und sind sehr überrascht. Mehrere Frauen sagen: »Das mit der Kirche, das kann nicht Ihr Ernst sein. Das sagen Sie nur, um zu provozieren.«

Dieses ungläubige Staunen, diese bis an Verständnislosigkeit reichende Überraschung habe ich auch an anderen Orten bei anderen Gelegenheiten fast immer erlebt, wenn ich sagte, dass ich mir von der Kirche einen wichtigen, vielleicht den entscheidenden Beitrag zum Kampf gegen die neue Weltreligion des Kapitalismus erhoffe. Es sind überwiegend die Kirchenfernen, die Ausgetretenen und natürlich die Atheisten, die so reagieren. Diese Menschen, eine große Zahl, sind mit der Kirche einfach fertig, erwarten von der Kirche nichts mehr, und wenn doch, eher Schlechtes als Gutes.

Vor allem Frauen, von diesen besonders die Katholikinnen, von diesen wiederum die über Vierzigjährigen und von diesen ganz besonders jene, die in ihrer Schulzeit von Nonnen erzogen wurden, erzählen wütend, oft sogar hasserfüllt von den schlechten Erfahrungen, die sie in ihrer Kindheit und Jugend mit der Kirche, mit Priestern, Nonnen und mit religiöser Erziehung gemacht haben, von dem permanent schlechten Gewissen, das ihnen durch diese Erziehung eingeredet wurde, von den Schuldgefühlen, die sie ständig hatten, und von ihren Verklemmtheiten, weil alles Körperliche, Sexuelle ausgeblendet und gerade dadurch mit einem Ruch des Bösen behaftet, zugleich interessant und angstbesetzt war. Viele erzählen, wie an den katholischen Schulen und Internaten das ganze Leben vom Aufstehen bis zum Schlafengehen reglementiert war, dass sogar vorgeschrieben wurde, wann man aufs Klo gehen durfte.

Diese Frauen sind für die Kirche verloren, besonders für die katholische. Diese Frauen bekommen heute Wutanfälle, wenn man auf die vier Reizthemen der katholischen Kirche zu sprechen kommt: Pille, Zölibat, Priesterschaft für Frauen, Abtreibung. Und diesen Frauen muss es tatsächlich provokant erscheinen, wenn einer daherkommt und ihnen empfiehlt, wieder in die Kirche zu gehen. Nein, sagen sie, das kannst du nicht ernst meinen. Aber auch die anderen, die keine schlechten Erfahrungen mit der Kirche gemacht haben, katholische Frauen und Männer, die sich der Kirche entfremdet, sich von ihr abgenabelt haben, halten es für eine absurde Idee, ausgerechnet von der Kirche zu erwarten, Vorreiter im Kampf für Menschenrechte und Demokratie zu sein.

Man landet bei dieser Diskussion dann schnell bei den üblichen Themen: den Hexenverbrennungen, der Inquisition, dem Umgang der Kirche mit Ketzern und Häretikern, bei homosexuellen Priestern, Knabenschändern und priesterlichen Konkubinen, bei der Unterdrückung und Manipulation von Wahrheit, der Unterdrückung von Meinungs- und Glaubensfreiheit, der Intoleranz, den Kriegen, die im Namen Gottes geführt wurden, den Kreuzzügen, dem kirchlich bereiteten Nährboden für Antisemitismus und dem Versagen großer Teile der Amtskirche im Dritten Reich. Für viele Menschen in unserem Land besteht zwischen der Kirche, besonders der katholischen, und der Mafia kaum ein Unterschied – und das historische Mea Culpa des Papstes ändert daran nicht das Geringste. Und deshalb sagen sie: Meinst du das ernst? Nein, das kann nicht dein Ernst sein.

»Doch«, sage ich dann, »ich meine es wirklich ernst.«

»Das kann ich nicht glauben«, sagen viele, »das ist doch einfach absurd.«

»Doch, ich glaube Herrn Nürnberger, dass er es wirklich ernst meint«, sagte Christa Wolf in jenem Gesprächskreis, »aber dass er es ernst meint, zeigt, wie ernst er die Lage sieht. Dass er sich an die Kirche als rettenden Strohhalm klammert, zeigt, wie wenig Hoffnung er noch hat, dass die Lage zu ändern ist.«

Genau so ist es.

Von einem großen Teil unserer Führungselite werde ich nämlich schon nicht mehr verstanden, wenn ich den entfesselten Kapitalismus kritisiere. Manager, Banker, Analysten, Wirtschaftswissenschaftler, Werbeleute, Medienmacher, Techniker, Ingenieure, Wirtschaftsjournalisten, Politiker, auch sozialdemokratische, auch zahlreiche ostdeutsche Bürger verstehen mich gar nicht mehr, wenn ich von der Sonntagsheiligung rede, hören gar nicht hin, wenn ich von der Gefährdung der Demokratie durch die Wirtschaft spreche, schalten ab, wenn ich den Sozialstaat verteidige. Es ist, als ob ich gegen eine Wand rede. Sogar in meiner Partei, der SPD, der ich seit über dreißig Jahren angehöre, geht es mir so, werde ich von manchen belächelt wie ein Übriggebliebener aus einer anderen Zeit. Die Führungselite ist auf die so genannte »Modernisierung« von Schröder und Blair gepolt, fährt auf die New Economy ab und ist, ohne es zu wissen, längst erfasst von der kalifornischen Ideologie und dem kritiklosen Glauben an Markt und Technik.

Wer das globale Monopoly der Konzerne kritisiert, wer am Sozialstaat festhalten und ihn der ganzen Welt verordnen möchte, wer das Privatfernsehen infrage stellt, von Werten redet statt von Wertpapieren, das Betreiben von Politik als business as usual für Unfug hält, der outet sich in den Augen unserer meinungsführenden Keulenriegen als vertrottelter Altlinker, der in den Denkmustern und Kategorien der siebziger Jahre stehen geblieben ist.

So gut wie alle Profis, die heute irgendwo an irgendwelchen Hebeln der Macht sitzen, fahren auf einem anderen Dampfer als ich. Dieser Dampfer fährt mit voller Kraft voraus und entfernt sich in hohem Tempo von jenem anderen Dampfer, auf dem sich jene befinden, die mich noch verstehen und von denen ich denke, dass sie die Mehrheit bilden: die »normalen Leute«, also Arbeitnehmer, Hausfrauen, Mütter, Väter, Rentner – all die, denen die Globalisierung nichts oder überwiegend nur Nachteile bringt, dazu Künstler, Intellektuelle, Schriftsteller und Feuilletonisten. Von diesen werde ich überwiegend noch verstanden, ich merke das bei meinen Vorträgen. Zu dieser schweigenden Mehrheit gehören auch viele Kirchenleute, Pfarrer, kirchliche Mitarbeiter und engagierte Laien. Sogar der Kölner Kardinal Meisner, vor dem ich referierte, hat mich verstanden und mir zugestimmt.

Ich bin wirklich der Meinung, dass die ganze westliche Welt vor einer grundsätzlichen Wertentscheidung steht und diese schon getroffen hat, ohne sich ausdrücklich dazu zu bekennen. Wie die Güllener führen die Eliten der westlichen Welt noch die alten Werte im Munde, während sie in ihren Entscheidungen und ihren Handlungen diese Werte täglich verraten und nur noch jene Werte realisieren, die sich in Dollar, Yen und Euro umrechnen lassen. Dass dies so ist, dass wir alle in diese Richtung driften, das ist unser erstrangiges Problem, und im Grunde verstehe ich nicht, warum die Kirche nicht längst laut, heftig, regelmäßig und ausdauernd Alarm schlägt.

In solch einer Lage, in der fundamentale Werte bedroht sind, müssen sich die vielen Einzelnen und kleinen Grüppchen zu einer Gegenwirklichkeit formieren. Da braucht es ein breites Bündnis von Menschen unterschiedlichster Couleur. Aber sammeln könnten sie sich im Raum der Kirche.

Einige Zuhörer in Christa Wolfs Berliner Gesprächskreis waren im Übrigen auch sehr verblüfft, als ich daran erinnerte, was heute fast schon wieder vergessen ist: Zum Sturz des kommunistischen Regimes und dem Fall der Mauer hat der polnische Papst einen nicht zu unterschätzenden Beitrag geleistet.

Aber vor allem: Die Bürger der DDR, die ihr Regime stürzten und den Fall der Mauer erzwangen, haben sich vor und nach ihren großen Demonstrationen in den Kirchen versammelt. Die großen Montagsdemonstrationen begannen und endeten regelmäßig vor den Kirchen. Die Kirchenräume standen offen für Christen und Nichtchristen, boten den Demonstranten einen gewissen Schutz, hatten fast eine Funktion wie exterritoriale Gebiete, und evangelische Pfarrer spielten vor, während und nach der Wende eine gute und wichtige Rolle an den vielen runden Tischen und bei den Fragen, wie es nun weitergehen solle.

Und ich bedauere es sehr, dass diese Pfarrer und Bürgerrechtler schon kurz nach der Wende von westdeutschen Machern, diesen Klerikern des Kapitalismus, als »Laienspieltruppen« abqualifiziert und an die Wand gedrückt wurden und heute kaum noch eine Rolle spielen im öffentlichen Leben unseres Landes. Etwas weniger Einfluss der »Kleriker« und etwas mehr Einfluss der »Laien« hätte unserem Land gut getan und hätte unser Land gerade jetzt, unter der sich allmählich totalitär ausweitenden Herrschaft des Kapitals, bitter nötig. Die

Erfahrung dieser »Laien« mit der Organisation von Montagsdemonstrationen gegen die Stasi-Diktatur könnten wir jetzt alle gut gebrauchen für die Organisation künftiger Sonntagsdemonstrationen gegen die Kapital-Diktatur.

Der Mensch ist wichtiger als das Kapital – sagen die Päpste

Die Frage »Meinst du das ernst?« hat noch eine zweite Seite: Auch Kirchenleute sehen mich erstaunt an, wenn ich ihnen sage, sie seien aufgerufen, etwas zu unternehmen. Dabei müssten sie doch wissen, dass gerade sie prädestiniert sind, gegen die Herabwürdigung des Menschen zur bloßen Ware Arbeitskraft zu kämpfen. Gerade sie sollten darauf beharren, dass die Arbeit den Vorrang vor dem Kapital hat und die Wirtschaft dem Menschen dient, statt umgekehrt, weil genau das von zahlreichen Päpsten, Bischöfen und von der protestantischen Kirche längst schon und wiederholt gesagt worden ist. Der Vorrang der Arbeit gegenüber dem Kapital, die Wirtschaft als Dienst für den Menschen, die eigene Würde der Arbeit – das gehört zum Kern des christlichen Welt- und Menschenverständnisses.

Vor rund hundert Jahren, 1891, als das Proletariat von den damaligen Kapitalisten brutal ausgebeutet wurde, legte Papst Leo XIII. mit seiner Enzyklika *Rerum Novarum* den Grundstein für die katholische Soziallehre – 50 Jahre zu spät, Marx und Engels sind der Kirche zuvorgekommen, und Leo hat nur darauf reagiert. Aber immerhin: Der Papst sah sich zu diesem Schritt durch radikale Veränderungen in Politik, Wirtschaft, Wissenschaft und Technik genötigt, denn diese Änderungen führten zur Spaltung der Gesellschaft in zwei Klassen, die der Papst scharf verurteilte. Es entstand eine neue Form des Eigentums, das Kapital, und eine neue Art der Arbeit, die Lohnarbeit, gekennzeichnet von der Fließbandproduktion, ohne jede Berücksichtigung von Geschlecht, Alter oder Familiensituation des

Arbeiters, einzig und allein bestimmt von der Leistung im Blick auf die Steigerung des Profits.

Das Kapital sei »in den Händen einer geringen Zahl angehäuft, während die große Menge verarmt«, sagte Papst Leo. Die Arbeit war zu einer Ware geworden, die frei auf dem Markt gekauft und verkauft werden konnte und deren Preis vom Gesetz von Angebot und Nachfrage bestimmt wurde, ohne Rücksicht auf das für den Unterhalt des Arbeiters und seiner Familie notwendige Lebensminimum. Noch dazu hatte der Arbeiter nicht einmal die Sicherheit, »seine Ware« auf diese Weise verkaufen zu können. Er war ständig von der Arbeitslosigkeit bedroht, die angesichts des Fehlens jeder sozialen Fürsorge das Schreckgespenst des Hungertodes bedeutete.

Der Papst, die Kirche und ebenso die bürgerliche Gesellschaft standen vor einer durch Konflikt gespaltenen Gesellschaft. Dieser Konflikt war umso härter und unmenschlicher, als er weder Regel noch Gesetz kannte. Es war der Konflikt zwischen Kapital und Arbeit oder – wie es die Enzyklika nannte – die »Arbeiterfrage«. Eben zu diesem Konflikt hatte der Papst in den schärfsten Worten, die ihm damals zur Verfügung standen, seine Meinung gesagt, Grundrechte der Arbeiter formuliert, die Würde der Arbeit und deren Vorrang vor dem Kapital postuliert. Auch für das damals von vielen Seiten bestrittene Recht der Arbeiter, sich gewerkschaftlich zu organisieren, ist der Papst eingetreten, ebenso für die Begrenzung der Arbeitszeit, den Schutz der Kinder und Frauen und für den gerechten Lohn, der mindestens so hoch sein muss, dass der Arbeiter den Lebensunterhalt für sich und seine Familie bestreiten kann. Und obwohl der Papst mit solchen Einsichten fünfzig Jahre zu spät an die Öffentlichkeit gegangen ist, wirkten sie damals noch immer ziemlich revolutionär und waren den konservativen Kräften ein Ärgernis.

Seitdem ist diese katholische Soziallehre kontinuierlich gepflegt, ausgebaut und durch weitere Enzykliken ergänzt worden, die nicht selten durch harte, klar formulierte Worte verblüfften.[1] Manches liest sich, als stamme es von Karl Marx oder aus dem Parteiprogramm der PDS. Papst Paul VI. schrieb beispielsweise in seiner im März 1967 veröffentlichten Enzyklika *Populorum Progressio* über den wirtschaftlich-technisch-sozialen Wandel, es »haben sich unversehens Vorstellungen in die menschliche Gesellschaft eingeschlichen, wonach der Profit der eigentliche Motor des wirtschaftlichen Fortschritts, der Wettbewerb das oberste Gesetz der Wirtschaft, das Eigentum an den Produktionsmitteln ein absolutes Recht, ohne Schranken, ohne entsprechende Verpflichtungen der Gesellschaft gegenüber darstellt«. Und: »Noch einmal sei feierlich daran erinnert, dass die Wirtschaft ausschließlich dem Menschen zu dienen hat.«

Und daran anknüpfend erinnerte Papst Johannes Paul II. im September 1981 in seiner Enzyklika *Laborem exercens* an ein Prinzip, »das die Kirche immer gelehrt hat: das Prinzip des Vorranges der Arbeit gegenüber dem Kapital. Dieses Prinzip betrifft direkt den Produktionsprozess, für den die Arbeit immer eine der hauptsächlichen Wirkursachen ist, während das Kapital, das ja in der Gesamtheit der Produktionsmittel besteht, bloß Instrument oder instrumentale Ursache ist. Dieses Prinzip ist eine offensichtliche Wahrheit, die sich aus der ganzen geschichtlichen Erfahrung des Menschen ergibt. Diese Wahrheit, die zum festen Bestand der kirchlichen Lehre gehört, muss im Zusammenhang mit der Frage der Arbeitsordnung und auch des gesamten sozio-ökonomischen Systems immer wieder betont werden. Man muss den Primat des Menschen im Produktionsprozess, den Primat des Menschen gegenüber den Dingen unterstreichen und herausstellen. Alles, was der Begriff ›Kapital‹ – im engeren Sinn – umfasst, ist nur eine Summe von Dingen. Der Mensch als Subjekt der Arbeit und unabhängig von der Arbeit, die er verrichtet, der Mensch und er allein ist Person.« Und: Alles, was wir als Kapital bezeichnen, ist von Menschenhand erarbeitet worden, beruht auf menschlicher Erfindungskraft und auf menschlicher Planung und Tätigkeit.

Wie vor hundert Jahren stehen wir heute wieder vor technisch-wirtschaftlichen Umwälzungen, und wieder sind die Arbeitnehmer, die so genannten »kleinen Leute«, am härtesten davon betroffen. Wieder werden sie reduziert auf eine Ware, und diese Ware ist jetzt weltweit zu haben, wird billig wie Dreck und zunehmend auch so behandelt, und das Verhältnis zwischen Kapital und Arbeit, das früher personalisiert war, wird jetzt anonymisiert.

Vor hundert Jahren, als Papst Leo seine Enzyklika schrieb, war klar, wer »Ausbeuter« und wer »Ausgebeuteter« war. Es bestand ein persönliches Verhältnis zwischen beiden: Wenn einer »seine« Leute ausbeutete, dann hatte er auch die Folgen vor Augen. Er musste sich das Elend anschauen. Das sei »heute anders (nicht nur, weil das Elend nicht mehr so elendig ausschaut wie damals)«, schreibt Heribert Prantl. »Heute ist es so: Die Folgen der Shareholder-Gier rücken weit weg, der Aktionär, den nichts anderes interessiert als die schnelle Mark, sieht die Auswirkungen seines Tuns nicht mehr. Die Verantwortung zerstaubt in Zehntausende Partikel, genannt Aktien, und wird individuell nicht mehr spürbar; Verantwortung hat zudem eine anonyme Adresse erhalten in Großbanken und Rentenfonds. Das hat dazu geführt, dass die Shareholder an der langfristigen Rentabilität eines Unternehmens wenig Interesse haben, weil sie in ihm nur eine Geld-Schnelldruckmaschine sehen ...«[2]

Das sei heute beinahe so ähnlich wie bei den modernen Waffensystemen: »Früher rammte der Soldat dem Gegenüber das Bajonett in den Bauch, trat er dem anderen Aug in Aug gegenüber. Heute ist der Gegner kein Gegenüber mehr: Der Bomberpilot fliegt so hoch oben, dass ihm nur noch der Computer zeigt, wohin er bombt.«[3] Oben ein Mausklick, unten zehntausendfacher Tod, von dem der Pilot nur ein kleines Flackern auf dem Display seines Cockpits sieht. Ähnlich verhält es sich heute in der Wirtschaft. Da hocken ein paar Banker, Manager, Aufsichtsräte und Analysten zusammen, beschließen eine milliardenschwere feindliche Übernahme, und die fünfzehntausend Arbeitsplätze, die dabei hops gehen, sind eine rein rechnerische Größe. Das fünfzehntausendfache Schicksal der Entlassenen und ihrer Familien hat kein Gesicht.

Bischöfe, Pfarrer und einige wenige Intellektuelle und Journalisten sind die Einzigen, die sich darüber noch empören, der

Rest schweigt oder legt sich Aktien zu, die Empörung verebbt regelmäßig und schnell. Das ist auch das Problem der Papstworte und Enzykliken wie auch des letzten »Sozialworts«, einer gemeinsamen und viel beachteten Erklärung der evangelischen und katholischen Kirche. Ein paar Tage lang wirbelt die Sache Staub auf in allen Medien, dann geht man wieder zur Tagesordnung über, und es geht weiter wie gewohnt.

Man muss leider nüchtern sehen: Die Kirche ist wirklich nur ein Strohhalm, kein tragfähiger Balken, schon gar kein rettendes Floß. Sie ist kein Hoffnungsträger, sondern eher ein Problemfall, und dieser Zustand ist zu einem großen Teil selbst verschuldet. Die zugehörigen Stichworte – Hexenverbrennung, Inquisition und so weiter – wurden schon genannt. Durch ihr vielfältiges Versagen, ihre Verstrickung in Schuld hat die Kirche, vor allem die katholische, sich selber unglaubwürdig und damit schwach gemacht.

Es gibt aber noch einen weiteren Grund für die Schwäche der Kirche, und für diesen kann sie nichts: Das ist der massenhafte Schwund des Glaubens an die zentralen christlichen Dogmen. Seit der Aufklärung, eigentlich schon seit der Reformation bröckelt von diesen Dogmen der Putz, und in den letzten hundert Jahren waren es die Theologen selbst, welche die Geschichten von der Jungfrauengeburt, den Wundern Jesu, der Auferstehung, der Himmelfahrt und der Wiederkunft Christi immer fragwürdiger, zweifelhafter und unglaubwürdiger erscheinen lassen.

Der feste Boden, auf dem die Kirche seit zwei Jahrtausenden zu ruhen schien, ist weich geworden, scheint sich immer noch weiter aufzuweichen. Die Kirche steht auf schwachen Füßen und kann darum nur kraftlos kämpfen.

WAS UNS DAS GLAUBEN
SCHWER MACHT

Ein feste Burg war unser Gott

Der Tod meiner einundachtzigjährigen Mutter am 3. April 2000 kam nicht überraschend. Gerade deshalb war es ein guter Tod, wir wussten seit Anfang des Jahres, dass es in diesem Jahr sein würde, hatten also Zeit, uns voneinander zu verabschieden. Und weil es mit ihrem Gedächtnis, ihrer Wahrnehmung und ihrer geistigen Leistung steil bergab gegangen war und sie keine Schmerzen hatte, bekam sie ihren Verfall gar nicht so richtig mit, war manchmal fast heiter, sagte immer, es gehe ihr gut, und als ich sie einen Tag vor ihrem Tod zum letzten Mal besuchte, hatte sie offenbar schon vergessen, wie ich aussehe, denn sie sagte plötzlich ganz erstaunt: »Was für ein schöner Mann du doch bist.« Das stimmt zwar nicht, aber ein Mutterherz kann halt dem einzigen Sohn gegenüber nicht objektiv sein, bis zuletzt nicht, und es war ein wunderbares letztes Wort, das ich nie vergessen werde.

Bei der Trauerfeier, als wir um den Sarg herum saßen und meine Schwestern weinten, meine Frau weinte, meine zehnjährige Tochter weinte, nur ich nicht, fragte mich leise mein Siebenjähriger, der auch nicht weinte: »Warum weinst du nicht, Papa?« Ich sagte ihm: »Weil ich nicht besonders traurig bin. Weil die Oma jetzt nämlich unsichtbar über dem Sarg schwebt und uns zuschaut und sich freut, dass wir alle da sind, dass aus dem Dorf so viele gekommen sind, dass wir an ihrem Sarg und den vielen Blumen und Kränzen nicht gespart haben und sie ein neues Kleid anhat, das war ihr nämlich sehr wichtig.«

In dem Augenblick hatte ich das alles fast selber geglaubt, aber dann fragte mein Siebenjähriger: »Sieht die Oma dann auch, wie sich später die Würmer durch den Sarg fressen und sich zu ihrem toten Körper vorarbeiten?« – »Ja«, sagte ich, »das sieht sie auch, aber das macht ihr gar nichts aus, denn das ist ja nur ihr alter, kranker Körper, über den sich die Würmer hermachen, und sie selbst hat dann ja schon einen schönen jungen.«

Und dann hätte ich beinahe auch geweint, denn wovon man nicht sprechen kann, darüber sollte man vielleicht weinen.

Als ich ein Kind war, hat mir meine Mutter, eine einfache Bäuerin, drei Sorten von Geschichten erzählt: unwahre, halbwahre und wahre. Die unwahren, das waren die Märchen. Sagen und Legenden zählten zu den halbwahren, und die biblischen Geschichten, die konnte man glauben, denn das in ihnen Berichtete war wirklich passiert.

Ich hörte alle drei Sorten gleichermaßen gern. Die Märchen waren am unterhaltsamsten. Aber es ließ sich im Leben nicht viel mit ihnen anfangen. Die Sagen und Legenden schärften den Geist, denn sie beschäftigten mich mit der Frage, was daran wohl wahr und was unwahr sein könnte. Die biblischen Geschichten aber, die machten mich fit fürs Leben, ohne dass ich es merkte.

Ich habe wirklich geglaubt, dass Jesus über Wasser laufen konnte. Ich habe geglaubt, dass er den Sturm gestillt, Kranke geheilt, Wasser in Wein verwandelt und Tote auferweckt hat. Auch mir wurde erzählt: Der liebe Gott sieht alles. Aber im Gegensatz zu vielen anderen Müttern, die ihren Kindern damit ein Straf- und Aufpasser-Gottesbild einpflanzten, hat meine Mutter dieser Sache eine ganz andere Wendung gegeben. Er muss alles sehen, damit er dich beschützen kann, sagte sie. Er sieht dann zwar auch, was du alles anstellst, aber erstens vergibt er dir, wenn du es hinterher bereust, und zweitens kann er bei kleinen Jungens auch mal fünfe gerade sein lassen. Kinder müssen lernen, und zum Lernen gehört, dass man Fehler macht, aus ihnen lernt man am meisten, und darum dürfen Kinder Fehler machen. Darum sind sie aber auch immer gefährdet, und deshalb muss der liebe Gott auf Kinder besonders gut aufpassen.

Der liebe Gott war mir daher tatsächlich ein lieber Gott, ein Übervater, kein Kontrolleur, kein Angstmacher, sondern ein Beschützer, ein gütiger Großvater, mit dem ich ständig in Kontakt stand, mit dem ich wortlos betend alles besprach, was es zu besprechen gab.

Als der Vater eines Freundes von mir wegen eines Herzinfarktes ins Krankenhaus kam, betete ich für ihn. Erfolgreich.

Der Mann blieb noch viele Jahre fröhlich am Leben, und immer, wenn ich ihm begegnete, dachte ich bei mir: Wenn du wüsstest, wem du das zu verdanken hast.

Dass Gott meine Existenz will, mich mit meinem Namen kennt, auf mich schaut und mit mir etwas vorhat, war für mich ein selbstverständliches Faktum – schließlich kennt er jeden Erdenwurm persönlich. Jesus hat es doch selbst gesagt, und meine Mutter hat mir die Stelle in der Bibel gezeigt: Kein Spatz wird von Gott vergessen, und die Haare auf deinem Kopf sind gezählt[1], dein Schicksal lässt Gott nicht gleichgültig, deshalb kümmert er sich um dich. Was für eine wunderbare Zusage. Weil ich dieser Zusage glaubte, war ich ein vor Selbstbewusstsein strotzendes Kind. Und weil ich wusste, dass Gott stets seine schützende Hand über mich hält, kannte ich als Kind keine Angst – Furcht in konkreten Situationen schon, aber auch in solchen Situationen sagte ich mir: Du musst dich jetzt gar nicht besonders fürchten, denn entweder haut dich der liebe Gott hier raus oder aber er braucht dich im Himmel, dann musst du halt jetzt sterben, das wird schon so schlimm nicht werden.

Einen Keiler, dem ich einmal allein im Wald begegnet bin und der bedrohlich auf mich zukam, habe ich furchtlos mit einem Prügel vertrieben. Kläffende Hunde, die wütend auf mich zuschossen, brachte ich mit lautem Gebrüll, aber vor allem furchtlosem Auftreten zum Rückzug. Ja, Jesus macht die Kinder stark. Er macht sie furchtlos, mutig und selbstbewusst.

Als ich einmal vom Heuboden zwei Meter tief fiel und dicht neben einer senkrecht aufragenden Sense landete, hat mich dies nicht sonderlich verwundert, habe mich zwar wortlos betend bedankt, aber eigentlich betrachtete ich es als selbstverständlich, dass Gott zur Stelle war. Die Frage, warum er mich überhaupt hat fallen lassen, stellte sich mir nicht. Viele Fragen stellen sich nicht, wenn man einfach nur auf Gott vertraut.

Die Angstfreiheit und das – wie meine Frau zu spotten pflegt – »durch nichts gerechtfertigte Selbstbewusstsein« sind mir bis heute geblieben. Diese »wahren Geschichten« aus der Bibel haben in mir so etwas wie einen unzerstörbaren Kern geschaffen. Noch heute neige ich zu unverzeihlichem Leichtsinn und Unvorsichtigkeit und halte mich – wenn auch wider besseres Wissen und auf für meine Umwelt fast provokante Weise – für unverwundbar.

Gerne würde ich dieses Gottvertrauen auch an meine Kinder weitergeben. Aber das kann ich nicht. Das kann man nur, wenn man selber noch diesen kindlichen Glauben hat, den meine Mutter hatte, und überzeugt ist, es sei alles wahr, was in der Bibel steht. Dass ich diesen Glauben nicht mehr habe, betrachte ich als unendlichen Verlust nicht nur für mich, sondern auch für jene, die diesen Verlust gar nicht empfinden, weil sie so ein kindliches Gottvertrauen nie gehabt haben.

Wenn ich heute naiven Erwachsenen begegne, die noch so kindlich glauben, wie ich einmal geglaubt habe, weiß ich nie, ob ich sie beneiden oder bemitleiden soll, werde aber ungeduldig, grimmig, bisweilen sarkastisch, wenn sie anfangen, mich missionieren zu wollen. Es gibt keine Rückkehr zum alten Kinderglauben. Aber ich trauere ihm noch heute wehmütig nach. So viel Geborgenheit, Zuversicht, Ruhe und Gelassenheit wird es nie mehr geben.

Oder doch? Gibt es einen Glauben für Erwachsene, einen reifen Glauben, der einem erwachsenen Verstandesmenschen genau so einen sicheren Halt im Leben geben kann, wie ich ihn als Kind hatte? Die Kirche, die Pfarrer, die Theologen behaupten, es gebe ihn. Mir wie Millionen anderen fällt es aber schwer, ihnen das zu glauben. Und ihnen, den Pfarrern, den Theologen und der Kirche, fällt es schwer, das zu vermitteln. Und oft, wenn ich die Pfarrer und Theologen so reden höre, beschleicht mich das Gefühl: Die glauben ja selber nicht alles, was sie sagen. Die reden nur herum.

Der Abschied von meinem Kinderglauben war ein schmerzlicher Prozess. Natürlich kamen mit zehn, zwölf, vierzehn Jahren die ersten Zweifel. Sie quälten mich, plagten mich, ließen auch dem Jugendlichen keine Ruhe, weshalb ich nach einer Lehre und vier Jahren Bundeswehr auf dem zweiten Bildungsweg die Hochschulreife nachholte, um evangelische Theologie zu studieren. Ich wollte es wissen. Ich war mir sicher: Ich würde Gewissheit bekommen und dann Pfarrer werden.

Kein Wunder

Gibt es Wunder? Natürlich! Wenn sich ein unscheinbares Körnchen, das man in die Erde steckt, in eine formvollendete, duftende Rose verwandelt; wenn sich eine hässliche Larve zum farbenprächtigen Schmetterling entpuppt; wenn im Mutterleib ein Kind entsteht – dann sagen wir staunend: ein Wunder. Wenn durch einen viereckigen Kasten aus Kunststoff, Silizium, Glas, Draht und Keramik das Weltgeschehen in unser Wohnzimmer kommt; wenn flimmernde, tickende Kästchen in Sekunden Rechenaufgaben lösen, für die wir Jahre bräuchten; wenn einer auf dem Mond spazieren geht – dann staunen wir und sprechen von einem Wunder.

Der Dozent – ellenlang, klapperdürr, bärtig, wuschelig und bebrillt – will noch weitere Beispiele nennen, wird aber von einem Studenten unterbrochen: »Das sind doch keine Wunder, das sind Produkte von Natur und Technik, zwar bewundernswert, aber restlos erklärbar.«

Die Vorlesung wird zur Diskussion. Im Hörsaal vier streitende Gruppen: wortgläubige, fromme Pietisten, die aggressiv an der Faktizität der Wundererzählungen festhalten, Bermudadreieck-, Ufo-, PSI- und Okkultismusgläubige, die alles für möglich halten, mitleidig grinsende Rationalisten, die mit kühler Verachtung auf die anderen herabsehen, und einige wenige, die's wirklich nicht wissen, nun aber endlich gern wüssten.

Es geht ihnen um die »eigentlichen«, die biblischen Wunder. Wunder von ganz anderem Kaliber. Da läuft einer auf dem Wasser. Aus Wasser wird Wein. Fünf Brote bilden ein magenfüllendes Programm für fünftausend Menschen. Ein Leichnam, der schon etwas muffelt, beginnt sein zweites Erdenleben. Eine zweite Leiche tut das Gleiche und fährt auch noch gen Himmel.

Kann das wirklich geschehen sein? Wenn nicht, was dann? Wenn ja, warum passiert dann so etwas heute nicht mehr? Was ist dran am Brotwunder?

Der Dozent windet sich. »Natürlich hat Jesus nicht gezaubert«, meint er. Die Menschen damals hätten eben eine Erfahrung mit Jesus gemacht, die sie so überwältigte, dass sie sie mit Worten nur sehr unvollkommen wiederzugeben wussten.

»Das bisschen Brot, das sie haben, das geben sie, und dabei erfahren sie, dass zu den Menschen mehr gelangt, als sie ihnen geben konnten, dass das Entscheidende durch sie hindurch geschah. Was dann körperliche, was geistliche Speise ist, das können sie nicht mehr trennen.«

Hexerei war's also nicht. Aber was dann? Nur die Unfähigkeit der Jünger, zwischen körperlicher und geistlicher Speise zu unterscheiden?

Widerspruch von allen Gruppen. Den Rationalisten ist das noch zu metaphysisch, den Pietisten bereits viel zu dürftig. »Warum zweifelt ihr daran?«, fragt einer. »Jesus ist Gottes Sohn, Gott ist allmächtig, und wer allmächtig ist, kann auch Brot vermehren.« Logisch.

Eine Bibelkundige unterstützt ihn mit Matthäus 17,20: »Wahrlich, ich sage euch, wenn ihr Glaube habt wie ein Senfkorn, so könnt ihr sagen zu diesem Berge: Hebe dich von hinnen! So wird er sich heben. Euch wird nichts unmöglich sein.«

»Dann versetz doch mal den Watzmann!«, ruft einer kichernd dazwischen. Die Bibelkundige schmollt.

»Vielleicht könnten wir es, vielleicht ist unser Glaube einfach nur zu klein für so etwas«, wendet der Logiker ganz ernsthaft ein.

»Ach so«, sagt der Kicherer, »das Ausmaß der Erdbewegungsarbeiten hängt vom Ausmaß des Glaubens ab. Der Papst kann dann die Alpen versetzen, unser Bischof den Schwarzwald und ich wegen geistlicher Armut nur einen Maulwurfshügel.«

Aufruhr bei den Pietisten. Glättung der Wogen durch den Dozenten. Er lenkt ab und leitet über auf das Zentralwunder: Auferstehung. Viele, viele Worte. Wenig Konkretes. Tenor: Auferstehung heißt, dass dieser Jesus selbst im Tod nicht totzukriegen ist.

»Verstehe ich nicht«, sagt einer, »was heißt das?«

»Das heißt, dass sich Gott auch im Tod weiter zu mir verhält und ich am Ende meines Lebens geborgen bin in seiner Liebe.«

»Verstehe ich auch nicht, darum anders gefragt: Wie ist das mit mir? Bin ich totzukriegen?«

Der Dozent: »Ich glaube, dass es ein ewiges Leben in Gott, in der Liebe gibt und dass jeder teilhat an diesem Leben.«

»Herr Professor, ist meine Seele unsterblich?«

»Die Unsterblichkeit der Seele ist keine christliche, sondern eine griechische Lehre.«

Nun wird der Frager hartnäckig: »Das ist mir eigentlich wurscht. Darum noch einmal: Werde ich nach meinem Tod irgendwie irgendwo weiterleben? Werde ich meinen verstorbenen Großvater wieder sehen, die übrigen Verwandten und meine Katzen? Wird sich der Lehrer, der mich zu Unrecht geohrfeigt hat, bei mir dafür entschuldigen? Werden Hitler, Himmler und Göring bestraft?«

Der Professor, nun endlich konkret werdend: »Wir wissen es nicht.«

Wie wahr.

Wenn alles ungewiss ist

Wenn man erfahren hat, dass es den Nikolaus nicht gibt, auch den Weihnachtsmann und das Christkind nicht und dass kleine Kinder nicht vom Storch gebracht werden, sondern auf eine Art und Weise zustande kommen, die man als Kind nur widerwillig zur Kenntnis nimmt, dann, so denkt man, hat man die gröbsten Überraschungen hinter sich und kann allmählich erwachsen und nur noch mäßig überrascht werden. Für die meisten Menschen mag das zutreffen, ausgenommen davon sind Studenten der Theologie. Denen steht ein weiteres Klapperstorch-Erlebnis bevor.

Das fängt zunächst ganz harmlos an. Jesus ist nicht im Jahre null – das es eigentlich gar nicht gibt – oder eins geboren worden, sondern vermutlich irgendwann zwischen sieben vor und sieben nach Christus, sehr wahrscheinlich nicht an einem 25. Dezember, sondern an irgendeinem anderen, heute nicht mehr feststellbaren Datum und sehr wahrscheinlich nicht in Bethlehem, sondern in Nazareth. Bethlehem muss es nur deshalb sein, weil es die Stadt Davids war und dort laut Altem Testament der Messias geboren werden sollte. Der 25. Dezember war ursprünglich der Geburtstag des römischen Sonnengottes, daher war es für die Urkirche irgendwie praktisch, Jesu Geburt auf diesen Tag zu datieren, und den alten Germanen passte dieser Termin auch gut ins Konzept. Die Flucht der heiligen Familie vor dem kindermordenden König Herodes nach Ägypten ist wahrscheinlich nur eine Legende und das mit der Jungfrauengeburt eine beliebte Mär der Antike. Es war damals in verschiedenen Kulturkreisen und Religionen üblich, dass Götter, Halbgötter, Könige, Kaiser und besondere Menschen von Jungfrauen geboren wurden. Da durfte das Christentum der Konkurrenz in nichts nachstehen.

Möglicherweise lernen Gymnasiasten dies alles heute schon vor dem Abitur. Mir wurde so etwas im Religionsunterricht nicht erzählt und den meisten anderen meiner Generation vermutlich auch nicht. Darum würde wohl auch heute bei einer Umfrage die übergroße Mehrheit antworten, Jesus sei in Bethlehem im Jahre null oder eins geboren worden, und die Flucht seiner Familie nach Ägypten sei historisch verbürgt. Nur die Jungfrauengeburt würde eine Mehrheit anzweifeln – in Übereinstimmung mit den meisten Theologen, welche die Jungfrauengeburt rundweg abstreiten, bei den Protestanten fast alle und alle namhaften, bei den Katholiken immer mehr, auch die namhaften, und wenn nicht öffentlich, dann zumindest heimlich.

Mit Überraschungen dieser Art kann man leben, auch als Christ. Sie erschüttern einen zwar, wenn man das erste Mal davon hört, aber sie erschüttern einen nicht mehr in den Grundfesten, da man zuvor schon durch den Religionsunterricht daran gewöhnt wurde, nicht alles wörtlich zu nehmen, was in der Bibel steht – zum Beispiel den Schöpfungsbericht, in dem es heißt, Gott habe sein ganzes Schöpfungswerk innerhalb einer normalen Arbeitswoche erledigt. Wenn dann der Pfarrer versichert, vor dem Gott der Ewigkeit seien tausend Jahre wie ein Tag, und die Evolutionslehre ändere nichts an der Tatsache der Schöpfung, dann wecken solche Anpassungen an den jeweiligen Stand der Forschung erste Zweifel, aber gleichzeitig ist man dankbar und erleichtert, dass man dennoch irgendwie weiter glauben kann, was man bisher geglaubt hat.

Leider sind diese überstehbaren Erschütterungen nur der Anfang. Die Theologie, die Magd der Kirche, treibt den sich Gewissheit verschaffen wollenden Studenten von einer Enttäuschung zur nächsten, und wenn er sich dank dieser Magd aller Täuschungen entledigt hat, ist vom alten Volks- und Kinderglauben nicht mehr viel übrig, eigentlich gar nichts.

Also: Unter den Evangelisten Johannes, Lukas, Markus und Matthäus habe ich mir als Kind immer vier Personen vorgestellt, die als Augenzeugen und von Gott inspiriert die Wahrheit und nichts als die Wahrheit aufgeschrieben haben, und mit Wahrheit meine ich die eine, umfassende, in sich stimmige, widerspruchsfreie und auch historisch bezeugte Wahrheit. Schließlich handelt es sich ja um das »Wort Gottes«, und Gott wird ja wohl nicht lügen oder sich in Widersprüche verheddern.

Von Paulus habe ich immer angenommen, er habe nach den Evangelisten gelebt, deren Schriften gelesen und in Kleinasien, Griechenland und Rom weitererzählt. Warum ich das gemeint habe, weiß ich heute nicht mehr. So etwas kommt wohl durch das von der eigenen Mutter Erzählte und im Konfirmanden- und Religionsunterricht Gehörte und Gelesene zustande, vor allem aber wahrscheinlich dadurch, dass man die biblischen Geschichten in einer bestimmten Reihenfolge erzählt bekommt, und da werden einem eben zuerst die zentralen Jesusgeschichten erzählt, danach erfährt man ein bisschen von den Evangelisten und erst sehr viel später von Paulus. Das Neue Testament hält sich auch an diese Reihenfolge, die setzt man unbewusst gleich mit einer Chronologie der Ereignisse, und wahrscheinlich machen das alle Laien so.

Dann lernt man im ersten Semester Theologie: Paulus war vor den anderen da, jedenfalls mit seinen Schriften, kannte die anderen offenbar gar nicht, und die Evangelien konnte er gar nicht kennen, denn sie waren noch nicht aufgeschrieben. Von

Paulus stammt das älteste schriftliche Dokument über Jesus, nämlich der Brief an die Thessalonicher. Paulus soll den Brief um das Jahr 50 herum geschrieben haben.

Und vorher? Nichts. Jesus soll ungefähr im Jahr 30 gekreuzigt worden sein. Was war in den darauf folgenden zwanzig Jahren? Warum haben wir nichts Schriftliches von den Jüngern oder anderen Augenzeugen? Warum wurde Paulus, der nicht zum Kreis der Jünger gehörte und Jesus zeit seines Lebens gar nicht kannte, ein wichtigerer Zeuge als Petrus, der wichtigste Jünger Jesu und spätere Bischof von Rom? Und warum gibt es über diesen Jesus so gut wie nichts Schriftliches von der römischen Besatzungsmacht, obwohl doch die römische Geschichtsschreibung schon sehr hoch entwickelt war und fast jeden Furz dokumentierte, der sich im römischen Weltreich ereignete?

Wie kann es sein, dass die Römer einen Mann ignoriert haben, der auf dem Wasser laufen konnte, Wasser in Wein verwandelt, Kranke geheilt und Tote auferweckt hat? Jesus ist gekreuzigt worden, und als das geschah, hat die Erde gebebt, der Tempelvorhang riss von oben bis unten entzwei, am Nachmittag wurde es für drei Stunden dunkel, und aus den Gräbern stiegen viele Tote. In den reichlich vorhandenen Dokumenten antiker Historiker steht nichts davon. Nur die biblischen Schriften behaupten es.

Wer hat das eigentlich wann und wo geschrieben? Was wissen wir über den Evangelisten Markus? Nichts. Nach kirchlicher Überlieferung soll es sich um einen Mann namens Johannes Markus gehandelt haben, der aus Jerusalem stammte, ein Verwandter des Barnabas gewesen sein soll und angeblich Paulus auf einer Missionsreise begleitet hat. Später soll er Sekretär und Dolmetscher des Petrus in Rom gewesen sein, und nach dessen Erzählungen soll Markus das Evangelium aufgeschrieben haben. Wir hätten also im Markus-Evangelium ein sehr authentisches Dokument, das auf der Augenzeugenschaft des wichtigsten Jüngers Jesu beruht.

So hätte es die Kirche gern gehabt. Aber so kann es nicht gewesen sein, sagen die Theologen. Dazu kenne sich der Verfasser namens Markus sowohl mit der Geografie Jerusalems und Palästinas als auch mit den jüdischen Sitten zu wenig aus. Und ein Begleiter des Paulus könne dieser Markus auch nicht gewesen sein, denn von der paulinischen Theologie habe er offenbar keinen Schimmer. Wir wissen also nicht, wer das Markus-Evangelium geschrieben hat, und auch nicht, wo es geschrieben wurde. Verschiedene Indizien deuten darauf hin, dass es um 70 nach Christus geschrieben wurde und darum das älteste Evangelium ist. Markus hat seinen Text sehr wahrscheinlich aus umlaufenden mündlichen Überlieferungen und einigen schriftlichen Quellen komponiert.

Das Matthäus-Evangelium, wahrscheinlich zwischen den Jahren 80 und 90 entstanden, ist nicht vom Apostel und ehemaligen Zöllner Matthäus geschrieben worden, wie es die kirchliche Überlieferung behauptet, sondern wiederum von einem unbekannten Verfasser wahrscheinlich jüdischer Herkunft. Er hatte Markus als Quelle, dazu eine Sammlung echter oder angeblicher Jesus-Sprüche und ein eigenes Sondergut, vermuten die Theologen ziemlich übereinstimmend.

Das Lukas-Evangelium und die Apostelgeschichte stammen angeblich von dem Arzt Lukas, welcher ein Begleiter des Apostels Paulus gewesen sein soll. Aber auch hier meint die Mehrheit der Theologen: Nein, der war's nicht, und wer es wirklich war, wissen wir nicht. Der unbekannte Verfasser namens Lukas komponierte seinen Text sehr wahrscheinlich aus Markus, der Spruchquelle und eigenem Sondergut, ebenfalls um die Jahre 80 bis 90 herum.

Das Johannes-Evangelium gilt als das jüngste und soll ungefähr zwischen den Jahren 100 und 110 entstanden sein. Es unterscheidet sich in vielen Punkten in charakteristischer Weise von Markus, Lukas und Matthäus, weist jedoch auch viele Übereinstimmungen mit diesen auf. Aus welchen Quellen Johannes schöpfte, ob er die drei anderen Evangelien kannte oder nur zwei davon oder wenigstens eines, ist umstritten. Zahlreiche Stellen seines Textes finden sich nur bei ihm, andere könnte er aus den drei älteren Evangelien übernommen haben. Der Theologe Rudolf Bultmann meinte sogar, den Original-Johannes hätten wir gar nicht mehr vorliegen, sondern eine frühkirchlich überarbeitete Version des Originals. Und wie schon bei den anderen drei Evangelisten sagen die Theologen auch bei Johannes: Nein, es handelt sich bei ihm nicht um einen Augenzeugen Jesu, den Zebedaiden Johannes, wie es die kirchliche Überlieferung behauptet, sondern wiederum um einen Unbekannten, über den wir nichts wissen.

Die Evangelien stammen also nicht von Augenzeugen, sondern von Leuten, über die wir nichts wissen. Auch das können im christlichen Glauben Gefestigte noch einigermaßen verkraften, obwohl die Frommen in der Kirche wie auch der Papst ihre Probleme damit haben.

Auch ich habe Probleme damit, wenngleich andere als der Papst. Paulus erwähnt einmal, dass er in Jerusalem Jakobus getroffen habe, einen Bruder Jesu, der dort die nachösterliche Gemeinde leitete. Deshalb frage ich mich: Warum gab es nicht mehr zu berichten als das Faktum des Treffens? Wenn ich Paulus gewesen wäre, ich hätte Jakobus Löcher in den Bauch gefragt, hätte alles wissen wollen, hätte mir die ganze Geschichte erzählen lassen von der Geburt bis zum Kreuz und der Auferstehung, und das hätte ich dann aufgeschrieben. Warum hat Paulus das nicht getan? Gab es Krach zwischen den beiden? Bestand ein Konkurrenzverhältnis?

Er war halt kein Journalist, werden die Theologen antworten, auch kein Historiker, sondern ein Missionar und als solcher an biografischen Einzelheiten nicht interessiert. Das mag ja sein, dass einer, der von den Hauptsachen ergriffen ist, sich für Nebensächliches nicht interessiert. Trotzdem kann ich mir nur schwer vorstellen, dass die normale menschliche Neugier Paulus nicht veranlassen konnte, wenigstens das Wichtigste über die Hauptperson seines Glaubens in Erfahrung zu bringen. Wenn ich ein Idol habe und dazu die Chance, die Zeitgenossen dieses Idols zu besuchen und zu befragen, warum sollte ich mir diese Chance entgehen lassen?

Warum sollte Paulus nicht daran interessiert gewesen sein? Vielleicht war er's und hat Dinge in Erfahrung gebracht, die ihm nicht ins Konzept passten und die er darum verschwieg?

Oder hat er die Liebe, die er predigte, für die Jünger Jesu nicht aufgebracht und darum deren Nähe gemieden? Hat er den Jüngern ihre Jünger- und Zeitgenossenschaft geneidet?

Es ist schwierig, das Desinteresse des Paulus an dem, was wirklich geschah, zu verstehen. Noch schwieriger, auch für die Gefestigten, wird es aber, wenn man die vier Evangelien und die übrigen Schriften des Kanons miteinander vergleicht. Ergäbe dieser Vergleich ein widerspruchsfreies, in sich konsistentes Bild vom Leben und der Lehre Jesu, könnte der erschütterte Christ gestärkt und gefestigt aus dieser Erschütterung hervorgehen.

Doch daraus wird nichts. Die Misere beginnt schon mit der Geburt. »Geboren von der Jungfrau Maria« heißt es im Glaubensbekenntnis aller Christen. Paulus weiß nichts davon. Vielleicht war es ihm nicht wichtig genug, das zu erwähnen. Wenn es ihm unwichtig war, warum ist es dann der Kirche so wichtig? Wenn es wichtig ist, aber Paulus es nicht erwähnt, warum tat er's nicht? Markus, der früheste Evangelist, weiß ebenfalls nichts davon, berichtet überhaupt keine Geburts- und Kindheitsgeschichten. Und bei Johannes ist Jesus »Josefs Sohn«, hat also den Zimmermann aus Nazareth zum Vater – wie kann er Jesus gezeugt haben, ohne Maria zu entjungfern? Matthäus nennt einen Stammbaum, der von David über Josef zu Jesus reicht, also ist wiederum Josef und nicht der Heilige Geist der Vater. Es gibt noch weitere Ungereimtheiten, zum Beispiel die Brüder Jesu, die mehrfach erwähnt werden und bei denen es sich ganz offensichtlich um leibliche Brüder handelt. Wurden diese ebenfalls jungfräulich geboren?

Ungereimtheiten und Widersprüche dieser Art veranlassen so gut wie alle Theologen dazu, in Zusammenhang mit den Geburtsgeschichten Jesu von »Legendenbildung« zu reden. Von Ungereimtheiten und Widersprüchen ist die Bibel voll. Der Platz reicht nicht, um sie hier alle aufzuzählen, und das verursacht bei jedem Studenten der Theologie, sofern er seinen Glauben ernst nimmt, ein unangenehmes Bauchgrimmen.

Generationen von Theologen, angefangen bei Augustinus über Thomas von Aquin und Martin Luther bis zu den heutigen Theologen, haben die Bibel von vorne bis hinten und wieder zurück gelesen, die vielfältigen Beziehungen der verschiedenen Texte aus verschiedenen Zeiten erhellt, jede Anspielung auf andere Stellen untersucht, Vergleiche angestellt, später auch das jeweilige historische Umfeld der Texte untersucht, außerchristliche Quellen und Ergebnisse der historischen und archäologischen Forschung mit einbezogen, diverse Literaturgattungen und Textformen voneinander unterschieden und versucht, jedem Text und jedem Wort seinen zugehörigen Sitz im Leben der damaligen Zeit zuzuordnen. Man kann davon ausgehen, dass es zu praktisch jedem Wort der Bibel mindestens einen Kommentar eines Theologen gibt. Es ist also nicht bloße Spekulation oder gar leichtfertiges Vermuten, wenn Theologen sagen, diese oder jene Geschichte sei eine Legende, oder dieses oder jenes Wort Jesu sei kein echtes Jesuswort, sondern eine Bildung durch die nachösterliche Gemeinde. Hinter solchen Äußerungen steckt eine große Menge Wissen, und darum ist das Bauchgrimmen berechtigt.

Das Bauchgrimmen verstärkt sich durch die vielen wundersamen Geschichten über Jesus. Der moderne Mensch kann sie eigentlich nicht glauben, weil er eben, solange er lebt, nie Zeuge einer Verwandlung von Wasser in Wein wird. Er kann nicht auf dem Wasser gehen, und andere können es ebenfalls nicht. Er kann nicht mit ein paar Broten und ein paar Fischen eine Party für fünftausend Gäste geben, einen Sturm zum Erliegen bringen oder Tote auferwecken, und andere können es ebenfalls nicht.

Seit wir eine kritische Geschichtsschreibung haben, ist nicht ein Fall bezeugt, der ein Kaliber wie die biblischen Wunder hat. Warum also sollen wir glauben, vor dem Beginn der kritischen Geschichtsschreibung sei so etwas möglich gewesen? fragen nicht nur Laien, Atheisten und Agnostiker, so fragen auch die Theologen: Regiert Gott etwa die Welt wie ein Marionettentheater, ist er »ein willkürlicher Spieler, der vor 1900 Jahren mit Wundern verschwenderisch war, seit langem aber geizig geworden ist«? Und: »Warum spendete er der schon trunkenen Hochzeitsgesellschaft in Kana damals siebenhundert Liter besten Weines, und warum lässt er heute so viele Kinder verhungern?«[2]

Deshalb sagen die meisten Theologen: Auch die Wundererzählungen sind, wenn nicht frei erfunden, bestenfalls Legenden. Allenfalls einige Krankenheilungen wollen manche Theologen gelten lassen. Bei den so genannten Naturwundern »bin ich nicht geneigt, ein wirkliches damaliges Geschehen anzunehmen; jedenfalls nicht in der Art, wie die Texte selber dies Geschehen darstellen«, schrieb der Neutestamentler Herbert Braun in seinem Jesus-Buch.[3] Die meisten Theologen, so gut wie alle protestantischen, sind nicht geneigt, den biblischen Wundererzählungen zu glauben, und diese Neigung verspüren sie schon seit mehr als fünfzig Jahren.

Die Neigung haben sie von einem ihrer größten Kollegen des 20. Jahrhunderts, dem Theologen Rudolf Bultmann, der in einem berühmt gewordenen Vortrag den Kern seines Bibel- und Glaubensverständnisses auf den Punkt brachte und damit die ganze Theologie seit ihren Anfängen bis ins Mark erschütterte. Bultmann hat diesen Vortrag mit dem Titel »Neues Testament und Mythologie« am 4. Juni 1941 auf der Tagung der Gesellschaft für Evangelische Theologie in Alpirsbach gehalten. Zunächst hatte er damit kaum eine Wirkung erzielt, auch die gedruckte und verbreitete Fassung führte zu kaum einer Reaktion. Es war halt mitten im Krieg. Da hatte man andere Sorgen. Aber nach dem Krieg, da gingen die Wogen hoch, und zu Recht.

Was Bultmann umtrieb, war die Kluft zwischen dem mythischen Weltbild des Neuen Testaments und dem von Wissenschaft und Technik bestimmten Weltbild des modernen Menschen. Diesem modernen Menschen sei es nicht länger zuzumuten, die christlichen Mythen wörtlich zu nehmen, sagte Bultmann.

Ein christlicher Mythos ist die Einteilung der Welt in drei Stockwerke: oben der Himmel, unten die Hölle und dazwischen die Erde als Kampfplatz zwischen Gott und dem Teufel. Mythisch ist die Schilderung von Christus als einem präexistenten Gotteswesen, das sich auf Erden als Mensch inkarniert, Wunder vollbringt, Dämonen austreibt, Kranke heilt, die Sünden der Menschen auf sich nimmt, dafür am Kreuz stirbt, am dritten Tage aufersteht, in den Himmel fährt, von dort wieder zurückkommt, und zwar schon bald, und nach einem Ablauf verschiedenster kosmischer Katastrophen die Toten aufweckt, vor Gericht stellt und die gesamte Menschheit in Selige und Verdammte scheidet. Und mythisch ist schließlich die Vorstellung, am Ende aller Zeiten werde Christus einen neuen Himmel und eine neue Erde schaffen.

Dies alles seien Geschichten, die aus antiken Mythen, spätjüdischer Apokalyptik und gnostischen Erlösungsfantasien komponiert wurden, und diese seien durch das moderne Weltbild erledigt. Damit, sagt Bultmann, sei auch die Höllen- und Himmelfahrt Christi erledigt, erledigt sei die Vorstellung von einer unter kosmischen Katastrophen hereinbrechenden Endzeit, erledigt die Erwartung des auf den Wolken des Himmels kommenden Menschensohnes, erledigt die Wunder als bloße Wunder, erledigt der Geister- und Dämonenglaube. Man könne nicht »elektrisches Licht und Radioapparat benutzen, in Krankheitsfällen moderne medizinische und klinische Mittel in Anspruch nehmen und gleichzeitig an die Geister- und Wunderwelt des Neuen Testaments glauben. Und wer meint, es für seine Person tun zu können, muss sich klar machen, dass er, wenn er das für die Leistung christlichen Glaubens erklärt, damit die christliche Verkündigung in der Gegenwart unverständlich und unmöglich macht.«[4]

Als ruchbar wurde, was Bultmann alles »erledigt« hatte, war die evangelische Kirche nahe daran, Bultmann zu erledigen. Nachdem etliche Bischöfe, Theologen, Laien, Pietisten und Konservative Bultmann als Zerstörer des Glaubens und der Kirche angegriffen und ihm »Demontage der Christusbotschaft« und »Brunnenvergiftung« vorgeworfen hatten, sollte die Generalsynode der Vereinigten Evangelisch-Lutherischen Kirche Deutschlands 1957 Bultmanns Theologie öffentlich verurteilen. Bultmann entging dieser Verurteilung nur knapp, aber noch heute werden Theologen von frommen Gläubigen beschimpft, wenn sie die Ergebnisse ihrer Forschungen nicht mehr nur in Vorlesungen und Seminaren an der Universität mitteilen, sondern in der Öffentlichkeit, gar im Raum der Kirche.

Die Theologen verdienen aber eher Lob. Viel zu lange ist in der Kirche die Wahrheit mit Füßen getreten und Schindluder mit ihr getrieben worden. Wenn schon, dann ist die Kirche dafür zu schelten, dass sie erst in den letzten zwei Jahrhunderten die Kirchenfenster aufgerissen und die frische Luft der Aufklärung hereingelassen hat, und die katholische Theologie hat diese Frischluft noch bis nach dem letzten Weltkrieg nur in homöopathischen Dosen in ihre Mauern gelassen. Noch heute ist sie bemüht, den Frischluftschock unter Kontrolle zu halten oder gar nicht erst aufkommen zu lassen. Und in beiden Kirchen gibt es starke konservative Kräfte, die überzeugt sind, dass die modernen Theologen auf einem total falschen Dampfer fahren und die christlichen Fundamente unterminieren.

Diese Christen, die in ihrem Glauben hocken wie in einer Burg, die auf jede Frage eine schnelle Antwort haben und gegen jeden Zweifel ein sicheres Argument, die nichts beirren kann und die immer schon alles wissen und gewusst haben, die auf ihrem Gott sitzen wie auf einem Haufen Gold, schaden der Kirche und dem Glauben wahrscheinlich mehr, als sie beidem nützen, weil es einfach nicht redlich sein kann, in unserer Zeit von keinem Zweifel angekränkelt zu sein, aber auch, weil dieser zweifelsfreie Glaube, diese als Besitz beanspruchte Gewissheit gegen alle Zweifler und Kritiker sehr aggressiv verteidigt wird, so, als ob die Zweifler und Kritiker dem kritiklos Glaubenden diesen Besitz streitig oder madig machen wollten. Der aggressive, oft sogar bösartige Umgang der Glaubensfundamentalisten mit Zweiflern und Kritikern – den wir auch im Islam beobachten – entlarvt ihren Glauben als hohl und schwach. Wäre er stark, führte er zu liebevoller Gelassenheit statt zu aggressiver Abwehr.

Verdächtig erscheint mir der Glaubensfundamentalismus auch, weil er sich regelmäßig mit politisch rechts bis reaktionär sich artikulierenden Kräften verbündet. Die konservativen Propagandisten eines entfesselten Kapitalismus, welche die abendländischen Werte ergriffener im Munde führen, als es ihren alltäglichen Entscheidungen und Handlungsweisen entspricht, sind – sowohl bei uns in Deutschland wie auch in den USA – oft aufs Engste liiert mit jenen Frommen, die es sich als persönliche Leistung anrechnen, alles glauben zu können, was in der Bibel steht, die deshalb mitleidig auf jene herunterlächeln, die von Zweifeln geschüttelt und von Fragen gepeinigt sind und darüber ihre Orientierung verlieren.

Newt Gingrich, einer der führenden Apologeten des Hightech-Kapitalismus, ist zugleich als Galionsfigur der religiösen Rechten in den USA ein führender Hardliner, wenn es um die Bestrafung von abtreibenden Frauen geht. Dort, wo man besonders fromm sein will und daher größten Wert legt aufs Schulgebet, wo man der Schule sogar verbietet, Darwins Evolutionstheorie zu lehren, dort lehnt man besonders heftig emanzipierte Frauen, Lesben und Schwule ab, dort ist der Hass auf abtreibende Frauen sichtlich größer als die Liebe zum ungeborenen Leben, für das zu kämpfen man vorgibt. Dort wird auch gleich die Polizei geholt, wenn ein kleiner Junge seine kleine Schwester zärtlich streichelt, statt sich mit anderen Jungs zu prügeln oder mit Spielzeugwaffen herumzuballern. Dort wohnen die Verfechter der Todesstrafe und die Anhänger der waffenstarrenden US-Army, die mit rauchendem Colt den Sheriff der Welt zu spielen hat. Dort haben Aufklärer, Zweifler, Kritiker einen schweren Stand, und da werden Theologen, die einfach nur wissenschaftliche Thesen vortragen, welche zur offiziellen Ideologie in Widerspruch stehen, schnell verdächtigt, mit dem Teufel im Bunde zu stehen oder eine Inkarnation des Anti-Christ zu sein.

Was diese Theologen antreibt, ist aber nicht der Wunsch, den Glauben zu zerstören oder die Fundamente der Kirche auszuhöhlen, sondern einfach nur das Ethos der Wahrheit. Sie sind Wissenschaftler und fragen: Was geben die biblischen Texte her? Was können wir aus ihnen ableiten? Wie müssen wir sie verstehen, wenn wir sie im Kontext mit anderen, nichtbiblischen Texten aus dieser Zeit lesen?

Und dann kommt es eben zu dieser großen Enttäuschung. Aber in dieser Enttäuschung beweisen die Theologen einen größeren und wahrhaftigeren Glauben als ihre Kritiker, denn die Theologen sagen: Wenn Gott Gott ist, dann ist er groß, so groß, dass er die Wahrheit nicht fürchten muss. Im Gegenteil: Der Gott, an den wir glauben, müsste geradezu ein lebenswichtiges Interesse daran haben, dass wir Menschen der Wahrheit immer näher kommen, und hat er nicht selbst gesagt, die Wahrheit werde uns frei machen?

Aus diesem Grund sind die meisten protestantischen Theologen auf Bultmanns Weg entschlossen weitermarschiert – die Wahrheit war Protestanten im Gegensatz zu Katholiken schon immer wichtiger als die Einheit der Kirche –, darauf marschieren sie noch heute, und mit fast jedem Schritt und Tritt stoßen sie auf Dinge, welche sie als Illusion beiseite schieben müssen. Ihre wissenschaftlichen Erkenntnisse widersprechen weithin dem, was in der Bibel steht und was auf den Kanzeln gepredigt wird, so dass Rudolf Augstein nach Lektüre aller relevanten Jesus-Bücher und einer Sichtung der wichtigsten theologischen Literatur resümiert, die Kirche berufe sich auf einen Jesus, »den es nicht gab, auf Lehren, die er nicht gelehrt, auf eine Vollmacht, die er nicht erteilt, und auf eine Gottessohnschaft, die er selbst nicht für möglich gehalten und nicht beansprucht hat«.[5]

Augstein hat bereits 1972 in seinem Buch *Jesus Menschensohn* die Antworten theologischer Forschung auf die Frage, wer Jesus war, zusammengetragen. Schon damals hatte Augstein Mühe zu verstehen, wie sie nach allem, was sie wissen, noch gläubige Christen sein können. Siebenundzwanzig Jahre später hat er sich die Mühe gemacht, noch einmal dieser Frage nachzugehen, diesmal mit dem zusätzlichen Ertrag der Forschung in diesen siebenundzwanzig Jahren.

Das macht Augsteins Buch zu einer sehr lesenswerten Lektüre für jeden Christen und für jeden an Religion, Glaube und Christentum Interessierten, denn Augstein hat gründlich alles gelesen, was für die Frage nach Jesus relevant ist, und das Gelesene verständlich aufbereitet und spannend komponiert, was für all jene ein Gewinn ist, die weder Zeit noch Lust haben, sich durch die langweilig geschriebene, schwer verständliche und langatmig vor sich hin plätschernde Fachliteratur der Theologen zu quälen.

Eine Biografie Jesu lässt sich mangels historischer Fakten nicht schreiben, das hat schon Albert Schweitzer vor fast hundert Jahren herausgefunden, daran hat sich bis heute nichts geändert, und das wird so bleiben, wenn nicht neue, überraschende Funde aus frühchristlicher Zeit neue Fakten liefern. Viel von dem, was Jesus laut Bibel gesagt haben soll, hat er nicht gesagt, sondern ist ihm von der frühen Kirche in den Mund gelegt worden. Die meisten Taten, die von ihm berichtet werden, hat er nicht vollbracht. »Nicht was ein Mensch namens Jesus gedacht, gewollt, getan hat, sondern was nach seinem Tode mit ihm gedacht, gewollt, getan worden ist, hat die christliche Religion und mit ihr die Geschichte des so genannten christlichen Abendlandes bestimmt.«[6]

Jesus wollte weder eine neue Religion stiften noch eine Kirche gründen. Er wollte weder Gott noch die zweite Person eines dreifaltigen Gottes sein. Und schon gar nicht wollte er die Menschheit durch seinen Kreuzestod erlösen – ein solcher Gedanke wäre ihm absurd erschienen, von der leiblichen Auferstehung ganz zu schweigen.

Jesus, wahrer Mensch und zugleich wahrer Gott, Gottessohn und Messias? Wahrer Mensch, irrender Mensch, das wohl. Jesus hat geglaubt, noch zu seinen Lebzeiten werde die Welt untergehen, und Gott werde einen neuen Himmel und eine neue Erde errichten. Jesus starb am Kreuz, und die Welt ging weiter ihren Gang.

Nach ihm haben seine Jünger geglaubt, er werde aus dem Himmel zurückkehren und alles neu machen, und sie alle würden's noch erleben. Die Jünger starben, und die Welt ging weiter ihren Gang. Danach erwarteten die Urchristen die Wiederkunft ihres Herrn, danach deren Nachfolger und so fort bis auf den heutigen Tag, und die Welt geht noch immer ihren Gang.

Wie konnte der Messias sich so irren, wie kann ein Sohn Gottes sich so vertun? Er war eben nicht der Messias und nicht der Sohn Gottes, jedenfalls nicht nach seinem eigenen Verständnis. Dazu hat ihn die nachösterliche Gemeinde erst gemacht. Die biblisch überlieferten Worte, nach denen er sich als »Messias« oder »Gottessohn« bezeichnete, stammen nicht von ihm, sagen die Theologen, wurden ihm, wie vieles andere auch, von seinen Anhängern in den Mund gelegt. Nicht einmal mehr von der Bergpredigt und den Gleichnissen, bei denen man lange Zeit glaubte, hier spreche noch der Original-Jesus unverfälscht, ist noch sicher, ob es wirklich Jesus ist, der da spricht.

Die Kirche gründet also auf Geschichten, über deren Verfasser wir nichts wissen. Sie gründet auf Geschichten, die nur von Jesus-Anhängern erzählt wurden, aber von sonst niemandem. Neutrale Zeugenaussagen fehlen, Hinweise über Jesus in nichtchristlichen Quellen sind so spärlich, so nebensächlich und so unergiebig, dass manche Kritiker sogar fragen, ob man überhaupt mit historischer Sicherheit beweisen könne, dass Jesus gelebt habe. Die Kirche gründet auf Geschichten, die einander widersprechen, historisch nicht belegt oder sogar widerlegt sind und sich so, wie sie geschildert werden, kaum ereignet haben können. Und sie gründet auf Geschichten, die schlicht und einfach nicht wahr sind, sondern nur alte Mythen wiedergeben.

Es sei nun mal nicht die Absicht der Evangelisten und Apostel gewesen, einen lückenlosen Tatsachenbericht über das Leben Jesu aufzuschreiben, sondern Glauben zu wecken, sagen die Theologen. Die Evangelien seien deshalb keine historischen Berichte, sondern »Glaubenszeugnisse«. Nicht, wie es wirklich gewesen ist, interessiere die Evangelisten, sondern was Christen glauben und glauben sollen – und wenn man das Wort »Glaubenszeugnisse« durch das Wort »Propaganda« ersetzt, winden sich zwar die Theologen und erst recht die Bischöfe in Schmerzen, aber man macht nichts falsch damit.

Auf die »Glaubenszeugnisse« sehr einfacher, überwiegend ungebildeter, ziemlich unwissender, einem längst überwundenen Weltbild verhafteter Menschen soll ich also mein Leben bauen. An diesen »Glaubenszeugnissen« und Kampfschriften frühchristlicher Propagandisten soll ich mein Denken, Handeln, Wissen und Hoffen orientieren.

Wird mir da nicht ein bisschen viel zugemutet?

Und was ist mit der Auferstehung?

Wenn alles ungewiss ist, vieles sich auflöst, kaum noch etwas vor den historisch-kritischen Nachstellungen der Theologen bestehen kann, hat dann wenigstens das Zentrum des christlichen Glaubens Bestand, die Auferstehung, das leere Grab? Immerhin hat schon Paulus den Korinthern ins Stammbuch geschrieben: »Ist aber Christus nicht auferstanden, so ist unsere Predigt vergeblich, so ist auch euer Glaube vergeblich« (1. Kor 15,13f.).

Vermutlich deshalb haben sich die Theologen lange Zeit eher vorsichtig geäußert, mehr oder weniger verschlüsselt, aber inzwischen sagt kaum noch einer frank und frei: Jawohl, Jesus war drei Tage tot, und danach ist seine Leiche wirklich wieder lebendig geworden. Jesus hat dann ein zweites Erdenleben geführt, ehe er auf einer Wolke endgültig in den Himmel entschwand.

Bei der Jungfrauengeburt, den Wundern, zahlreichen angeblichen Jesusworten, sogar bei der Himmelfahrt sind heute viele Theologen bereit, zu sagen: geschenkt. Bei der Auferstehung scheuen sie das, weil sie denken: Wenn wir den Auferstehungsglauben auch noch drangeben, dann haben Kirche und Christentum keinen Grund mehr.

Gerne möchten die Theologen daher ihren Kollegen Martin Dibelius und Werner Georg Kümmel glauben, die einmal argumentiert haben, dass die Jünger nach der Gefangennahme Jesu zwar angsterfüllt geflüchtet seien, sich aber kurz nach dem Tod Jesu versammelt, eine Gemeinde von Christen gebildet und furchtlos den Auferstandenen verkündigt haben. Es müsse sich also etwas ereignet haben, was aus ängstlichen, gedemütigten Flüchtlingen kraftvolle, mutige Christusverkünder gemacht und sie befähigt hat, dies nicht nur vorübergehend zu sein, sondern dauerhaft zu bleiben. Dieses »Etwas« sei der historische Kern des Osterglaubens.

Was aber könnte das gewesen sein? Für den Papst und den Volksglauben ist die Antwort klar: Der Auferstandene selbst, in dessen Wunden der ungläubige Thomas seine Finger legen durfte, war dieses Etwas.

Schon bei Dibelius und Kümmel waren es nur noch Visionen. »Offenbar haben zuerst Petrus, dann die anderen Jünger, dann auch weitere Anhänger Jesu, auch sein bisher ungläubiger Bruder Jakobus in Visionen den von ihnen geschiedenen Meister lebend und in himmlischer Glorie geschaut.«[7]

Der Theologe Gerd Lüdemann[8] hält es mit Rudolf Bultmann, der gesagt hat, ein Leichnam könne nicht wieder lebendig werden und aus dem Grabe steigen. Für Lüdemann ist Jesus in seinem Grab verwest wie jede andere Leiche. Wie Bultmann vor knapp einem halben Jahrhundert, so erregte Lüdemann vor ein paar Jahren mit dieser Aussage und mit seinem ganzen Buch über die Auferstehung Jesu die Gemüter. Dabei geben selbst seine Kritiker zu, dass er mit seinen Aussagen eigentlich kaum über das hinausgeht, was andere Theologen auch schon gesagt haben. Im Gegensatz zu diesen aber versteckt Lüdemann das Anstößige nicht, sondern sagt es offen, und er verklausuliert es nicht mithilfe beliebter theologischer Termini, die nur in der eigenen Zunft verstanden werden, sondern er sagt es geradeheraus und so verständlich, dass seine Kollegen reflexartig von »Vereinfachung«, »Verfälschung« und »Simplifizierung« reden.

Aber Lüdemann spitzt eigentlich nur zu, was seine Kollegen langatmig, unverständlich und zu Tode differenzierend auch sagen, und er nimmt sich die Freiheit, auch das zu sagen, was seine Kollegen lieber nicht sagen, aber vielleicht heimlich denken oder sich verbieten, zu denken, zum Beispiel eben den Anstoß erregenden Gedanken: Jesus ist in seinem Grab verwest wie jede andere Leiche.

Natürlich liest man's in der Bibel anders. Dort hat Jesus am dritten Tag sein Grab verlassen und ist Frauen und Jüngern erschienen, mit zwei Jüngern von Jerusalem nach Emmaus gewandert, hat mit weiteren Jüngern gesprochen und gegessen, ist durch eine geschlossene Tür gegangen, hat dem ungläubigen Jünger Thomas die Wunden der Kreuzigung gezeigt und ist bei Damaskus dem Christenverfolger Saulus erschienen, der daraufhin zum Christen und zum Apostel Paulus wurde. Und nach vierzig Tagen ist Jesus aufgefahren gen Himmel.

Lüdemann glaubt diesen Geschichten schon deshalb nicht, weil sie von Paulus und den Evangelisten so widersprüchlich erzählt werden, und dies umso ausgeschmückter und mit umso mehr Details bereichert, je weiter sich die Geschichten zeitlich von dem Ereignis entfernen. Zum Beispiel die Sache mit dem leeren Grab: Bei Markus finden die Frauen ein leeres Grab und sagen niemandem etwas, bei Matthäus und Lukas dagegen berichten sie den Jüngern vom leeren Grab. Bei Markus und Lukas melden Engel die Auferstehung, bei Matthäus und Johannes erscheint Jesus selbst.

Jüdische Gegner unterstellten den Jüngern, sie hätten den Leichnam beiseite geschafft. Vielleicht deshalb wird in einer späteren Schicht bei Matthäus erzählt, die Hohenpriester hätten von Pilatus die Bewachung des Grabes verlangt, »damit nicht seine Jünger kommen und ihn stehlen und zum Volk sagen: Er ist auferstanden von den Toten.« Also wird das Grab von Römern bewacht, die in Ohnmacht fallen, als ein Engel erscheint und zu den Frauen spricht. Obwohl die ohnmächtigen Soldaten nichts hören konnten, berichten sie hinterher »alles, was geschehen war«, allerdings nicht etwa ihrem Vorgesetzten Pilatus, der sie ans Grab kommandiert hatte, sondern den jüdischen Oberen.

Die Geschichte von der Auferstehung, vermutet Lüdemann, ist wahrscheinlich schon damals, kurz nach Jesu Tod, von vielen Seiten stark bezweifelt worden, weshalb die Schilderungen des Vorgangs mit der Zeit immer massiver werden. Bei Markus wird nichts berichtet über das Verhalten und Aussehen des Auferstandenen. Es genügt das Faktum der Auferstehung. Bei Lukas zeigt Jesus seine Hände und Füße und fordert die Anwesenden auf, ihn anzufassen und zu fühlen, damit sie spüren, dass er kein Geist oder Gespenst ist. Und dann isst er sogar mit ihnen »gebratenen Fisch und Honigseim«. Bei Johannes betritt Jesus einen Raum, obwohl »die Türen verschlossen waren«, und fordert den ungläubigen Jünger Thomas auf, ihn zu betasten.

Ist es nicht merkwürdig, dass Paulus von all dem nichts weiß? Lapidar teilt er mit, Jesus sei zuerst dem Kephas erschienen (gemeint ist Petrus), dann den Zwölfen, später »mehr als fünfhundert Brüdern auf einmal«, ferner dem Jesus-Bruder Jakobus, allen Aposteln und »am Letzten nach allen ist er auch von mir als einer unzeitigen Geburt gesehen worden«. Kein Wort von den Frauen, nichts vom leeren Grab, von den Wunden Jesu, seiner Leiblichkeit, nichts von Emmaus und den römischen Bewachern des Grabes.

Auch Lüdemann meint, dass es sich bei diesen »Erscheinungen« um Visionen handelte. »Was die Osterzeugen erlebten, war ein Sehen im Geist und nicht das Sehen eines wieder belebten Leichnams.«[9] Die von Paulus an erster Stelle genannte Vision des Kephas/Petrus hält Lüdemann für das wichtigste Ereignis. »Aus dieser Erscheinung wurde die Folgerung gezogen: Gott hat Jesus von den Toten auferweckt.« Und diese Petrus-Vision habe die anderen Jünger quasi angesteckt, zu einer »Kettenreaktion ohnegleichen« geführt, zu einem religiösen Rausch und einer Begeisterung, die als Gegenwart Jesu gedeutet wurde.

Lüdemann hält auch die Erscheinung »vor mehr als fünfhundert« für ein »enthusiastisches Erlebnis einer großen Menge von Menschen, die als Begegnung mit Christus aufgefasst wurde« und von der er mit anderen Theologen annimmt, dass darauf das in der Bibel berichtete Pfingsterlebnis zurückgeht.

Und was war dann das Damaskus-Erlebnis des Paulus? Lüdemann vermutet, dass der Christenverfolger Paulus insgeheim von der christlichen Lehre fasziniert war, Zweifel an seinem eigenen Glauben unterdrückt und dieser Konflikt sich in einer Vision Jesu entladen hat.

Damit seien »die traditionellen Vorstellungen von der Auferstehung als erledigt zu betrachten«, resümiert Lüdemann.[10] Und die Vorstellungen von einer Auferstehung der Toten am Jüngsten Tag? Darüber sei nur zu sagen, die im Glauben erfahrene Einheit mit Gott habe »Bestand über den Tod hinaus«, und weiteres Fragen nach Ereignissen im Jenseits habe keinen Sinn.

Natürlich stellt sich Lüdemann selbst die Frage, die man sich angesichts solcher Vorstellungen stellen muss: »Können wir noch Christen sein?«

Ja, meint Lüdemann. Die Christen verlören nichts, wenn sie an die Auferstehung nicht mehr so glauben können wie bisher, denn: »Vor Ostern war bereits all das vorhanden, was nach Ostern als endgültig erkannt wurde.« Und: »Nicht Jesus oder seine Botschaft bedurften des Ostereignisses, sondern Petrus und die anderen Jünger.« Christen könnten Christen bleiben, auch wenn sie »nicht an die Wiederbelebung eines Leichnams glauben«.

Und dann meint der Theologe noch, dass es dem Christen helfe, »wenn er fortan vom Wenigen lebt, was er wirklich glaubt, nicht vom Vielen, was zu glauben er sich abmühen musste«.

»Sicher, es war zu viel. Aber ist es nun nicht zu wenig?«[10]

Augsteins Fragen und Ratzingers Spott

Wenn die Theologen einem alle Illusionen genommen und alle noch vorhandenen Reste von Frömmigkeit und Volksglauben beseitigt haben, dann ist man äußerst gespannt, wie es nun weitergeht. Irgend etwas Neues, Besseres, Aufregendes, Atemberaubendes müssen sie ja jetzt wohl an die Stelle des Alten setzen.

Und das tun sie dann auch. Oder genauer: Sie versuchen es. Der Versuch aber misslingt. Besser, aufregender, gar atemberaubend ist es nicht, was sie als Ausweg anbieten, obwohl sie selbst ihren Ausweg gar nicht für einen Ausweg halten, sondern für einen Königsweg, denn sie sagen: Jetzt, erst jetzt, da ihr euch aller Täuschungen entledigt habt, besteht die Chance, in die Tiefe des eigentlichen, des wahren christlichen Glaubens vorzustoßen.

Mitnichten stehe und falle der christliche Glaube mit dem mythischen Weltbild. Im Gegenteil: Wer glaube, Gott könne dieses Universum nur dadurch regieren, dass er immer wieder die natürlichen Gesetze durchbricht und sich durch Zaubertricks Respekt erheischen muss, der denke in Wirklichkeit klein von Gott. Groß dagegen denke, wer Gott zutraut, ohne Bruch seiner selbst gemachten Gesetze auszukommen.

Gut, denken wir also groß von Gott. Denken wir: Das mit dem Laufen auf dem Wasser ist wirklich ein bisschen lächerlich, das mit dem Seesturm auch, die Speisung der Fünftausend erinnert doch sehr ans Märchen vom »Tischlein deck dich«, und die Verwandlung von Wasser in Wein – na ja, schön wär's schon, aber dass ausgerechnet Jesus uns Schluckspechten durch irgendwelche Tricks zu einem billigen Saufgelage verhilft, kann ja eigentlich gar nicht wahr sein, entspringt wohl mehr der Fantasie eines unter Entzug leidenden Alkoholikers als dem Heiligen Geist.

Einverstanden also. Aber: Warum erzählt die Kirche diese Geschichten dann immer noch, immer wieder und schon den Kindern im Religionsunterricht und im Kindergottesdienst? Warum streicht man diese Geschichten nicht einfach?

Weil, sagen die Theologen, weil – also das ist nicht so ganz einfach, das hängt mit dem Kerygma zusammen. Und mit der Hermeneutik. Was sie aber nicht sagen: Man kann nicht einfach in der Bibel herumstreichen und den gültigen Bestand vom jeweiligen Stand der Forschung abhängig machen. Wenn man damit erst mal anfängt, wo wird das enden? Wie viel wird da noch übrig bleiben? Damit es so weit nicht kommen muss, halten sich die Theologen eben ans Kerygma und an die Hermeneutik und bestreiten, dass vom christlichen Glauben nach seiner Entmythologisierung nichts mehr übrig bleibt.

Im Gegenteil: Entmythologisierung bedeute nicht, das Evangelium von seinen mythischen Teilen zu trennen und den Rest als gültig stehen zu lassen. Nein, alles dürfe stehen bleiben, aber die mythischen Teile müssten eben als solche erkannt und für uns durch das Kerygma neu interpretiert werden.

»Kerygma« ist griechisch und meint Predigt oder Verkündigung. Das Neue Testament sei Predigt, die Verkündigung des auferstandenen Christus, und in dieser Predigt ereigne sich Gott, sagen Bultmann und all seine Nachfolger. Über Jesus, wie er wirklich war, was er selber wirklich gedacht, gefühlt und gesagt hat, können wir heute nichts mehr wissen. Darum müssen wir uns an den verkündigten Christus halten, denn etwas anderes haben wir nun mal nicht, aber der verkündigte Christus sei für den Glauben sowieso besser als der historische Jesus, dieser Mann ohne Eigenschaften. Und Bultmann setzt noch eins drauf, wenn er sagt, der »Christus dem Fleische nach« gehe uns nichts an. »Wie es in Jesu Herzen ausgesehen hat, weiß ich nicht, und will ich nicht wissen.«[11]

Und die »Hermeneutik«? Ist auch griechisch und bedeutet die Lehre vom Verstehen oder auch die Kunst der Interpretation. Und da fängt die Sache nun wirklich an, kompliziert zu werden, nicht für die Theologen, aber für alle anderen, auch für Rudolf Augstein, den wir gleich ausführlich zitieren müssen.

Die Mythen seien nicht zu streichen, sondern zu interpretieren, sagt Bultmann. Die tiefere Bedeutung, die in und hinter den Mythen steckt, solle aufgedeckt werden, dadurch komme die eigentliche Intention des Mythos erst zu seiner Geltung. Entmythologisierung heiße »existenziale Interpretation, da sie, bewegt von der Existenzfrage des Interpreten, nach dem in der Geschichte jeweils wirksamen Existenzverständnis fragt«.[12] Die biblischen Texte berichteten nicht über Vergangenes, sondern sie sprächen jetzt zu uns. Sie hätten uns jetzt, in unserer augenblicklichen Lage, etwas zu sagen, und zwar heute etwas anderes als gestern oder morgen, und um dieses Jetzt gehe es dem Prediger. Auf dieses Jetzt hin müssten die Texte abgeklopft und interpretiert werden.

Interpretieren aber ist ein schwieriges Geschäft. Man braucht dafür ein zuverlässiges begriffliches Instrumentarium. Bultmann fand es in Heideggers Philosophie und hat sich deshalb, obwohl selbst schon Professor, noch einmal in Heideggers Vorlesungen gesetzt.

Was herauskommt, wenn man Heidegger und Bultmann hinter sich gebracht und Bultmanns Methode der existenzialen Interpretation auf die biblischen Geschichten angewendet hat, ist im Übrigen nicht sehr ergiebig. Was bedeutet dann beispielsweise das Brotwunder, bei dem fünftausend Menschen von ein paar Fischen und ein bisschen Brot satt wurden? Diese Wundergeschichte sei ein Protest gegen den Hunger in der Welt und ein Aufruf an die Christen, diesen Hunger zu bekämpfen, in der Geschichte von der wundersamen Brotvermehrung stecke das Lied vom Teilen, lautet die gängige Interpretation – ein müder Appell also an den einzelnen Christen, jedes Jahr kurz vor Weihnachten seinen Hunni an »Misereor« oder an »Brot für die Welt« zu schicken und ferner die Politiker dazu anzuhalten, die Entwicklungshilfe nicht zu vergessen. Es ist ja gut, dass dies geschieht, aber bedarf es dazu noch der Geschichte vom Brotwunder? Und haben die Christen nicht rund 1 800 Jahre lang geglaubt, da seien wirklich alle auf wundersame Weise satt geworden, damals am See Genezareth?

Ich verkenne nicht, dass ein Teil der westlichen Ethik, die politische Entwicklungshilfe, die Wohltätigkeit, die Welthungerhilfe, die Caritas und die Diakonie in diesen alten Geschichten wurzeln und es leichtsinnig wäre, diese Wurzeln zu kappen. Trotzdem meine ich: Wenn die Wundergeschichten so nicht passiert sind, wie sie erzählt werden, und sie nichts anderes bedeuten als einen Protest gegen Hunger, Leid, Not, Unrecht und Unterdrückung in der Welt, dann ist die Erzählung heute nur noch bloßes Gerede, auf das man ebenso gut verzichten kann.

Es hat keinen Sinn, das Unglaubliche so lange umzudeuten, bis wir's wieder glauben können. Es ist dann einfach ehrlicher zu sagen: Ich kann nicht glauben, was da geschrieben steht, ich kann es auch nicht leugnen, denn ich war nicht dabei, ich kann mich aber auch nicht entschließen, es einfach für wahr zu halten. Das ist nicht sehr glamourös, das stimmt niemand besonders froh, aber die beiden Alternativen – ich glaub's einfach so, wie's dasteht, oder ich interpretiere es mir zurecht – stimmen mich noch weniger froh.

Die moderne Theologie seit Bultmann erweckt in mir den Eindruck: Da sind die Theologen, durchaus ehrenwert, vom Ethos der Wahrhaftigkeit getrieben, ganz mutig ganz weit vorgeprescht, dann aber so erschrocken über ihren eigenen Mut und auch über das Gelände, in dem sie sich plötzlich bewegten, dass sie plötzlich Angst bekamen, auf dem eingeschlagenen Weg weiterzumarschieren, weil sie zu Recht ahnten, dass sie am Ende dieses Weges das Nichts erwartet.

Nicht wissen zu wollen, wer der Mensch Jesus vor seinem Kreuzestod wirklich gewesen ist und wie er gelebt, gedacht und gefühlt hat, ist schon sehr komisch. Noch komischer ist es, wenn Bultmann bekundet, ausdrücklich kein Interesse an diesem »Jesus dem Fleisch nach« zu haben. Eigentlich ist das ein sicherer Hinweis dafür, dass an der Sache etwas faul ist. Ein normales Desinteresse könnte man ja noch hinnehmen, aber Bultmanns ausdrückliches Desinteresse, das auch noch andere dazu anstiften will, ebenfalls kein Interesse zu haben, stimmt misstrauisch. Das müffelt verdächtig nach einer Leiche im Keller.

Und um in diesen Keller niemanden hineinzulassen, baut sich Bultmann vor der Kellertür auf und sagt, es liege im Wesen der Tradition des Kerygmas, dass nach der historischen Zuverlässigkeit des Überlieferten überhaupt nicht gefragt werden darf. Ganz fromm, ganz dogmatisch sagt der Entmythologisierer Bultmann: Glaube sei nicht Wissen, sondern Gehorsam. »Das Wort der Verkündigung begegnet als Gottes Wort, dem gegenüber wir nicht die Legitimationsfrage stellen können, sondern das uns nur fragt, ob wir es glauben wollen oder nicht.«[13]

Angesichts dieser apodiktischen Gehorsamsforderung folgert Rudolf Augstein, Torheit wäre es auch, nach der Notwendigkeit, nach dem Recht, nach dem Grund des Glaubens zu fragen, eine Antwort komme nämlich nicht: »Sonst wäre das Wort nicht Gottes Wort.«[14] Immer wieder bemüht Bultmann die Denkfigur, die auch bei dem anderen großen protestantischen Theologen des 20. Jahrhunderts, Karl Barth, regelmäßig wiederkehrt: »Gnade wäre nicht Gnade, wenn wir Gott gegenüber anders dran wären.«[15]

»Barth und Bultmann sind sich einig«, stellt Rudolf Augstein fest, »gefragt werden darf nicht, ohne Fragen muss geglaubt werden, Rückfrage ist schon Ablehnung ... Ob das auch anders geht?«, fragt Augstein und liefert die Antwort gleich mit: »Wohl nicht. Denn wer fragt, hört auf zu glauben.«[16]

Es muss also offenbar zwei Bultmänner geben. Der eine, der Theologe am Katheder, der stellt sehr wohl tausend kritische Fragen an die biblischen Texte. Der zweite Bultmann dagegen, der Prediger auf der Kanzel, wird von Augstein mit den Worten zitiert: »›Die konkrete Situation ist für den Verkündiger einfach die, dass, wenn er auf die Kanzel steigt, ein gedrucktes Buch vor ihm liegt, auf Grund dessen er verkündigen soll; wie „vom Himmel gefallen", gewiss; denn seine historisch-kritisch zu ergründende Entstehung geht ihn offenbar in diesem Moment nichts an.‹«[17] Den Professor geht also nichts an, was der Prediger verkündet, und den Prediger geht nichts an, was der Professor lehrt.

Augstein kann Bultmann den Respekt für diese konsequent tragisch-paradoxe Haltung nicht versagen, kann ihm aber so wenig folgen wie dem Berliner Theologen Walter Schmithals, der laut Augstein gesagt hat: »Mag die Frage nach dem historischen Jesus auch historisch möglich und erlaubt sein, so ist sie theologisch doch verboten.«[18]

Von Montag bis Freitag als Professor zu lehren, es sei alles ganz anders, und am Sonntag auf die Kanzel zu steigen und zu predigen, trotzdem wollen wir alles so nehmen, wie's dasteht, und in einem höheren Sinne daran glauben, das mag ein an Komplexität gewöhntes Theologengehirn widerspruchsfrei denken können und als höhere Form von Wahrheit begreifen – ein schlichtes Gemüt wie ich kann das nicht begreifen, und die schlichten Gemüter bilden nun mal die übergroße Mehrheit auf dieser Welt. Wenn die Kirche also Volkskirche bleiben will oder soll, muss sie sich schon bemühen, auch dem Volk begreiflich zu bleiben.

Diesem wird schwer zu vermitteln sein, was Andreas Lindemann, Professor an der Kirchlichen Hochschule in Bethel, laut Augstein gesagt hat: »Ob sich die Verkündigung und Theologie des Neuen Testaments in ›Anknüpfung‹ oder im ›Widerspruch‹ zu Jesus entwickelte, ist zwar historisch interessant, aber theologisch letztlich ohne Bedeutung.«[19]

Zu Recht fragt Augstein angesichts solcher Sätze: »Grenzt das nicht an Schizophrenie, wenn der Historiker Lindemann, der er als kritischer Exeget ist, Widersprüche zwischen Jesus und Christus feststellt, der Theologe Lindemann sie aber für belanglos erklärt?«[20]

Fassungslos liest man bei Augstein, dass manche Theologen behaupten, für ihren Glauben an Christus »nach dem Geiste« des Jesus »nach dem Fleische« im Prinzip gar nicht zu bedürfen. So zitiert Augstein den Theologen Heinz Zahrnt, der 1977 schrieb: Wenn die Forschung »den Nachweis erbrächte, dass Jesus von Nazareth nicht gelebt hat, dann habe ich mich im Verdacht, dass ich trotzdem nicht von ihm lassen würde. So überzeugend ist für mich der Eindruck, den Jesu Gestalt und Botschaft auf mich machen.«[21]

Theologen wie Zahrnt kritisieren mit Recht die Konservativen und Evangelikalen, die an der Faktizität der biblischen Geschichte festhalten und damit dem modernen Menschen zumuten, ihren Verstand und ihre Lebenserfahrung auf dem Altar des Glaubens zu opfern, und dies für ein verdienstliches Werk halten. Wie dieselben Theologen dann aber sagen können, für ihren Glauben eines wirklichen Jesus nicht zu bedürfen, ist mir ein Rätsel. An einen Christus zu glauben, der nie gelebt hat, erscheint mir als ein Opfer von mindestens der gleichen Größe wie das Verstandesopfer der Evangelikalen, nach frommer Werkgerechtigkeit und Verdienstlichkeit riecht es auch, allerdings hat es einen großen Vorteil: Diese Art von Glauben ist unangreifbar, immun gegen alles, was die künftige Forschung noch an Überraschendem zutage fördern könnte.

Diese Immunitätsstrategie ist verständlich, und natürlich haben die Theologen ihre Argumente, um sie zu verteidigen, aber die Argumente sind kompliziert und langwierig, zu langwierig, um sie hier wiederzugeben, und sie müssen so langatmig sein, weil sie so wenig zu überzeugen vermögen.

Ein Christus ohne Jesus ist dann einfach nur eine literarische Figur, an die man zwar auch glauben und deren Lehre man sich zu Eigen machen kann, aber das ist dann ein anderer Glaube als der, den die Jünger Jesu, die Apostel, die Urkirche und die nachfolgende Kirche von damals bis heute gemeint haben. Wenn die von Christus sprachen, dann haben sie immer auch Jesus mitgemeint, und deshalb sprechen sie ja auch nicht von Christus, sondern von Jesus Christus. Der bloße Christus-Glaube erscheint mir dagegen als eine Ausflucht der Theologen, der natürlich den unschätzbaren Vorteil hat, von bestehenden und künftigen historischen Fakten nicht mehr tangiert zu werden. Aber dieser neue Glaube hat eben mit dem alten nichts mehr zu tun.

Den alten Glauben zu verteidigen ist freilich mühsam. Vielleicht ist er auch wirklich nicht mehr zu halten. Dann muss das aber gesagt werden. Ihn einfach umzudefinieren, wegzuinterpretieren, in einen neuen Glauben umzumünzen und zu behaupten, es sei trotzdem weiterhin der alte, ist nicht redlich.

Es führt offenbar kein Weg vorbei an Augsteins Urteil: Die Ergebnisse der theologischen Forschung sind mit dem Glauben der Christen nicht zur Deckung zu bringen. Die Widersprüche zwischen beiden erscheinen ihm – wie auch mir – als ungelöstes Problem des Christentums. Augstein ist überzeugt: Es ist auch gar nicht lösbar. Ich denke: Wenn es den Gott Abrahams, Isaaks und Jakobs gibt, dann müsste es – mit seiner Hilfe – prinzipiell lösbar sein, jedoch nicht, solange die modernen Theologen keck behaupten, das Problem gelöst zu haben, oder, noch kecker, stur behaupten, da sei gar kein Problem, das es zu lösen gälte.

Wie Augstein denke ich: Wenn es wahr ist, was ihr Theologen herausgefunden zu haben glaubt, dann ist die ganze Bibel eine Ansammlung historischer Unwahrheiten. Aber trotzdem, so sagt ihr, könnt ihr allesamt noch gute Christen bleiben, weil es auf historische Faktizität überhaupt nicht ankomme, sondern allein auf den Glauben der Urgemeinde und der frühen Kirche.

Das verstehe ich nicht. Das versteht kein normaler Mensch. Darum erklärt mir, wie ihr es schafft, aus all dem historischen Nichtwissen, den ungeklärten Widersprüchen, ungelösten Rätseln und dem Sammelsurium historischer Unwahrheiten, die ihr allesamt selber auflistet, die eine lautere christliche Glaubenswahrheit herauszulesen? Glaube muss doch einen Anhaltspunkt in der Realität haben, der Christusglaube bedarf doch eines Anknüpfungspunktes an Jesus. Wenn es diesen Punkt nicht gibt, wie entsteht dann aus Nichtwissen und Unwahrheit die christliche Wahrheit?

Wegen der Theologen, die solch eine Frage einfach weg-schieben, und wegen der Ergebnisse ihrer Forschungen ist Augstein zum Atheisten geworden und aus der Kirche ausge-treten. Ich bin darüber zum Agnostiker geworden und habe mein Theologiestudium abgebrochen, bin aber in der Kirche geblieben, einerseits aus Nostalgie und aus Mangel an einer besseren Alternative, andererseits, weil ich noch immer hoffe, dass die Theologen die Existenz des Problems doch noch er-kennen und versuchen, es zu lösen.

Immerhin haben sich ja Bultmanns Schüler gegen das Frage-verbot ihres Lehrers aufgelehnt. Theologen wie Herbert Braun, Günther Bornkamm oder Ernst Käsemann dachten: Ohne einen historischen Jesus, ohne einen festen Anhaltspunkt in der Realität geht's einfach nicht. Und so fragten sie trotz Bult-manns Verbot erneut: Wer war Jesus? Wieder begab sich eine ganze Theologengeneration auf Spurensuche und forschte nach dem historischen Jesus und besonders nach dem Zusam-menhang zwischen dem Menschen Jesus und dem verkündig-ten Christus, dem Messias und Sohn Gottes. Aber der Ertrag war gering.

Einer, der sich diesen Ertrag genau angesehen hat, ist Jo-seph Ratzinger. Er war noch kein Kardinal und kein Präfekt der römischen Glaubenskongregation, als er das moderne Je-sus-Bild der Bultmann-Schüler nachzeichnete, sondern ein höchst intelligenter und scharfsichtiger Theologieprofessor, der er wahrscheinlich auch heute noch ist, den er aber wohl nicht mehr so hervorkehren darf in seiner neuen Funktion. Ratzinger sagte über das Jesus-Bild der modernen Theologen: »Den historischen Jesus müsste man sich als eine Art von prophetischem Lehrer vorstellen, der in der eschatologisch erhitzten Atmosphäre des Spätjudentums seiner Zeit auftrat und darin ... die Nähe des Gottesreiches verkündete. Das sei zunächst eine durchaus zeitlich zu verstehende Aussage ge-wesen: Jetzt kommt baldigst das Reich Gottes, das Ende der Welt. Andererseits sei aber doch das Jetzt bei Jesus so sehr be-tont, dass das Zeitlich-Zukünftige für den tiefer Blickenden nicht mehr als das Eigentliche gelten könne. Dieses könne man vielmehr – auch wenn Jesus selbst an eine Zukunft, an ein Reich Gottes dachte – nur in dem Ruf zur Entscheidung sehen: Der Mensch werde ganz auf das jeweils andrängende Jetzt verpflichtet.«[22]

Ratzinger fährt dann fort: »Halten wir uns nicht dabei auf, dass eine so inhaltslose Botschaft, mit der man vorgibt, Jesus besser zu verstehen, als er sich selbst verstand, schwerlich jemandem etwas hätte bedeuten können. Hören wir lieber einfach zu, wie es weitergegangen sein soll. Aus Gründen, die nicht mehr recht zu konstruieren seien, sei Jesus hingerichtet worden und als ein Scheiternder gestorben. Danach sei auf eine auch nicht mehr recht erkennbare Weise der Auferstehungsglaube entstanden, die Vorstellung, er lebe wieder oder bedeute jedenfalls weiterhin etwas. Allmählich habe dieser Glaube sich weiter gesteigert und die auch anderwärts in ähnlicher Weise belegbare Vorstellung ausgebildet, Jesus werde in Zukunft als Menschensohn oder als Messias wiederkehren. In einem nächsten Schritt habe man diese Hoffnung schließlich auf den historischen Jesus zurückprojiziert, sie ihm selbst in den Mund gelegt und ihn entsprechend umgedeutet. Nun habe man es so hingestellt, als hätte er sich selber als den kommenden Menschensohn oder Messias angekündigt. Alsbald – so sieht es unser Klischee – sei aber dann die Botschaft aus der semitischen Welt in die hellenistische übergegangen.«[23]

Das habe bedeutende Folgen gehabt. An die Stelle der semitischen Schemata vom Menschensohn und vom Messias sei die hellenistische Kategorie des »göttlichen Menschen« oder »Gottmenschen« getreten, mit der man sich nun die Gestalt Jesu begreiflich gemacht habe. Der »Gottmensch« im Sinn des Hellenismus sei Wundertäter und göttlicher Herkunft. Diese Attribute hätten die frühen Christen daher nun auf Jesus übertragen müssen, um im Hellenismus besser verstanden zu werden. Der Mythos der Jungfrauengeburt sei aus dem gleichen Grunde geschaffen worden und habe in logischer Konsequenz dazu geführt, Jesus als Sohn Gottes zu bezeichnen, weil nun Gott auf mythische Weise als sein Vater erschien. Auf dieser mythischen Spur sei dann der altkirchliche Glaube fortgeschritten bis zur Verfestigung als Dogma von der ontologischen Gottessohnschaft.

Ratzinger bezeichnet diese von ihm gegebene Kurzfassung der neueren Jesustheorien selbst als »Klischee« und »Vulgarisierungsform moderner Theologie«, womit er, wie er sagt, durchaus zugibt, »dass die Dinge in den Fachuntersuchungen differenzierter und auch im Einzelnen vielfältig unterschiedlich gesehen werden«.[24] Die Ausrede, dass es so einfach auch wieder nicht sei, lässt er aber trotzdem nicht gelten, denn die Aporien bleiben die gleichen. Deshalb kommt er zu dem Urteil, das Ganze sei »für den historisch Denkenden ein absurdes Gemälde, auch wenn es heute scharenweise seine Gläubigen findet; für meinen Teil gestehe ich freilich, dass ich, auch vom christlichen Glauben abgesehen, rein von meinem Umgang mit der Geschichte her, lieber und leichter zu glauben imstande bin, dass Gott Mensch wird, als dass ein solches Hypothesen-Konglomerat zutrifft.«[25]

Im Gegensatz zu Ratzinger fällt mir das eine genauso schwer wie das andere. Weder an das Hypothesenkonglomerat der modernen Theologie vermag ich zu glauben noch an die Menschwerdung Gottes. Aber am wenigsten glaube ich den Pfarrern und Theologen, die jeden Sonntag in der Kirche ihr christliches Glaubensbekenntnis sprechen und sich bei jedem Satz und jedem Wort, das sie sprechen, dazudenken müssen: Ist nicht wörtlich zu verstehen, war nicht wirklich so, hat aber eine tiefere Bedeutung, und an die tiefere Wahrheit in dieser tieferen Bedeutung glaube ich eigentlich.

Und geradezu zynisch wird die Sache dadurch, dass die Pfarrer und Theologen genau wissen, dass in ihren Gemeinden viele einfältige Gemüter dieses Bekenntnis noch ganz wörtlich nehmen, im wörtlichen Sinn daran glauben. Diese Einfältigen werden in ihrem Glauben gelassen. Sie würden es ja doch nicht verstehen. Man will ja keine schlafenden Hunde wecken. Und wenn in der Gemeinde auch ein paar Theologen und gebildete Laien sitzen, die das Glaubensbekenntnis mitsprechen, dann ist das so, als ob sie und der Prediger einander heimlich zuzwinkern und damit einander signalisieren: Nicht wahr, wir

Aufgeklärten, wir wissen, dass das alles gar nicht so gemeint ist, wir wissen, wie es eigentlich gemeint ist, und darum können wir diese Sätze ruhig so mitsprechen, wie sie sind, denn wir verstehen sie ja in einem ganz anderen Sinn.

Mit dieser Doppelzüngigkeit kommt die Theologie, kommt die Kirche auf Dauer nicht durch. Und auch nicht mehr voran.

Eine gute Alternative

Was ist der Unterschied zwischen einem Physiker, einem Metaphysiker und einem Theologen? Ein Quantenphysiker, Erwin Schrödinger, der Gedankenexperimente mit Katzen als Versuchstieren liebte, hat darauf geantwortet: Ein Physiker ist ein Mensch, der in einem dunklen Raum eine schwarze Katze sucht. Ein Metaphysiker ist einer, der in einem dunklen Raum eine schwarze Katze sucht, die gar nicht da ist. Und ein Theologe ist einer, der in einem dunklen Raum eine schwarze Katze sucht, die gar nicht da ist, und ruft: Ich hab sie.

Das ist natürlich die Definition eines Atheisten, für den bereits feststeht, dass es keine Katze gibt. Für mich steht das bis heute nicht fest. Ich habe zwar Jahre meines Lebens mit der Suche nach dieser Katze verbracht und nichts gefunden, nicht einmal eine Maus, aber das ist kein Beweis, dass es die Katze nicht gibt.

Andererseits: Man kann nicht ewig weitersuchen. Man muss auch irgendwann einmal den Mut aufbringen, eine Suche als ergebnislos einzustellen. Darum der Beschluss: aufhören. Ende der Gottsucherei.

Wer so lange gesucht hat wie ich, dem fällt es natürlich schwer, die Suche aufzugeben, denn dann war alles vertane Zeit, eine große Fehlinvestition. Da ist man versucht, noch immer weiter zu suchen, in der Hoffnung, doch noch fündig zu werden. Gerade deshalb sagte ich mir: Jetzt ist Schluss mit der Vergeudung. Schreib sie ab, deine Investition, mach eine »Wertberichtigung«, wie es die Banken tun, wenn sie faule Kredite vergeben haben.

Im Sommer 1981 hatte ich deshalb beschlossen, die Frage nach Gott als nicht beantwortbar auf sich beruhen zu lassen und mich für Religion, Jesus, die Kirche und den Glauben künftig nicht mehr zu interessieren. Ich war damals dreißig Jahre alt, hatte vier Jahre Bundeswehr, die Mühen des zweiten Bildungswegs, zwei Semester Religionspädagogik und vier Semester Theologiestudium hinter mir und wusste nun: Pfarrer oder Religionslehrer kannst du nicht mehr werden. Ohne Glauben geht das nicht.

Mit dreißig Jahren als verkrachte Existenz ohne berufliche Perspektive dazustehen, war zwar ein Übel, aber es war das kleinere. Das größere bestand in der Ergebnislosigkeit und Vergeblichkeit meiner jahrzehntelangen Gottsucherei. Wenn ich etwas von mir behaupten kann, dann dies, dass ich mich aufrichtig darum bemüht habe, den Glauben meiner Kindheit ins Erwachsenenalter hinüberzuretten. Die Frage, ob die Bibel wahr ist, war für mich die wichtigste Frage, die es gab. Von der Antwort auf diese Frage hing alles Weitere ab. Deshalb auch das Theologiestudium. Ich wollte es endlich und endgültig wissen.

Und ich erfuhr: Du wirst es niemals wissen, da kannst du so lange studieren, wie du willst. Existenzielle Gewissheiten findest du nicht im theologischen Oberseminar, und aus Büchern kannst du sie dir auch nicht holen.

Also fing ich an, mich an den Gedanken zu gewöhnen, dass es letzte Gewissheiten nicht gibt, jedenfalls nicht für mich. Seitdem kalkuliere ich die Möglichkeit ein, dass ich ein aus Zufall und Notwendigkeit entstandenes Produkt der Evolution bin, und nicht, wie es in der Bibel steht, eine von Gott gewollte Person, deren Haare auf dem Kopf gezählt sind. Seitdem ziehe ich in Erwägung, dass ich geboren wurde, um irgendwann zu sterben, und dass da kein höheres Wesen außerhalb der mich umgebenden Welt existiert, das sich dafür interessiert, wie ich die Zeit zwischen meiner Geburt und meinem Tod verbringe. Seitdem versuche ich mich an die Vorstellung zu gewöhnen, dass die gesamte Menschheit, ihre Geschichte, ihre Gegenwart und ihre Zukunft nichts weiter sind als eine Laune der Natur, sinnlos-zufälliges Ergebnis eines Ereignisses, das vor ein paar Milliarden Jahren stattgefunden hat und von Wissenschaftlern als »Urknall« bezeichnet wird. Glauben, hoffen, lieben oder ficken, fressen, fernsehen, das macht offenbar keinen wirklichen Unterschied, aber Letzteres vielleicht ein bisschen mehr Spaß.

Die Vorstellung, dass Milliarden von Menschen auf dieser Welt elend gelebt haben, elend verreckt sind und dieses Vegetieren und Verrecken noch lange weitergehen wird, die Verheißung eines besseren Lebens im Jenseits aber eine Illusion ist, erscheint mir unerträglich, aber das Unerträgliche ist wahrscheinlich unser Schicksal. Dass nur wenige einen Platz an der Sonne finden, während der große Rest zu diesem Platz drängt, aber ihn nicht erreicht, war immer schon so, ist so und wird wohl immer so sein. Die Geschichte des menschlichen Lebens als ununterbrochene Folge von selbst verursachten Katastrophen, Mord und Totschlag, Unrecht, Raub und Unterdrückung wird wohl immer so weitergehen.

Also versuche ich mich damit abzufinden, dass es den Gott, der am Ende aller Tage für ausgleichende Gerechtigkeit sorgt, nicht gibt und darum Verbrechen für immer ungesühnt bleiben, Niedertracht nicht bestraft, Edelmut nicht belohnt, der Tod nicht überwunden wird und darum die gesamte Existenz der Welt eine Absurdität ist.

Werde endlich erwachsen, sagte ich mir, ertrage endlich, dass dein Leben und das Leben aller anderen wahrscheinlich keinen anderen Sinn hat als den, den du ihm gibst, und dieser Sinn wird immer ein relativer sein, der von jedem anderen in Frage gestellt werden kann und der darum im Grund überhaupt kein Sinn ist, weil Sinn nur einen Sinn ergibt, wenn er von allen verbindlich anerkannt wird. Ziehe in Betracht, dass alles sinnlos ist, und mit dieser Sinnlosigkeit lebe.

Was tut man, wenn man von solchen nachtschwarzen Gedanken heimgesucht wird? Eigentlich kann man doch nur einen Strick nehmen und sich aufhängen.

Ich tat es nicht. Stattdessen setzte ich mich hin und schrieb: »Der Engländer Patrick Moore hatte es satt, sich jeden Morgen an- und abends wieder auszuziehen. Deshalb nahm er einen Strick und erhängte sich. Mir geht's ähnlich. Aber meine Konsequenz daraus ist noch radikaler: Ich werde heiraten.«

Dem folgten noch etliche weitere Sätze, und als es fertig war, schickte ich es nach Hamburg zur Wochenzeitung DIE ZEIT, Abteilung Heiratsanzeigen.

Es ist wirklich wahr. Ich hatte eine Heiratsanzeige aufgegeben, damit auch tatsächlich meine Frau gefunden, geheiratet, und jetzt sind wir zu viert.

Natürlich wäre der Selbstmord konsequenter gewesen. Doch dafür war und bin ich, trotz allem, zu gesund, zu lebensfroh, und wider besseres Wissen weiter zu hoffnungsvoll. Die in der Kindheit geglaubten biblischen Geschichten wirkten und wirken wahrscheinlich einfach weiter.

Oder es hat gar nichts mit den Geschichten zu tun, und es ist einfach der pure Lebenswille, den Christian Morgenstern so schön auf den Punkt gebracht hat:

Ein finstrer Esel sprach einmal
zu seinem ehlichen Gemahl:
»Ich bin so dumm, du bist so dumm,
wir wollen sterben gehen, kumm!«
Doch wie es kommt so öfter eben:
Die beiden blieben fröhlich leben.

Darum suchte ich finstrer Esel mein ehliches Gemahl, und weil ich es fand, konnte ich fröhlich am Leben bleiben. An der Sinnlosigkeit im Großen und Ganzen konnte und kann ich nichts ändern. Aber meinem kleinen Leben wollte und will ich so viel Sinn geben wie möglich.

Ist das stringent? Natürlich nicht. Im Falschen kann es nichts Richtiges geben, und im Sinnlosen nichts Sinnvolles – stimmt schon, aber das ist Philosophie, das ist Logik. Es ist nicht das Leben. Dieses schert sich um Logik und Philosophie so wenig wie jeder Esel, und Stringenz ist für einen Esel kein Kriterium.

In einem Meer des Sinnlosen für sich selbst ein kleines Eiland der Glückseligkeit errichten zu wollen, ist natürlich absurd – aber es ist trotzdem einen Versuch wert, und mit einer Braut an der Hand erst recht, denn zwei sind schon mal hundert Prozent mehr als einer. Schon möglich, dass ein Brecher kommt und die zwei einfach wegspült. Aber dann haben sie es wenigstens versucht, und wenn der Brecher nicht gleich kommt, sondern sich Zeit lässt, kann man vielleicht ein paar Dämme errichten und nebenher zwei Kinder kriegen, das sind noch einmal hundert Prozent mehr als zwei. Und vor allem ist man nun sehr lange sehr beschäftigt und hat keine Zeit mehr, über die Absurdität der Welt nachzudenken, und deshalb leidet man auch nicht mehr unter ihr.

Hinzu kommt: Plötzlich ist dir die Welt nicht mehr so egal. Wegen mir kann ja das Wasser im Rhein zu fünfzig Prozent aus Schwefelsäure bestehen und die halbe Republik zubetoniert werden, was kümmert's mich? Und wo steht geschrieben, dass im Rhein Fische schwimmen und Kröten sicher über die Straße kommen müssen? Aber wenn du dich plötzlich fragen musst, ob du deinen Säugling zur Brust nehmen kannst, ohne ihn zu vergiften, interessiert dich auf einmal, wie es eigentlich den Fischen im Rhein geht, und du fängst an, Tunnels für die Krötenwanderung zu bauen, damit du mit deinem Kind später zusehen kannst, wie aus Kaulquappen Frösche werden. Das ist sehr anthropozentrisch gedacht, ich weiß, aber von mir zu erwarten, meine Sicht der Dinge an der Froschperspektive auszurichten, ist vielleicht ein bisschen zu viel verlangt.

Das anthropozentrische Interesse, zu dem ich mich bekenne, teile ich vielleicht mit zahlreichen anderen Vätern und Müttern, die ebenfalls irgendwo ihre Eiländer aufgeschüttet haben. Wenn die sich nun dazu verstehen könnten, die Wassergräben zwischen ihren Inselchen zuzuschütten, könnte mit der Zeit eine richtig große Insel daraus entstehen, die so schnell kein Brecher wegspült und auch das Leben von Fröschen sicherer macht.

Wenn sich also offenbar kein lieber Gott und auch sonst kein Schwein um dich kümmert und um die anderen auch nicht, müssen sich eben die anderen und du umeinander kümmern. Wenn keine Hoffnung auf ausgleichende Gerechtigkeit im Jenseits besteht, muss eben im Diesseits so viel Gerechtigkeit wie möglich realisiert werden. Das geht nur zusammen mit den anderen, und wenn du das versuchst, bekommt dein Leben auf einmal wieder eine Richtung, und das ist so etwas wie ein bisschen Sinn, kein absoluter, aber ein relativer, das ist mehr als keiner, reicht zum Leben, und man wird ja auch genügsamer mit dem Alter.

Da hilft auch kein Beten

Die Brecher kommen dann meist schneller, als erwartet. Ich war gerade ein paar Monate verheiratet, da klagte meine Frau über Rückenschmerzen. Niemand nahm das ernst, auch sie selbst nicht, denn in ihrer Familie klagen alle seit Generationen über Rückenschmerzen. Bei ihr war es aber etwas anderes als das übliche Problem mit dem Rücken. Dass es etwas anderes war, hätte man leicht feststellen können, wenn man ihren Rücken geröntgt hätte. Aber welcher Arzt schaltet schon die Röntgenröhre ein wegen üblicher Rückenschmerzen.

Monatelang ging meine Frau immer wieder zum Arzt, ließ sich Massagen verschreiben und Gymnastik, aber die Schmerzen verschwanden nicht. Manchmal wurde ihr auch schlecht. Als sie das ihrem Orthopäden beiläufig erzählte, wurde er stutzig und schaltete die Röntgenröhre ein.

Nachdem die Bilder entwickelt waren, starrte er ungläubig auf das, was er sah beziehungsweise nicht sah. Da fehlte ein Rückenwirbel. Ein paar Tage noch, vielleicht Wochen, und der Rücken knickt ein, und meine Frau sitzt mit Querschnittslähmung im Rollstuhl.

Es war Glück, dass das noch rechtzeitig entdeckt wurde, und die Frommen denken jetzt: Da hättet ihr Gott danken sollen.

Haben wir versäumt.

Es war ein Tumor, einer von der ganz seltenen Sorte, den es in drei Stufen gibt. Stufe eins ist gutartig und zerstört nur Gewebe. Stufe zwei ist bösartig und zerstört auch Knochen, aber bildet keine Metastasen. Stufe drei zerstört alles und bildet Metastasen. Meine Frau hatte Stufe zwei.

Frage an die Frommen: Sollten wir Gott für diesen Riesenzelltumor danken, besonders dafür, dass er es bei Stufe zwei bewenden ließ?

Sie musste sofort operiert werden. Aber wie? Der Tumor befand sich in unmittelbarer Nähe des Rückenmarks. Wenn der Chirurg auch nur ein Millimeterchen danebenschneidet, trifft er das Mark, und das bedeutet auch wieder den Rollstuhl. Und dann war es noch so, dass man nicht hinten am Rücken aufschneiden und operieren konnte, weil da überall links und rechts vom Mark die Nervenstränge abgehen. Man musste vorne aufschneiden, an der Brust, die Lungenflügel hochklappen, das Herz beiseite schieben und sich dann an den Tumor vortasten und herausschneiden. Gleichzeitig musste aus dem Hüftknochen ein Stück herausgeschnitten, zu einem Ersatzwirbel geformt, an die Stelle des zerstörten Wirbels um das Rückenmark herum eingepflanzt und mit einem Stück Stahl verstärkt werden. Die Operation dauert also lange, vermutlich zehn bis zwölf Stunden, und wenn sie gelingt, dauert es lange, bis meine Frau sich wieder davon erholt.

Dann kamen die zehn, zwölf Stunden. Ich lief durch die Gänge des Krankenhauses, hinaus ins Freie, zum Auto, um den Hund herauszulassen, lief mit ihm ums Krankenhaus herum, wieder zurück zum Auto, wieder hinein ins Krankenhaus, wieder hinaus und so fort, einen halben Tag lang.

Zwischendrin natürlich die Frage: Beten? Absurd. Über zwanzig Jahre hatte ich schon nicht mehr gebetet. Mehr als zwei Jahrzehnte, in denen es mir gut gegangen war, hatte ich keinen Grund gesehen, zu Gott zu beten. Warum also jetzt? Weil Not beten lehrt? Eben deshalb gerade nicht. Ich habe auch meinen Stolz.

Das christliche Gebet wird sorgfältig unterschieden von magischen Sprüchen, abergläubischen Beschwörungsformeln und der Vorstellung, der Beter könne Gottes Willen beeinflussen. Dass sie eben dies können, glauben die meisten Menschen, die zu Gott beten.

Wie soll man sich aber dann in meinem Fall den weiteren Vorgang vorstellen? Lenkt Gott wegen meines Gebets die Hand des Chirurgen? Wenn er's tut, warum lässt er sich ausdrücklich darum bitten? Warum tut er's nicht von selbst? Und warum hat er es überhaupt so weit kommen lassen, dass er jetzt eingreifen muss? Er hätte doch sich und meiner Frau das ganze Theater ersparen können, wenn er einfach die Entstehung des Tumors verhindert hätte. Warum tut er ihr so etwas überhaupt an? Will er sie bestrafen für ihren Unglauben? Na toll. Ist es ihre Schuld, dass sie nicht an ihn glauben kann? Sollte er nicht besser die Schuld bei jenen Probsten und Prälaten suchen, die ihr während der Schulzeit allerhand Unsinn ins Ohr geblasen haben? Und wenn er meint, sie strafen zu müssen, warum meinte er das nicht bei Hitler, Stalin, Goebbels und all den anderen ungeschoren davongekommenen Großverbrechern?

Nein, das ist alles ziemlich absurd und abwegig. In der Not sei Gott den Menschen besonders nah, sagen die Frommen. Ich spürte nichts davon, und das war auch gut so, denn ich hätte diese Nähe, wenn es sie denn gegeben hätte, nicht besonders gut ertragen. So etwas wie den Hauch einer Nähe zu Gott hatte ich immer nur in besonders intensiven Glücksmomenten gespürt. Im Unglück nie.

Aber dann hatten wir ja wieder Glück. Die Operation gelang. Die Ärzte hatten nicht danebengeschnitten. Ich war wirklich glücklich. Hätte ich Gott jetzt danken sollen? Ich dankte vor allem den Ärzten der Uni-Klinik Köln-Merheim und bin ihnen noch heute dankbar.

Meine Frau war erleichtert. Glücklich war sie nicht. Acht Wochen auf dem Rücken im Gipsbett. Schmerzen, Übelkeit, Schwäche, eine zweite Operation, weil ein Lungenflügel nicht mehr richtig funktionierte. Sie litt, litt, litt.

Nach der Entlassung langsame Erholung. Mehrere Wochen in der Reha-Klinik. Aufschiebung des Kinderwunsches auf unbestimmte Zeit. Man muss erst beobachten, wie lange es dauert, bis sich der Rücken stabilisiert und die Implantate einwachsen.

Und dann ist es noch so, dass der Tumor wiederkommen kann. Muss nicht sein, aber kann sein. Wenn man die nächsten fünf Jahre übersteht, sinkt die Wahrscheinlichkeit, dass er wiederkommt, aber sicher ist es nicht. Man weiß zu wenig, weil er so selten ist.

Fünf Jahre verstrichen. Der Tumor kam nicht, wir fingen an, ihn zu vergessen, hatten schon unser erstes Kind, bekamen auch ein zweites. Dieses war noch kein Jahr alt, da war er wieder da.

Wieder die gleiche Prozedur, wie gehabt. Wieder eine Meisterleistung der Kölner Ärzte. Wieder empfand ich tiefe Dankbarkeit für Menschen, die einfach ihren Job leidenschaftlich gut machen. An Gott kaum ein Gedanke, und wenn, kein guter.

Wieder die gleiche Qual für meine Frau, diesmal verstärkt durch die Tatsache, dass das Baby fast drei Monate von der Mutter getrennt war und dann noch einmal mehrere Wochen während der Zeit der Reha. Das Baby hat diese Trennung als die Erfahrung gedeutet: Auf meine Mutter ist kein Verlass. Sie ist nicht regelmäßig da. Regelmäßig da ist nur der Vater. Die Folge: Das Kind war fast zwei Jahre lang auf den Vater fixiert, wandte sich von der Mutter ab, schien sie abzulehnen.

In dieser Zeit gab ich meine ablehnende Haltung gegenüber der Gentechnik auf. Wenn es in Zukunft möglich sein sollte, einem Menschen dank der Gentechnik solches Leiden zu ersparen, dann muss man diese Forschung nicht nur zulassen, sondern fördern. Und wenn dazu mit Embryonen experimentiert werden muss und Eingriffe in die Keimbahn nötig sind. Ich bin mir natürlich nicht sicher, ob das ethisch gerechtfertigt ist. Aber wenn einer seine Frau so leiden sieht, dann hat er keine ethischen Bedenken mehr. Wäre so einer nicht verrückt, wenn er ihr in solch einer Situation sagen würde: Es gibt da zwar ein Mittel, mit dem dir dieses Leid erspart werden könnte, aber das wollen wir nicht anwenden, weil es unter Verstoß gegen Gottes Gebote und ethische Prinzipien entwickelt worden ist?

Also doch wieder Gott. Und die alten Fragen.

Gott der Gütige und Gerechte?

Hat ein Gott, der Menschen leiden lässt, das Recht, irgendwelche moralischen Forderungen an uns zu stellen? Er ist es doch, der unmoralisch ist, wenn er tatenlos zusieht, wie seine Geschöpfe leiden, und die Summe des menschlichen Leids war wahrscheinlich zu allen Zeiten stets größer als die Summe des menschlichen Glücks.

Warum lässt Gott seine Geschöpfe leiden? Heißt es nicht, er sei gut, gerecht, und er liebe die Menschen so sehr, dass er sogar seinen Sohn für sie geopfert hat? Warum dann so viel Hunger, Krankheit, Folter, Not in der Welt? Warum ließ Gott Hitler und Stalin gewähren? Und warum ließ er Auschwitz zu?

Die heute gängigste Antwort auf diese Frage lautet: Gott ist zwar allmächtig, aber er hat zugunsten der menschlichen Freiheit und der durch seine Schöpfung entstandenen Eigengesetzlichkeiten auf die Ausübung seiner Allmacht verzichtet. Er wollte ein freies Gegenüber, das aus freien Stücken zu ihm Ja oder Nein sagen kann, das in freier Entscheidung seinen Willen tut oder nicht tut. Sagt dieses freie Wesen Nein, so wird Gott das akzeptieren, auch die Folgen dieses Nein. Die Frage, wie konnte Gott Auschwitz zulassen und dazu schweigen, kehrt sich daher um und müsste korrekt lauten: Wie konnten wir Auschwitz zulassen und schweigen, als die Synagogen brannten?

Die Frage ist berechtigt. Dennoch habe ich große Probleme mit der ganzen Denkfigur. Jeder verantwortungsbewusste Vater erzieht seine Kinder zur Freiheit und entlässt sie in die Freiheit, wenn sie erwachsen sind. Aber bis dahin ist es ein langer Weg. Kein verantwortungsbewusster Vater kann sein Kind sofort der Freiheit aussetzen. Er darf zunächst nur ganz kleine Freiheiten gewähren, muss beobachten, wie das Kind damit umgeht, und sofort eingreifen, wenn es sich oder andere gefährdet, muss vielleicht auch gewährte Freiheiten wieder kassieren, mit dem Kind reden, ihm erklären, warum die Freiheiten wieder kassiert wurden, muss dann die Freiheiten neu gewähren, kann dann, bei Bewährung, die Zügel wieder lockern und immer so fort, bis das Kind reif geworden ist, erwachsen, mündig.

Von Gott wird solches nicht berichtet. Er hat die Menschen gleich in die Freiheit entlassen, zugesehen, wie sie damit umgehen, und nicht eingegriffen, wenn sie falsch damit umgingen und eine Katastrophe nach der anderen heraufbeschworen. Statt seine Geschöpfe zu erziehen und sie an die Freiheit zu gewöhnen, hat er sie in die Freiheit geworfen, und als sie damit nicht zurechtkamen, aus dem Paradies geworfen, ihnen die Sintflut auf den Hals gehetzt und bis auf einen allesamt absaufen lassen – eine erzieherische Meisterleistung! Großartig. Jede Kindergärtnerin hätte das besser gemacht als Gott, der Allmächtige, Schöpfer des Himmels und der Erde.

Und nicht nur das. Es gibt ja auch seit Beginn des Lebens für jede Kreatur ein fortgesetztes Leid, das nicht von Menschen verursacht wird, sondern von den Launen der Natur: Erdbeben, Überschwemmungen, Orkane, Vulkanausbrüche, Meteoriteneinschläge, Eiszeiten, Dürreperioden, Krankheiten und Seuchen. Nimmt die damit verbundenen Qualen ein liebender Gott einfach so hin, weil er es sich nun mal zum Prinzip gemacht hat, auch der Natur freien Lauf zu lassen?

Könnte es sein, dass unser Bild vom lieben, gütigen Vatergott einfach falsch ist?

Können Gottesbilder bloße Bilder sein? Sind sie nicht mehr? Und wenn sie mehr sind, wie müssen wir diese Bilder heute verstehen? Sind sie veraltet, oder gelten sie noch? Die Geschichte von Kain und Abel zum Beispiel, hat sie uns nicht begleitet von damals bis heute, und ist der Gott in dieser Geschichte nicht derselbe wie heute?

Kain erschlägt seinen Bruder Abel, weil er Abel den Erfolg neidet, denn während Gott Abels Opfer angenommen hat, hat er Kains Opfer verschmäht. Mit welchem Recht, so muss ich ganz platt fragen, verurteilt Gott Kain, wenn er zuvor dessen Opfer abgelehnt hat? Warum behandelt er die beiden Brüder so ungleich? Warum diese Lieblosigkeit gegenüber Kain? Eine lieblose Ungerechtigkeit übrigens, die bis heute anhält. Auch heute schenkt er einigen wenigen Gesundheit und Reichtum und Schönheit und Glück, und die anderen straft er mit Krankheit und Armut und Hässlichkeit und Unglück. Warum diese Ungleichbehandlung und obendrein der erhobene Zeigefinger und die Mahnung an den Zukurzgekommenen: Du sollst die Besserweggekommenen nicht beneiden. Auch diese Geschichte ist unverständlich für alle, die an einen gütigen, gerechten Vater im Himmel glauben.

Verständlich dagegen könnte sie werden, wenn man denkt wie Bertrand Russell, der einmal gesagt hat: »Die Welt, in der wir leben, lässt sich als Resultat von Wirrwarr und Zufall verstehen, aber wenn sie das Ergebnis einer bewussten Zielsetzung ist, dann muss dies die Zielsetzung eines Satans gewesen sein.«

Dass Gott vielleicht in Wahrheit ein Satan ist, zu dieser Vermutung muss kommen, wer sich mit dem dunkelsten und rätselhaftesten aller Bücher der Bibel auseinander setzt: dem Buch Hiob. Darin liest man tatsächlich satanische Verse, denn hier lässt sich Gott auf eine Wette mit dem Teufel ein, die auf dem Rücken des unschuldigsten Menschen ausgetragen wird, den Gott kennt und von dem er selber sagt: »Seinesgleichen ist nicht auf Erden.«

Aber dann kommt der Teufel und sagt zu Gott: Dieser Hiob, auf den du so große Stücke hältst, ist doch überhaupt nichts Besonderes. Hiob geht's gut, er hat sieben Söhne und drei Töchter, ist reich, gesund, stark, mächtig, der Größte im ganzen Morgenland, da ist es doch ein Leichtes, tugendhaft zu sein und Gott zu loben. Seine wahre Tugend würde sich erst im Unglück zeigen. Wenn du ihm alles wieder wegnähmst, was du ihm gegeben hast, und er danach immer noch zu dir stehen und dich loben kann, dann erst wäre erwiesen, dass er tatsächlich so gut ist, wie du von ihm denkst.

Gut, sagt Gott zum Teufel, nimm ihm alles weg bis aufs Leben, und dann wollen wir sehen, was Hiob tut. Ich wette, er wird sich bewähren.

Und der Teufel macht sich sogleich ans Werk. Eine Hiobsbotschaft nach der anderen trifft nun ein. Am Ende hat Hiob alles verloren, seinen ganzen Besitz, seinen Reichtum, sogar seine

Kinder. Und Gott ließ den Teufel gewähren, schaute zu, wie die Familie seines treuesten Knechts brutal erschlagen wurde.

Hiob klagt, aber klagt nicht an und spricht die Worte, die mir verhasst sind, seit ich sie in einer Traueranzeige gelesen habe, aus welcher man erfährt, dass eine Familie ihre junge Tochter durch einen Verkehrsunfall verloren hat: »Der Herr hat's gegeben, der Herr hat's genommen, der Name des Herrn sei gelobt.« Diese hündische Unterwürfigkeit, welche die Hand leckt, die soeben zugeschlagen hat, und die jahrhundertelang als christliche Tugend erlernt und praktiziert wurde, habe ich nie akzeptiert und akzeptiere sie bis heute nicht. Mit Hiob zu kommen, von »göttlichen Prüfungen« zu reden, wenn ein Mensch leidet wie ein Hund, ist so ziemlich der billigste und abscheulichste Trost, den man sich denken kann, übertroffen nur noch von jenem nicht minder unsäglichen Spruch aus der Johannes-Offenbarung: »Wen der Herr liebt, den züchtigt er.« Dieser perverse Sadismus ist nicht göttlich, sondern satanisch, und über fast zwei Jahrtausende hatte er verheerende Folgen in der christlichen Rohrstock-Pädagogik und hat Heerscharen verdrückter, verklemmter, blind-gehorsamer, autoritätshöriger, ängstlich-veschwiemelter Duckmäuser hervorgebracht, die den Diktatoren dieser Welt notorisch treu ergeben waren bis in den Tod.

War Hiob tatsächlich so ein unterwürfiger Hund? Es sieht so aus. Als Gott und der Teufel sich wieder treffen, sagt Gott triumphierend: Na, hast du Hiob gesehen? Alles hat er verloren, und dennoch hält er treu zu mir.

Es geht ihm eben noch nicht schlecht genug, antwortet der Teufel. Hiob ist jetzt zwar arm, aber gesund. Nimm ihm die Gesundheit, und du wirst sehen, wie er dich verflucht.

Gott willigt ein, und der Teufel plagt Hiob mit Geschwüren vom Fuß bis zum Scheitel, so dass »Hiob eine Scherbe nahm, um sich damit zu kratzen, und sich in den Aschenhaufen setzte«. Seine Frau kommt zu ihm und sagt mit dem gesunden Menschenverstand, zu dem offenbar nur Frauen fähig sind: Lass es sein. Hör auf mit deiner Vollkommenheit und sag dich los von diesem Gott, der mit Füßen auf dir herumtrampelt.

Aber nein, Hiob hält nichts von gesundem Menschenverstand, schilt seine Frau als töricht, beweist auch diesmal seinen Untertanengeist und erklärt mit seltsamer Logik: »Haben wir Gutes empfangen von Gott, sollten wir das Böse nicht auch annehmen?«

Hiob wird von drei Freunden besucht, die ihn kaum wieder erkennen, ihn bemitleiden, und Hiob klagt und stöhnt, wünscht, er wäre nie geboren worden, aber bleibt unerträglich tugendhaft, verliert kein böses Wort an den, dem er das alles zu verdanken hat. Diese Klage ist ein großartiges Stück Literatur, ein Lied der geschundenen Kreatur, die grundlos leidet.

Grundlos oder nur scheinbar grundlos?

Nur scheinbar, sagen die Frommen. Gewiss leidet niemand ohne Grund. Wir kennen zwar den Grund nicht, aber Gott kennt ihn, und darum sollen wir das Leiden annehmen. Leiden hat einen verborgenen, höheren Sinn, und darum gibt uns Gott auch die Kraft, das Leiden zu ertragen. Es gibt einen Kult des Leidens, den die Kirche seit Jahrhunderten pflegt.

Aber müssten wir nicht verdammt misstrauisch sein, wenn die Frommen uns mahnen, jedes Leid geduldig zu ertragen. Immerhin kennen wir den Grund für Hiobs Leiden. Keine Spur von einem »höheren Sinn«. Einer Wette zwischen Gott und dem Teufel hat er sein Leiden zu verdanken! Hiob leidet für den göttlichen Zeitvertreib, für ein teuflisches Spiel Gottes mit dem Satan.

Wie die Geschichte jetzt weitergeht, ist den meisten, die meinen, sie zu kennen, unbekannt. Dieser Teil wird in den Erzählungen meist weggelassen. Es kommt darin zu einem sehr langen und heftigen Disput zwischen Hiob und seinen Freunden, die darauf beharren, dass Gott gerecht ist und die Guten belohnt und die Bösen bestraft, womit sie Hiob unausgesprochen zu verstehen geben: Da du von Gott so gestraft wirst, muss es irgendetwas geben, wovon wir nichts wissen, was du dir vielleicht selbst nicht eingestehst und was der Grund der Strafe ist. Im Übrigen, so sagen sie, kann vor Gott niemand bestehen, jeder ist ein Sünder, und den absolut tugendhaften Menschen gibt es gar nicht.

Aber Hiob beharrt darauf, sich keiner Schuld bewusst zu sein. Dass Gott die Guten belohnt und die Bösen straft, glaubt er nicht mehr. »Warum leben denn die Gottlosen, werden alt, groß und stark?... Ihre Häuser sind in Frieden, ohne Furcht; die Rute Gottes schlägt sie nicht... Der eine stirbt im Vollbesitz seines Glücks, vollkommen ruhig und sorglos; seine Tröge fließen über... Der andere aber stirbt mit betrübter Seele und hat nie Gutes geschmeckt: Gemeinsam liegen sie im Staube, und Gewürm bedeckt sie beide.« Das Leben jedes Einzelnen – offenbar wird es von Gott ausgewürfelt oder ausgelost, und offenbar stecken in der Lostrommel mehr Nieten als Treffer.

Glaubt Hiob noch an Gottes Gerechtigkeit? Das bleibt merkwürdig in der Schwebe. Hiob erkennt eindeutig und spricht es aus: Dass Gott die Guten belohnt und die Bösen straft, das stimmt nicht. Das könnt ihr euch abschminken. So einfach ist es nicht. Hiob erkennt einen Gott, von dem nicht nur das Gute kommt, sondern auch das Böse, und der sich dem menschlichen Verstehen entzieht. Und das beklagt er. Das wirft er Gott auch vor, und er verlangt von ihm eine Erklärung, warum er, Gottes Knecht, leiden muss, ohne zu wissen, warum. Er sei ja bereit zu leiden, aber einen triftigen Grund müsse Gott dafür schon nennen können.

Doch diesen Grund erfährt er nicht. Gott verweigert die Antwort. Hiob erfährt nie, warum er leidet. Nur wir wissen: Die Antwort wäre für Gott peinlich.

Statt Hiob zu antworten, fährt Gott ihm donnernd übers Maul. Wie ein tyrannischer Gewaltherrscher spricht er aus dem Gewittersturm zu Hiob und faucht ihn an: »Wer verfinstert da Gottes Rat mit seinen unverständigen Reden?... Will der Tadler mit dem Allmächtigen hadern?«

Und dann ergeht eine lange, einschüchternde Rede an Hiob, eine Rede, die eine einzige Machtdemonstration ist, in der Gott Hiob im Stil eines Mafia-Bosses zu verstehen gibt, wer hier der Herr ist und wer der Wurm. Dieser Gewaltherrscher ist dem Wurm, den er zertritt, keine Rechenschaft schuldig. Seitenlang spricht Gott nur von seiner Macht. Und nicht ein einziges Mal von seiner Gerechtigkeit.

Das Ende der Geschichte ist uns wieder bekannt: Hiob knickt vor Gott ein: »Darum widerrufe ich und will im Staube und in der Asche Buße tun.« Kaum hat er das getan, gibt Gott ihm alles doppelt zurück, was er ihm durch den Teufel hat nehmen lassen.

Also doch: Hiob ist ein unterwürfiger Hund. Und Gott belohnt den hündischen Charakter.

Nein!, sagt Jack Miles, ehemaliger Jesuit und Priester und Autor des Buches *Gott*.[26] Miles liest das Buch Hiob auf eine völlig neue, erhellende und, wie ich sagen muss, für mich erfrischende und zugleich beeindruckende Weise. Seine Interpretation kann ich annehmen, denn sie gibt Hiob die Würde zurück. »In vielen Interpretationen wird das Buch Hiob als ein Text betrachtet, der irgendwie die auf Leistungen und Gegenleistungen beruhende Sittlichkeit des Deuteronomium oder die auf Ursache und Wirkung beruhende Sittlichkeit der Sprüche gegen eine höhere Sittlichkeit stellt, in welcher die Tugend ihr eigener Lohn ist«, sagt Miles und fährt fort: »So mag es sein, aber es sollte beachtet werden, dass es der Teufel ist, der diese höhere Sittlichkeit einführt ... Es ist der Teufel, welcher zu verstehen gibt, dass Tugend, sofern sie nicht ›für nichts‹ praktiziert wird, keine wahre Tugend ist.«[27]

Miles sieht in der Geschichte von Hiob die fast schon moderne Geschichte einer Konfrontation des Menschen mit Gott. Und in dieser Geschichte kommt der Mensch gut weg und Gott schlecht. Hiob verlässt diese Konfrontation als moralischer Sieger und Gott als Blamierter. In dieser Geschichte ist Hiob groß, weil er leidet und weil er, obwohl er nicht versteht, warum er leiden muss – er weiß ja nichts von Gottes Wette mit dem Teufel, das weiß nur der Erzähler –, sein Leid dennoch als von Gott auferlegtes Schicksal annimmt und seinem Gott die Treue hält. Gott, der seinen treuesten Knecht um einer Wette willen bewusst größter Höllenqualen aussetzt, sich auch nicht korrigiert und, statt sich bei Hiob zu entschuldigen, diesen zusammenstaucht, ist in dieser Geschichte klein, der Treue des Hiob eigentlich gar nicht würdig.

Nein, Hiob ist gar nicht der unterwürfige Hund, als der er

uns erscheint. Im Gespräch mit seinen Freunden sagt er beharrlich: Ich bin mir keiner Schuld bewusst. Ich leide grundlos. Ich verstehe meinen Gott nicht mehr, ich kenne seine Gründe nicht, aber ich bin überzeugt, dass er sie kennt und dass es gute Gründe sind. So spricht einer, der eine hohe Meinung von Gott hat, aber auch von sich selbst. Darin liegt nichts Unterwürfiges, auch nichts Überhebliches, nichts Ungerechtfertigtes, denn Gott selbst sprach von Hiob nur in größter Hochachtung.

Auch in der persönlichen Konfrontation mit Gott, als dieser durch den Gewittersturm Hiob andonnert, ist der zum Wurm gemachte Hiob der eigentlich Große. Die göttliche Hoheit poltert nämlich nur aus schlechtem Gewissen so berserkerhaft herum. Aber die Gottheit verbirgt das schlechte Gewissen, »indem sie sich zu ihrer vollen majestätischen Statur aufrichtet, sich die Gewänder der Schöpfung umlegt und mit königlichem Gestus das Thema wechselt«.[28]

Einhundertdreiundzwanzig Verse lang versucht Gott, Hiob klein zu machen, indem er sich groß macht. In nur sieben kurzen Versen antwortet Hiob. Zwei kurze Statements, sagt Miles, aber diese haben es in sich, und das haben wir nicht gemerkt, weil sie unter dem Eindruck der christlichen Tugend- und Gehorsamsethik zu eindeutig und damit falsch verstanden wurden, und zwar schon von den Übersetzern. Diese haben schon beim Übersetzen den Text im Sinne der klassischen Interpretationstradition geglättet und deshalb Doppeldeutigkeiten herausgenommen, die man im Ursprungstext durchaus noch sehen kann. So nahmen wir wörtlich, was auch ironisch verstanden werden kann und wahrscheinlich sogar wirklich ironisch gemeint gewesen war.

Das sind wir Laien nicht gewohnt. Ironie ist so ziemlich das Letzte, was wir in der Bibel vermutet hätten. Aber nachdem man Miles gelesen hat, fällt es einem wie Schuppen von den Augen: Tatsächlich, dieser Hiob ist alles andere als ein unterwürfiger Duckmäuser. Er gibt Gott Contra. Er ironisiert ihn, ohne ihn noch mehr zu reizen, versteckt seinen Widerspruchsgeist in »gespielt ehrerbietigen Zitaten gerade derjenigen göttlichen Worte, die Hiob einschüchtern sollen«.[29]

Um diesen ursprünglich vorhandenen Widerspruchsgeist wieder aufscheinen zu lassen, macht Miles von seiner Freiheit als Übersetzer Gebrauch, und danach liest sich die eine der beiden entscheidenden Antworten Hiobs so:

Sieh, ich bin unbedeutend. Was kann ich dir sagen?
Meine Hand liegt auf meinem Mund.
Ich habe bereits einmal gesprochen: Ich will nicht beharren.
Warum fortfahren? Ich habe nichts hinzuzufügen.

Diesen Worten Hiobs sind zwei Forderungen und zwei Weigerungen vorausgegangen: Hiob sprach ausführlich über Gerechtigkeit und verlangte, dass Gott darauf antwortet. Gott weigerte sich. Gott sprach ausführlich über Macht und verlangte, dass Hiob darauf antwortet. Hiob weigerte sich. Hiob hat sich nicht einschüchtern lassen. »Hiob weigert sich, bloße physische Kraft als Kriterium moralischer Integrität zu akzeptieren.«[30]

Sinngemäß sagt Hiob: Ja, ja, du bist der große Zampano und ich der kleine Erdenwurm. Ich habe verstanden. Aber wozu dann noch weiterreden?

Und Hiob antwortet mit trotzigem Schweigen.

In den verbleibenden Teilen seiner kurzen Rede zitiert Hiob zwei Mal zuerst etwas, das Gott gesagt hat, und gibt dann einen Kommentar dazu ab. In normaler menschlicher Unterhaltung sei so etwas ein leicht beleidigendes Verfahren, meint Miles. »Wenn ich, nachdem ich Ihre lange Tirade gegen mich gehört habe, ruhig Ihre allerersten Worte noch einmal wiederhole, dann mache ich wirkungsvoll deutlich, dass ich die Nerven behalten habe, dass das, was Sie gesagt haben, mich nicht umgeworfen hat.« Genau dies tut Hiob, wenn er Gott mit dessen Worten zitiert: »Wer ist der, der den Ratschluss verhüllt mit Worten ohne Verstand?«

Hiobs nächste Worte sind eine gezielte Doppeldeutigkeit: »Darum hab ich unweise geredet, was mir zu hoch ist und ich nicht verstehe.«

Das kennen wir doch. Wenn unsereiner beeindrucken will und deshalb in geschraubter Weise dummes oder unverständliches Zeug redet, sagen wir auch in gelindem Spott: Entschuldigung, aber das ist mir zu hoch.

Bleiben die berühmten Schlussworte, die scheinbar doch Hiobs Selbsterniedrigung bestätigen: »Darum spreche ich mich schuldig, und tue Buße in Staub und Asche.«

Das sei einfach schlecht übersetzt, sagt Miles. Zwar sei die Übersetzung nicht falsch, aber sie sei doch stark von der traditionellen Hiob-Interpretation beeinflusst worden. Man könne ebenso gut übersetzen: »Nun, da meine Augen dich gesehen haben, erbebe ich vor Jammer über den sterblichen Erdenkloß.«

Das gibt der Geschichte eine ganz andere Wendung und stützt Miles' Interpretation: Hiob knickt nicht ein vor Gott, bis zuletzt nicht, und wenn Gott Hiob nun alles zurückgibt, was ihm genommen wurde, und sogar doppelt, dann kommt dies doch einem unausgesprochenen Schuldeingeständnis Gottes gleich.

Gott sieht nicht gut aus in dieser Geschichte. Es ist übrigens die letzte Geschichte des jüdischen Tanach. Danach kommt nichts mehr, und es herrscht Schweigen zwischen Gott und Mensch.

Die Erfahrung des Hiob entspricht sicher der Erfahrung vieler Gläubiger mit Gott. Viele Menschen sind über solche Erfahrungen schon zu Agnostikern und Atheisten geworden oder zumindest zu großen Zweiflern. Nach der Milesschen Lesart hat der Mensch durchaus gute Gründe, die Sache mit Gott auf sich beruhen zu lassen. Und viele Menschen tun es ja auch.

Andere halten trotzdem fest an Gott. Warum? Vielleicht, weil ein ungerechter Vater besser ist als keiner. Mit einem ungerechten Vater kann ich rechten und reden, ihn kann ich zur Rede stellen, und es besteht sogar die Chance, sich mit ihm zu versöhnen. Misslingt die Versöhnung, kann ich wenigstens weiter mit ihm hadern.

Das ist wohl leichter zu ertragen, als keinen Vater zu haben. Keinen Vater zu haben, ist eine Tragödie.

ZURÜCK ZUR HAUPTSACHE

Es geht ums Ganze

»Lassen wir das«, ruft Schatoff, »davon später, sprechen wir von der Hauptsache...« – und dann sprechen alle von der Hauptsache: ob es einen Gott gibt oder nicht; was der Mensch tun muss, wenn es Gott nicht gibt; ob der Mensch überhaupt ohne Gott leben könne. Christian Morgenstern hat dies bei der Lektüre von Dostojewskijs *Dämonen* notiert, und Heinz Zahrnt hat Morgensterns Notiz im Vorwort seines Buches *Die Sache mit Gott*[1] wiedergegeben, weil diese Stelle genau unsere Situation kennzeichne: »Es geht heute nicht um dies oder das am christlichen Glauben, nicht um Einzelnes, um Jungfrauengeburt, Gottessohnschaft oder Himmelfahrt, sondern es geht um das Ganze, um die Hauptsache – um ›die Sache mit Gott‹.«[2]

Zahrnt hat das vor mehr als dreißig Jahren geschrieben. Daran hat sich bis heute nichts geändert, weshalb es auch heute noch lohnt, Zahrnts Buch zu lesen, vielleicht parallel zu Augsteins *Menschensohn*-Buch, denn Zahrnt zitiert über weite Strecken dieselben Theologen wie Augstein, spricht über dieselben Probleme und ungelösten Fragen, aber während Augstein darüber zum Atheisten wird, bleibt Zahrnt Christ und spricht sein großes »Dennoch«: Dennoch halte ich fest an Gott. Viele werden zwar Mühe haben, ihm in diesem »Dennoch« zu folgen, aber das macht nichts. Es lohnt sich, sich damit auseinander zu setzen, denn Zahrnt ist der lebende Beweis, dass Augsteins Nein nicht zwingend ist. Auch heute scheint selbst für den, der durch das Stahlbad der Aufklärung gegangen ist, der Glaube an Gott noch möglich zu sein.

Es geht ums Ganze, es geht um Gott. Das war so, als Zahrnt sein Buch schrieb, das ist noch heute so, und daran wird sich so schnell auch nichts ändern. Luther hatte am Ende des Mittelalters gefragt: Wie kriege ich einen gnädigen Gott? Wir fragen heute – sofern wir überhaupt noch fragen –, ob so etwas wie ein Gott überhaupt existiert? Seit Nietzsche heißt es immer wieder: Gott ist tot.

Das heißt nicht, dass Gott einmal gelebt hat und nun gestorben ist. Es heißt vielmehr, er hat nie gelebt, gelebt haben nur unsere Bilder von Gott, und die sind tot. Mit ihnen ist auch der Glaube vieler Menschen erstorben. Zu groß sind die intellektuellen Zweifel, die den Menschen seit der Aufklärung plagen. Zu wenig überzeugend war das Wirken der Kirche in der Geschichte, als dass uns heute noch viel an ihr liegen könnte. Zu wenig überzeugend agiert die Kirche heute, als dass sie ihre verlorenen Glieder massenhaft wieder zurückholen könnte. Und zu fragwürdig erscheint uns heute so manche Geschichte aus der Bibel.

Zwar sagen die meisten Menschen auf Befragen, dass sie noch an so etwas wie ein »höheres Wesen« glauben und sich eher nicht als Atheisten fühlen, aber ihr Leben führen sie doch so, als wären sie Atheisten, denn sie rechnen eigentlich nicht mit einem Wirken Gottes in ihrem Alltag. Sie denken, fühlen, planen und handeln, als gäbe es Gott nicht.

Aber viele sehnen sich nach einem Gott. Viele ertragen die Ungewissheit nicht, und schon gar nicht, dass alles nur Zufall, Materie, Physik und Sinnlosigkeit sein soll. Deshalb fragen sie nach dem Sinn, deshalb fragen sie nach einer Wirklichkeit jenseits der sinnlich wahrnehmbaren und wissenschaftlich erforschbaren Realität – und deshalb laufen so viele den Esoterik-Quatschern und Astro-Gurus nach, deshalb gehen so viele den Sekten und Rattenfängern auf den Leim, und deshalb dürfte das die Kirche, den Papst und seine Bischöfe und Kardinäle nachts nicht ruhig schlafen lassen.

Eigentlich müssten sie verzweifelt durch die Straßen laufen und jedem Passanten ins Ohr brüllen: Gott lebt! Wirklich, er lebt! Und eigentlich müsste das Personal der Kirche, wenn es denn wirklich selber glaubt, was es predigt, ganz anders dastehen in der Gesellschaft, viel eindrucksvoller auftreten, viel selbstbewusster agieren und voller Liebe und Fröhlichkeit vorleben, was es glaubt.

Ob ein Gott ist oder kein Gott ist – das macht für jeden einzelnen Menschen und für die ganze Welt einen unendlichen Unterschied. Die Menschen, die mit ihrer ganzen Existenz glauben, dass es den Gott Abrahams, Isaaks, Jakobs, Jesus' und Paulus' wirklich gibt, müssten eigentlich vor Kraft nur so strotzen. Eigentlich müssten ihnen Flügel wachsen. Eigentlich.

Aber man sieht keine beflügelten Christen. Man sieht keine kraftstrotzenden Pfarrer. Man sieht keine eindrucksvollen Auftritte der Kirche.

Was man sieht, sind Kirchen-Insider, Priester wie Laien, die an der Existenz Gottes nicht zu zweifeln scheinen, diese Gewissheit aber nicht als etwas erleben, das ihr Dasein beflügelt, sondern eher als so etwas wie eine Grundannahme oder eine Selbstverständlichkeit behandeln. Sie scheinen kaum das Bedürfnis zu haben, den Zweifelnden und den an Gott Verzweifelten etwas von ihrem Glauben und ihrem Erleben mit Gott mitzuteilen. Irgendwie betrachten sie wohl ihren Glauben als Privatsache, der nicht an die Öffentlichkeit gehört, weshalb sie in der Öffentlichkeit über alles Mögliche reden, nur nicht über ihr Verhältnis zu Gott und auch kaum über die Tatsache, dass für die meisten Menschen außerhalb der Kirchenmauern, für die Kirchen-Outsider, dieses Verhältnis zu Gott ein Nicht-Verhältnis ist. Vielleicht ist es aber auch so, dass sich viele Kirchen-Insider ihres Gottes ebenfalls nicht mehr so ganz gewiss sind und diese Ungewissheit durch Reden und Aktivitäten – also durch dies und das – zu kompensieren versuchen, deren Vernünftigkeit und Sinnerfülltheit ihnen gewiss zu sein scheint – weshalb zu fragen wäre, woraus sie ihre Gewissheit ableiten, wenn auch sie im Letzten in der Ungewissheit schweben.

Darum noch einmal: Es geht heute nicht um dies oder das am christlichen Glauben, sondern ums Ganze, um Gott. Aber auf den Kirchen- und Katholikentagen wird ausdauernd über dies und das geredet. Soll der Staat islamischen Religionsunterricht an Schulen erteilen? Dürfen Katholikinnen die Pille nehmen? Dürfen Christen die Juden missionieren? Ist der päpstlich verordnete Ausstieg aus dem staatlichen System der Schwangerenberatung ein Fehler? Muss der Papst es hinnehmen, wenn Donum Vitae die Beratung weiterführt? Welchen Standpunkt soll die Kirche zur Globalisierung, zur Gentechnik, zur Bundeswehr einnehmen? Hat Gott auch weibliche Eigenschaften? Soll die Kirche homosexuelle Paare trauen? Was kann die Kirche für die Ökologie tun? Muss die Kirche es widerspruchslos hinnehmen, wenn sonntags die Läden öffnen und an Himmelfahrt die Börse mit Aktien handelt? Dürfen Katholikinnen Priesterinnen werden? Wie soll in der Kirche das Verhältnis von Laien und Priestern gestaltet werden? War das Sozialwort der Kirchen hart und klar genug? Ist der Zölibat noch zeitgemäß? Wie kann man die Gottesdienste attraktiver gestalten? War das Mea Culpa des Papstes nicht zu unbestimmt? Wie definiert die Kirche ihr Verhältnis zu den anderen Religionen, zum Staat, zur Politik, zu den Parteien, den Gewerkschaften, den Medien, den Frauen, der Jugend, zu Hinz und zu Kunz?

Alles keine unwichtigen Fragen, ich geb's ja zu, und ich habe in diesem Buch selber viele Kapitel dazu geschrieben, nur: Man sollte nicht das Wichtigste unter all diesen zweitwichtigsten Fragen begraben. Einem, der zutiefst zweifelt, dass es so etwas wie Gott überhaupt gibt, geht der Streit über die Frage, ob Gott männlich ist oder weiblich oder androgyn, am Arsch vorbei. Ob die Kirche Schwule und Lesben traut, ist ihm wurscht, und der attraktivst gestaltete Gottesdienst wird den Zweifler so wenig zum Gläubigen machen wie die ganz normale traditionelle Sonntagsfeier. Es sind nicht die Zweifler, die nach neuen Gottesdienstformen verlangen, es sind die Kirchen-Insider, die das für sich wollen und auf dem Holzweg sind, wenn sie sich einbilden, dadurch mehr Outsider anzuziehen. Den Ungläubigen und den Zweifler wird die beste Show nicht überzeugen. Im Gegenteil. Die übertriebene Anpassung an die Unterhaltungsansprüche moderner Menschen, die kritiklose Übernahme von Elementen aus der Pop- und Eventkultur, gar noch der Versuch, Mitglieder durch Werbung und Marketing zu ködern oder zu aktivieren, stößt ernsthaft Fragende und Suchende eher ab. Der Glaubende wiederum muss nicht erst durch diese oder jene Attraktion wie der Affe mit der Banane aus dem Urwald in den Gottesdienst gelockt werden. Der Glaubende hat von selbst das Bedürfnis, Gott zu dienen, Gott zu loben und mit den anderen zu feiern, und dafür bedarf es keiner Show.

Noch einmal: Dem Zweifler geht's nicht um dies und das, sondern ums Ganze. Darüber will er reden. Von den Teilen des Ganzen und allem anderen kann man später sprechen. Erst wenn die Hauptsache geklärt ist, kann man überhaupt sinnvoll über alles andere reden. Bleibt die Hauptsache dagegen ungeklärt, erscheint die Allzuständigkeit der Kirche, die in der schier endlosen Litanei der Nebensachen durchscheint, lächerlich, und der Kirchen-Outsider blickt etwas verwundert auf das geschäftige Treiben der Insider, die sich zu innerkirchlichen Grüppchen formieren und ihr je eigenes Süppchen kochen.

Da kämpft dann die Kirche von unten gegen die Kirche von oben. Die Laien kämpfen gegen die Kleriker, die Evangelikalen gegen die Modernisten, die Progressiven gegen die Konservativen, Meisner gegen Lehmann und Ratzinger gegen alle. Geht es in diesen Kämpfen wirklich immer nur um die Sache? Spielt die Hauptsache dabei noch irgendeine Rolle? Oder müssen Haupt- und Nebensachen für die ganz normalen Machtspielchen herhalten, die nun mal überall dort üblich sind, wo zwei oder drei versammelt sind in wessen Namen auch immer?

Die Krise der Kirche liegt übrigens nicht in diesen Streitereien um tausend Nebensachen, nicht in den Machtspielchen und nicht in der Pluralisierung und Segmentierung der Kirche, der Gemeinden und der Christen. Dies alles sind nur Symptome der eigentlichen Krise, und die eigentliche Krise – das hat Kardinal Ratzinger in der *FAZ* geschrieben – die eigentliche Krise der Kirche und unserer Zeit liegt im bezweifelten und bestrittenen Wahrheitsanspruch der Kirche, also in der Hauptsache.

Hören wir dem Kardinal eine Weile zu. Auch wer ihn als sein Feindbild pflegt, wird sich seiner Analyse kaum verweigern können: »Am Beginn des dritten christlichen Jahrtausends befindet sich das Christentum gerade im Raum seiner ursprünglichen Ausdehnung, in Europa, in einer tief gehenden Krise, die auf der Krise seines Wahrheitsanspruches beruht. Diese Krise hat eine doppelte Dimension: Zunächst stellt sich immer mehr die Frage, ob der Begriff Wahrheit sinnvollerweise überhaupt auf die Religion angewandt werden könne, mit anderen Worten, ob es dem Menschen gegeben ist, die eigentliche Wahrheit über Gott und die göttlichen Dinge zu erkennen.«[3] Diese generelle Skepsis sei dann zusätzlich untermauert durch die Fragen der Wissenschaft nach den Ursprüngen und Inhalten des Christlichen. »Durch die Evolutionstheorie scheint die Schöpfungslehre überholt, durch die Erkenntnisse über den Ursprung des Menschen die Erbsündenlehre; die kritische Exegese relativiert die Gestalt Jesu und setzt Fragezeichen gegenüber seinem Sohnesbewusstsein; der Ursprung der Kirche in Jesus erscheint zweifelhaft und so fort. Die philosophische Grundlage des Christentums ist durch das ›Ende der Metaphysik‹ problematisch geworden, seine historischen Grundlagen stehen infolge der modernen historischen Methoden im Zwielicht.«

Daher liege es nahe, »die christlichen Inhalte ins Symbolische zurückzunehmen, ihnen keine höhere Wahrheit zuzusprechen als den Mythen der Religionsgeschichte – sie als Weise der religiösen Erfahrung anzusehen, die sich demütig neben andere zu stellen hätte. In diesem Sinn kann man dann – wie es scheint – fortfahren, ein Christ zu bleiben; man bedient sich weiterhin der Ausdrucksformen des Christentums, deren Anspruch freilich von Grund auf verändert ist: Was als Wahrheit verpflichtende Kraft und verlässliche Verheißung für den Menschen gewesen war, wird nun zu einer kulturellen Ausdrucksform des allgemeinen religiösen Empfindens, die uns durch die Zufälle unserer europäischen Herkunft nahe gelegt ist. Weil es so steht, muss die altmodische Frage nach der Wahrheit des Christentums neu gestellt werden, so überflüssig und unbeantwortbar sie vielen erscheinen mag. Aber wie?«

Runter vom toten Pferd!

Noch einmal: Die altmodische Frage nach der Wahrheit des Christentums muss neu gestellt werden, sagt Ratzinger und fragt dann: Aber wie?

Das weiß der Kardinal dann auch nicht so genau. Niemand weiß es. Aber wenn der Wahrheitsanspruch der Kirche von aller Welt bestritten wird, die Kirche diesen Anspruch aber trotzig weiter aufrechterhält, jedoch ohne überzeugende Argumente, nur durch bloßes Behaupten und monotone Wiederholungen des Behaupteten, dann reitet die Kirche ein totes Pferd, dann gleicht sie einem Unternehmen, das schon lange nichts mehr produziert und verkauft, deren Verwaltung aber geschäftig weiterarbeitet und so tut, als würde noch etwas produziert und verkauft.

Deshalb schlage ich vor: Herunter vom toten Ross. Auf eigenen Füßen weiter ans Ziel, vorwärts zu Gott.

Mit ihrer ganzen Konferenz- und Sitzungshuberei kommt die Kirche der Lösung ihres zentralen Problems, ihrem bestrittenen Wahrheitsanspruch, nämlich um keinen Schritt näher. Darum gleicht ihr hochtouriger Aktivismus dem Reiten toter Pferde. In dieser Übung hat sie es inzwischen zu einer erstaunlichen Routine auf hohem Niveau gebracht. Das Gehetze der Kirchenbeamten von Andacht zu Andacht, die vielfältigen Aktivitäten der Kirche auf lokalen, regionalen und überregionalen Ebenen, die zahlreichen in Auftrag gegebenen Studien und wissenschaftlichen Untersuchungen über die Soziologie und Erwartungshaltungen der eigenen Mitglieder, die regelmäßig veranstalteten Debatten über Kirche, Staat und Gesellschaft, die Tagungen zu politischen und wirtschaftlichen Themen, die Kirchentage, Katholikentage, die kirchliche Presse- und Öffentlichkeitsarbeit, die Kirche im Rundfunk, die internationale Zusammenarbeit und die ökumenischen Bestrebungen – das alles läuft auf eine gegenseitige Selbstbeschäftigung kirchlicher Mitarbeiter hinaus. Die Verwaltung des Unternehmens Kirche kann nur deshalb so tun, als verwaltete sie ein funktionierendes Unternehmen, weil auf wundersame Weise regelmäßig Geld von außen in das Unternehmen gepumpt wird.

Würde jemand diesen Geldhahn abdrehen, wäre es mit der ganzen Selbstbeschäftigungstherapie augenblicklich vorbei, und die Kirche würde schlagartig erkennen, was los ist: Das Pferd ist tot. Weil aber niemand den Hahn abdreht und diese

Gefahr auf absehbare Zeit auch nicht besteht, allenfalls die Gefahr, dass der Geldstrom etwas spärlicher fließt – und schon diese kleine Gefährdung macht die Selbstverwalter hypernervös –, weil sich also die Kirche gefahrlos weiter im Reiten toter Pferde üben kann, übt sie weiter, gibt ihrem toten Pferd heftig, geschäftig und beschäftigt die Sporen.

Absteigen, auf eigenen Füßen weitergehen – was könnte das denn heißen? Es muss jedenfalls ein dramatischer Schritt sein. Wer von einem Pferd steigt und zu Fuß weitergeht, spürt am eigenen Leib, was das bedeutet, bewegt sich anders als vorher, und wer aus der Nähe oder Ferne zuschaut, muss sehen, dass sich da etwas Aufregendes und Entscheidendes ereignet. Es muss erkennbar sein: Da gibt jemand eine über Jahrzehnte eingeschliffene Verhaltensweise von heute auf morgen auf zugunsten eines neuen Verhaltens, das nicht gelernt wurde und nun erst mühsam erlernt werden muss.

Was aber könnte diese neue Verhaltensweise sein, welche die Kirche lernen soll? Es ist ganz einfach. Ich meine es so, wie's dasteht. Die Kirche soll auf eigenen Füßen weitergehen. Sie soll sich von ihrem Geldhahn unabhängig machen und sich wirtschaftlich auf eigene Füße stellen. Sie soll sich ihren Lebensunterhalt selbst verdienen. Sie soll sich vom staatlichen Kirchensteuersystem verabschieden.

Ich weiß: Ich kann so etwas leicht vorschlagen, ich bin ja nicht davon betroffen. Ich mache diesen Vorschlag dennoch nicht leichtfertig. Ich weiß, was ich da vorschlage, und ich bitte alle, die jetzt der Ohnmacht nahe sind, Folgendes zu sehen:

Es gibt eigentlich nur zwei Existenzformen von Kirche. Die erste beruht auf dem Beispiel von Jesus. Der hat gelehrt, gepredigt und das Evangelium vorgelebt, ist aber keiner geregelten Arbeit nachgegangen und war auf die Unterstützung seiner Freunde angewiesen. Er war also arm und hat gebettelt.

Die zweite beruht auf Paulus. Der hat gelehrt, gepredigt und das Evangelium vorgelebt, zusätzlich aber auch noch als Zeltmacher gearbeitet und damit seinen Lebensunterhalt verdient. Er war nicht vermögend, aber er hat seinen Lebensunterhalt selbst bestritten und war auf niemandes Hilfe angewiesen.

Was wir heute haben, ist etwas Drittes, etwas, woran weder Jesus noch Paulus im Traum gedacht hätten: eine hierarchische Amtskirche, die das Christentum auf Lehre, Seelsorge, Caritas, Predigt und Inanspruchnahme kirchlicher Leistungen reduziert und dafür Glaubensbeamte anstellt, mithilfe des Staates Steuern eintreibt und damit die Glaubensbeamten bezahlt.

Diese Existenzform hat drei große Vorteile: Sie sorgt für eine gewisse wirtschaftliche Unabhängigkeit und führt zu einer materiellen Grundlage, auf der sich die Zeiten einigermaßen gut überdauern lassen. Die Existenzform der Amtskirche wirkt also existenzsichernd. Der zweite Vorteil einer materiellen Grundsicherung durch staatlich garantierte Steuereinnahmen verschafft der Kirche ein exklusives Privileg: Da sie der Sorge ums wirtschaftliche Überleben weitgehend enthoben ist, hat sie so etwas wie Muße, über sich, über Gott und die Welt nachzudenken. Das nützt nicht nur ihr, das kann auch der Gesellschaft nutzen, in der sie wirkt.

Ich mache hier einen kleinen Einschub und sage: Ich weiß natürlich, dass die finanzielle Lage der Kirchen prekär ist, aber sie ist so lange nicht existenzgefährdend, wie der Staat die Kirchensteuer zuverlässig – und künftig vielleicht sogar mit einigen Anpassungen zugunsten der kirchlichen Finanzen – eintreibt. Zur Existenzgefährdung käme es erst, wenn der Staat sich plötzlich weigern sollte, die Steuern für die Kirche weiter einzutreiben. Diese Gefahr besteht derzeit nicht, und solange diese Gefahr nicht besteht, bestehen die zwei Vorteile, die ich soeben benannt habe.

Zu diesen zwei Vorteilen – eine sichere Existenz und das Privileg, befreit von wirtschaftlichen Zwängen über alles frei und in Ruhe nachdenken zu dürfen – gesellt sich ein dritter: die Macht einer großen Institution, die mit dem Staat Verträge aushandeln kann, die in der Öffentlichkeit gehört wird, wenn sie sich äußert, und die in einer pluralen Gesellschaft Sitz und Stimme hat, um für ihre eigenen oder fremde Interessen einzutreten.

Man soll diese drei Vorteile nicht gering achten. Ich halte es für wünschenswert, dass die Kirche auch die nächsten zweitausend Jahre überdauert, ich finde es wichtig, dass die Kirche öffentlich denkt, und ich finde richtig, dass sie ihre Macht nutzt, um öffentlich die Stimme zu erheben, weil die Welt es inzwischen mit einer doch überwiegend verantwortungsbewussten, aufgeklärten und geläuterten Kirche zu tun hat, die sich ihrer historischen Rolle bewusst ist und auch die unheil- und verhängnisvollen Teile ihrer Geschichte nicht mehr leugnet.

Warum also sollte die Kirche den Strang zu ihrer Haupteinnahmequelle kappen und damit ihre eigene Existenz leichtfertig aufs Spiel setzen? Die einfache Antwort lautet: weil es um ihre Existenz geht.

Die Existenz der Kirche ist doch sowieso gefährdet, auch mit der Kirchensteuer. Der weitere Fluss der Steuergelder täuscht die Kirche nur über die tatsächliche Gefährdung ihrer Existenz hinweg. Wer in großer Gefahr sein Leben retten will, muss es aufs Spiel setzen. Wo es ums Ganze geht, hat man nur die Wahl, alles oder nichts zu riskieren. Nichts zu riskieren, ist die sicherste Methode, das Ganze zu verlieren. Alles zu riskieren, birgt zumindest die Chance auf den Gewinn des Ganzen.

Was könnte die Kirche gewinnen, wenn sie ihre Einkommensquelle verlöre?

Erstens: Aufsehen. Ein weithin sichtbares Zeichen würde gesetzt, und das würde Aufsehen erregen. Die Leute würden sich fragen: Was ist plötzlich mit der Kirche los? Warum tut sie das?

Zweitens: Ansehen. Wenn, wie es sich seit etlichen Jahren abzeichnet, breite Volksschichten wegen der Turbulenzen der Globalisierung – im Osten Deutschlands zusätzlich verschärft durch die Einheit – wirtschaftlich absteigen, wenn es plötzlich vielen schlechter geht und wenigen besser, dann erweckt eine Institution Aggressionen, die selbst wirtschaftlich gesichert ist, aber meint, jenen predigen zu müssen, deren Existenz gefährdet ist. Eine wirtschaftlich gesicherte Kirche kann unter den ungesicherten Schichten der Bevölkerung nicht sehr glaubwürdig agieren. Die eigene wirtschaftliche Sicherung durch die Kirchensteuer schwächt die Kraft der kirchlichen Argumente.

Drittens: Wahrheit. Die regelmäßig fließenden Steuergelder

verführen zu der Selbsttäuschung, dass die Kirche in Deutschland noch im Volk verwurzelt und eine Volkskirche sei. Man kann sich dann beispielsweise, weil man ja trotz spärlicher fließender Mittel immer noch ein bisschen Geld hat, alle zwei Jahre einen Kirchentag leisten, einen Event, zu dem die Massen strömen. Man kann sich einbilden, diese Massenbewegungen signalisierten ein massenhaftes Interesse des Volkes an der Kirche, und man kann sich über die Tatsache hinweglügen, dass das Volk dankbar jedes Spektakel goutiert, das ein bisschen Abwechslung in den grauen Alltag bringt. Über all das kann man sich hinwegtäuschen, solange man genug Geld hat für eine schicke Party, und über vieles andere auch. Wie es tatsächlich um einen steht, würde man erst merken, wenn das Geld plötzlich nicht mehr da wäre. Was die Kirche tatsächlich ist, lehrt ein Blick in Deutschlands Osten und in jene Länder, in denen es staatlich eingetriebene Kirchensteuern nicht gibt. Dort ist die Kirche eine Minderheitenkirche. Dort ist sich die Kirche ihrer tatsächlichen Lage viel besser bewusst als die reiche deutsche Amtskirche, die leugnet oder tatsächlich nicht weiß, dass sie auf tönernen Füßen ruht.

Viertens: Glaubwürdigkeit. Es ist leicht, sich als Anwalt der Schwachen aufzuspielen, ohne ihnen selbst wirklich helfen zu können und sich stattdessen auf Appelle an die Hilfsbereitschaft anderer beschränken zu müssen. Es ist bequem, Gelder zu verteilen, die man nicht selbst verdient, sondern bei anderen eingesammelt hat. Und es ist nicht sehr überzeugend, die Wirtschaft zu kritisieren, sie Moral lehren zu wollen oder ihr gute Ratschläge zu erteilen, wenn man selber keine Ahnung davon hat, wie hart der wirtschaftliche Existenzkampf wirklich ist.

Fünftens: Unabhängigkeit. Wenn es vielen plötzlich schlechter geht, dann ist die Kirche natürlich aufgerufen, darauf hinzuweisen und öffentlich zu fordern, dass etwas dagegen unternommen wird. Wenn sie dabei aber nicht konkret wird, wenn sie im Unverbindlichen bleibt und nicht sagt, was denn genau zu geschehen hätte, dann ist das, was sie sagt, praktisch wertlos, dann könnte sie genauso gut schweigen. Wenn sie aber konkret wird, dann begibt sie sich in die Gefahr, bestimmte Interessengruppen zu verprellen, die auf die Idee kommen könnten, ihre Spenden- und Kirchensteuerüberweisungen einzustellen. Um diese Gefahr zu minimieren, aber auch weil die Kirche Volkskirche ist und sein will, weil sie eine Kirche für alle sein will, ist sie sehr vorsichtig mit ihren öffentlichen Äußerungen. Deshalb wird sie auch dann nicht deutlich, wenn sie eigentlich auf den Tisch hauen müsste.

Man ist nicht sehr überzeugt von einer Institution, die ihre Einnahmen allen gesellschaftlichen Gruppen gleichermaßen verdankt, den Arbeitnehmern und den Arbeitgebern, den Alten und den Jungen, den Armen und den Reichen, den Mietern und den Vermietern, den Soldaten und den Wehrdienstverweigerern, den Abtreibungsgegnern und den Abtreibungstoleranten, den Medienunternehmen und den Medienkritikern, dem Agro- und Massentierhaltungs-Business und den Natur- und Tierschützern, den Atomkraftwerksbetreibern und den Atomkraftgegnern, den Wählern der Regierung und den Wählern der Opposition. Wer bei all diesen Gruppen abkassiert, der muss natürlich fast zwangsläufig nach dem Motto handeln: Allen wohl und niemandem wehe.

Und so verfährt die Kirche ja auch. Jesus war ein Ärgernis. Jesus hat seine Feinde zur Raserei getrieben, und deshalb haben sie ihn dann ja auch ans Kreuz genagelt. Nach seinem Tod waren es seine Anhänger, die sich Feinde gemacht und die römischen Machthaber zur Weißglut gebracht haben. Dieses provozierende Anderssein und Dagegensein der frühen Christen hat viele von ihnen den Kopf gekostet. Aber das hat sie interessant und glaubwürdig und überzeugend gemacht. Von dieser Überzeugungsleistung lebt die Kirche heute noch.

Die heutige Kirche, besonders die protestantische, tritt niemandem zu nahe. Sie hat vielleicht ein paar Kritiker, und es gibt ein paar Nörgler, aber Feinde hat sie nicht.

Das ist in normalen Zeiten nicht so schlimm, wenngleich diese Ausgewogenheitstendenz kirchliche Verlautbarungen von einschläfernder Langeweile hervorbringt. Aber die Geschichte lehrt uns, dass es immer mal wieder unnormale Zeiten

gibt, in denen es darauf ankäme, Flagge zu zeigen, klare Miss-
stände in klarer Sprache hart zu verurteilen und sich auch einmal einseitig zugunsten einer Interessengruppe gegen alle anderen auszusprechen. In solchen Zeiten versagt die mit dem
Staat zusammenarbeitende, steuerfinanzierte Kirche auf jämmerliche und zugleich skandalöse Weise, wie die Kirche im
Dritten Reich es gezeigt hat. Und auch in weniger eindeutigen
geschichtlichen Momenten kommt von der Kirche zu oft nur
Allgemeines und Unverbindliches, wo Konkretes und Ver-
bindliches nötig wäre.

Zur Zeit haben wir so eine geschichtliche Situation, in der
die Kirche auf den Tisch hauen müsste, es aber nur sehr verhalten tut. Sie könnte mit viel mehr Wucht auf den Tisch hauen,
wenn sie dank wirtschaftlicher Unabhängigkeit auf niemanden Rücksicht zu nehmen bräuchte.

Die Argumente für einen Ausstieg aus der Kirchensteuer
sind also stark. Jetzt fehlt nur noch die Antwort auf die Frage:
Wie soll die Kirche das denn machen, ihren eigenen Lebensunterhalt selbst verdienen?

Weiß ich nicht. Aber ich habe einen Vorschlag. Und er steht
in der Bibel.

Auf die eigenen Füße

»Recht handeln«, die Baalspriester des Wirtschaftsfundamen-
talismus entzaubern, die Götzen und Goldenen Kälber des
Zeitgeistes »derblecken«, wie der Bayer sagt, den Tyrannen der
Wirtschaft in die Suppe spucken, am Lack der Priesterherr-
schaft der Ökonomen kratzen und zugleich offen sein für Gott,
sich möglichen Glaubenserfahrungen öffnen, die Hauptsache
ins Zentrum stellen, und zu guter Letzt: runter vom toten
Pferd, raus aus der Kirchensteuer, auf die Füße und rein ins
Getümmel.

Aber wie soll das denn alles gehen?

Ich glaube: Es geht nur so, dass die Menschen, die sich offen halten möchten für Glaubenserfahrungen, einfach organisiert handeln müssen, dass sie gemeinsam tun müssen, was sie für »rechtes Handeln« halten. Und am besten wäre es, sie würden ihr Leben miteinander verbinden. Sie werden dann wahrscheinlich Erfahrungen machen, die sie als Einzelne nie machen können, denn ich glaube, dass der liebe Gott mit einem Einzelnen oder vielen verstreut nebeneinander lebenden Einzelnen nicht viel anfangen kann. Gott braucht wie jeder Unternehmer ganze Mannschaften, Abteilungen und Unternehmen. Gott braucht Gemeinden.

Aber nicht solche, wie wir sie haben, wo tagsüber und während der Woche jeder irgendwo irgendeiner profanen Tätigkeit nachgeht und man erst nach Feierabend und am Wochenende Zeit hat für die Kirche. Von Montag bis Freitag Profi, am Feiertag und am Wochenende Freizeit-Christ – so war das eigentlich nicht gedacht. Als Jesus seine Jünger berief, da hat er zu den Fischern nicht gesagt: Wenn ihr fertig seid mit dem Fischen, dann kommt doch heute Abend mal bei mir vorbei. Vielmehr hat er gesagt: Hört auf mit der Fischerei, werft eure Netze weg und kommt mit. Jetzt. Und für immer.

Eine ziemlich verrückte Zumutung war das, aber Petrus und die anderen waren tatsächlich so verrückt, und haben ihren Job an den Nagel gehängt. Das heißt nun nicht, dass heute nur der ganz Christ sein kann, der seinen weltlichen Beruf aufgibt und in die Dienste der Kirche tritt, nein, so war's auch wieder nicht gemeint. Wie es gemeint war, erfährt man aus dem Alten Testament. Dort steht, Gott habe seinem Volk so etwas wie eine Sozialordnung gegeben, nach der zu leben zwar nicht ganz einfach, aber auch nicht unmöglich war.

Das Alte Testament ist uns Christen fremd. Wir meinen zwar, es sei uns vertraut, weil wir ja all die Geschichten von Adam und Eva, Kain und Abel, Abraham, Jakob und Isaak, Mose und den Propheten kennen, aber wir Christen betrachten das Alte Testament zu sehr als Vorläufer und Vorbereitung auf das Eigentliche und Neue, auf Christus, und nicht als etwas Eigenständiges. Dadurch übersehen wir oft seine ursprüngliche Intention: die Verfassung des Volkes Gottes sein zu wollen.

Darum komme ich zunächst lieber auf eine neutestamentliche Geschichte zu sprechen, in der aber auch anklingt, was man sich unter der Sozialordnung Gottes vorstellen sollte. Es ist die Geschichte vom Brotwunder.

Ich habe schon weiter vorne gesagt: Wir modernen Menschen, die wir halbwegs aufgeklärt sind, können diese Geschichte, so wie sie in der Bibel steht, eigentlich nicht mehr glauben. Sie klingt zu sehr nach Zauberei und Magie, zu sehr nach dem Märchen vom »Tischlein deck dich«. Auch die modernen Theologen wollen uns nicht mehr zumuten, an Jesus den Magier zu glauben, der aus fünf Broten und zwei Fischen ein magenfüllendes Programm für fünftausend Männer zaubert, nicht gerechnet die Frauen und Kinder, die ebenfalls dabei waren und satt geworden sind.

Aber, das habe ich ebenfalls schon gesagt, was uns die Theologen als bleibenden Kern des Brotwunders anbieten, macht niemand mehr satt, gleicht eher der Oblate der Eucharistie als richtigem Brot.

Wenn man einerseits nicht an Zauberei glaubt, andererseits den kümmerlichen Rest für belanglos hält, der übrig bleibt, wenn die Theologen das Brotwunder so weit herunterinterpretiert haben, dass es der moderne Mensch zu fassen vermag, was bleibt dann noch als Möglichkeit?

Von allen unternommenen Versuchen hat mich am meisten der Vorschlag der katholischen Theologen Rudolf Pesch und Gerhard Lohfink überzeugt. Ihren Gedanken möchte ich im Folgenden nachgehen.[4]

Nachdem Jesus lange gepredigt und das Volk ihm zugehört hat, ist es plötzlich Abend geworden, und die Jünger meinen, dass die Leute jetzt eigentlich etwas essen müssten. Aber sie haben nichts dabei, und »der Ort ist abgelegen«. Daher machen die Jünger einen Vorschlag. Sie sagen zu Jesus: »Entlasse sie, damit sie fortgehen zu den Höfen und Dörfern ringsum, um sich etwas zum Essen zu kaufen.«

Die Jünger trennen also zwei Dinge voneinander: Für die Predigt ist Jesus zuständig. Um ihr Essen sollen sich die Zuhörer jetzt selber kümmern.

Das ist eine nahe liegende Lösung, gegen die im Grund nichts einzuwenden ist, obwohl sie natürlich voraussetzt, dass alle genügend Geld dabei haben, um sich etwas kaufen zu können. Wer kein Geld hat, wird aber vermutlich auch nicht darben, sondern muss halt schnorren oder darauf hoffen, dass er schon irgendwie mit durchgefüttert wird, und wenn das nicht geschieht, bleiben ja vielleicht irgendwo irgendwelche Reste übrig. Alles Weitere regelt sich irgendwie von selbst. Die Schnellen werden als Erste das nächste Gehöft erreichen und die dort vorhandenen Plätze besetzen, die Langsameren müssen weiterziehen, die Langsamsten möglicherweise ohne Essen im Freien übernachten, aber das werden sie überleben. Die Reichen werden es sich an den attraktivsten Plätzen wohl ergehen lassen, die halbe Umgebung leer kaufen und die Preise in die Höhe treiben, die Ärmeren werden sich mit dem Wenigen zufrieden geben müssen, das sie sich dann noch leisten können.

Das ist die Lösung der Welt. Jesus lehnt sie ab. Stattdessen sagt er zu seinen Jüngern: »Gebt ihr ihnen zu essen.«

Damit ist der einfache Weg, die Gesellschaft nur zu bepredigen und sie im Übrigen sich selbst zu überlassen, erledigt. Schön, aber irgendwie, so scheint uns, macht es sich Jesus damit sehr einfach. Es kommt uns so vor, als ob Jesus den Schwarzen Peter seinen Jüngern zuschiebt.

Die sind jetzt auch ein bisschen verunsichert und fragen: »Sollen wir fortgehen, für zweihundert Denare Brot kaufen und ihnen zu essen geben?«

Die Jünger machen also einen zweiten Vorschlag. Offenbar haben sie verstanden, dass sie auch nach der Predigt eine gewisse Verantwortung für die Menschen haben und es darum ihre Aufgabe ist, dass die Leute etwas zu essen bekommen. Blitzschnell überschlagen sie, was das kostet. Man muss also planen, rechnen, organisieren, bei den Leuten das Geld einsammeln, denn natürlich haben weder Jesus noch die Jünger genügend Geld, dann muss man einkaufen und das Eingekaufte anschließend verteilen.

Das ist die Lösung der Kirche bis auf den heutigen Tag. Mit dem gleichen Eifer und der gleichen Organisationslust, welche die Jünger zeigen, rückt heute die Kirche der Not zu Leibe, weil sie begriffen hat, dass es zu wenig ist, den Armen nur das Wort zu predigen. Man muss ihnen auch Brot geben. Also wird Brot für die Welt beschafft, nicht aus eigenen Mitteln, sondern aus Spenden.

Aber nun kommt das Erstaunliche: Jesus akzeptiert auch diese Lösung nicht. Er lässt die Jünger kein Geld einsammeln, lässt sie nicht fortgehen, sondern sagt fast herrisch: »Wie viele Brote habt ihr? Geht hin! Seht!«

Warum akzeptiert Jesus diesen vernünftigen Vorschlag nicht? Vielleicht weil er weiß, dass zweihundert Denare zwar reichen, um das Volk vor dem Verhungern zu bewahren, aber nicht, um wirklich gut und genug zu essen. Und eigentlich meint er doch, wenn er vom »Reich Gottes« predigt, nicht ein Reich, in dem jeder gerade mal so satt wird, sondern ein Land, das »von Milch und Honig fließt«. Die Lösung, die Jesus vorschwebt, ist größer als die der Jünger und der Kirche. Die Lösung soll nicht nur die Not lindern, auch nicht nur beseitigen: Zum Reich Gottes gehört der Überfluss. Nicht um Verwaltung des Mangels geht es, sondern um Wohlstand, und zwar für alle.

Die Almosenlösung der Jünger würde die Welt nicht wirklich verändern. Sie würde ihre Elendsstrukturen immer neu produzieren, die Jünger müssten ohne Unterlass keuchend hin- und herlaufen, und sie würden dabei mit dem Elend doch nie fertig werden. Die Lösung der Jünger lindert die Not einer Klassengesellschaft, aber hebt sie nicht auf. Zum Verhältnis von Herr und Knecht und Arm und Reich steuern die Jünger nur das Verhältnis Betreuer und Betreuter bei, und einige in der heutigen Kirche wollen jetzt auch noch das Verhältnis Dienstleister und Kunde etablieren. Das alles lehnt Jesus ebenfalls ab. Was aber will er dann?

Nachdem Jesus zwei uns durchaus vernünftig erscheinende Vorschläge der Jünger abgelehnt hat, und die Jünger inzwischen mit ihrem Latein am Ende sind, kommt der dritte Vorschlag, die Lösung, von Jesus selbst. Die Jünger haben auf Jesu Geheiß hin nachgesehen, was eigentlich vorhanden ist, und sie berichteten: fünf Brote, zwei Fische.

Nun geht es folgendermaßen weiter im Text: »Und er gebot ihnen, sie sollen alle lagern lassen, Mahlgemeinschaft um Mahlgemeinschaft auf dem grünen Gras. Und sie ließen sich nieder, Abteilung um Abteilung, zu hundert und zu fünfzig. Und er nahm die fünf Brote und die zwei Fische, blickte auf zum Himmel, sprach den Segen und brach die Brote durch und gab sie seinen Jüngern, dass sie ihnen vorsetzten; auch die zwei Fische teilte er allen.«

Jesus nahm also das Vorhandene.

»Und alle aßen und wurden satt. Und sie hoben Brocken auf, zwölf gefüllte Körbe, auch von den Fischen. Und die die Brote gegessen hatten, waren fünftausend Männer.«

Da finden wir allerdings leider kein Wort davon, wie es zuging, dass fünftausend Männer mit ihren Angehörigen vom Vorhandenen, von fünf Broten und zwei Fischen, satt werden konnten. Haben unsere beiden Theologen eine Antwort auf die Frage nach dem Wie?

Ja, sie haben eine, aber die Erklärung, die Pesch und Lohfink liefern, wird all jene enttäuschen, die bis hierher doch noch auf ein wie auch immer geartetes magisches Ereignis gehofft haben oder auf irgend etwas Verblüffendes oder Sensationelles. Das haben Lohfink und Pesch nicht zu bieten. Auch für sie handelt es sich beim Brotwunder nicht um eine wirkliche Begebenheit, sondern um eine Legende. Auch sie suchen nach einem überzeitlichen Gehalt, einer auch heute noch gültigen christlichen Wahrheit in dieser Geschichte und scheinen damit ganz nahe an den üblichen Auslegungen moderner Theologen zu sein. Und wer Lohfink und Pesch nicht genau zuhört, dem scheint es so, als ob auch ihre Interpretation darauf hinausläuft, dass wir es sind, die das Wunder vollbringen müssen.

Aber es scheint nur so. Ihre Interpretation des Brotwunders unterscheidet sich doch fundamental von allem anderen, was es sonst noch so im Angebot gibt. Lohfink und Pesch fragen: Wie verschwindet der Hunger aus der Welt? Ihre Antwort: Indem die Christen ernst nehmen, was im Brotwunder als Lösung genannt wird. Was wird genannt? Dass sie, die Jünger, alle lagern lassen sollen, »Mahlgemeinschaft um Mahlgemeinschaft auf dem grünen Gras. Und sie ließen sich nieder, Abteilung um Abteilung, zu hundert und zu fünfzig.« Kleine, überschaubare Gruppen sollten sich also bilden.

Um den Gehalt dieser paar Worte zu verstehen, muss man jetzt doch das Alte Testament bemühen. Die ganze Geschichte sei voll von Anspielungen auf alttestamentarische Texte, sagen Lohfink und Pesch. Schon in der Einleitung der Brotwundergeschichte werde mit den Worten »Schaf« und »Hirte« auf jene Stelle im Alten Testament angespielt, an der Josua zum Nachfolger des toten Mose berufen wird, denn die »Gemeinde des Herrn soll nicht wie eine Schafherde ohne Hirten sein«. Auf dieses Bild von Schaf und Hirte trifft man auch an mehreren anderen Stellen im Alten Testament. Immer geht es in diesem Bild darum, dass der Hirte die Herde vor der Zerstreuung bewahrt, sie sammelt, hütet und als menschlicher Hirte seinem Volk Orientierung gibt, es unterweist in der Thora, der Sozialordnung Gottes. Eine zerstreute, führungs- und orientierungslose Herde ist immer Gefahren ausgesetzt, auch dem Hunger.

Eine weitere, sehr wichtige Anspielung von zentraler Bedeutung sei das Wort »Mahlgemeinschaft um Mahlgemeinschaft, Abteilung um Abteilung, zu hundert und zu fünfzig«. Mose hatte Älteste als Richter in Israel eingesetzt, sie sollten »Vorsteher für je tausend, hundert, fünfzig und zehn« sein. Als Hirt des Volkes war Mose schon »vom Morgen bis zum Abend« beschäftigt. »Ich entscheide ihren Fall und teile ihnen die Gesetze und Weisungen Gottes mit« und »lehre sie, wie sie leben und was sie tun sollen«.

Wenn Jesus also sagt, die Leute sollten sich in Gruppen zu hundert und zu fünfzig niederlassen, dann spielt er damit auf die ursprüngliche Lagerordnung des Gottesvolkes an. Die Sozial- und Rechtsordnung Israels, die Thora, lässt sich nämlich nur in überschaubar gegliederten Gemeinden halten, in denen jeder jedem persönlich bekannt ist.[5] Und in diesen Gemeinden ist die Welt nicht getrennt in Beruf und Freizeit, Welt und Kirche, Laie und Priester, Haupt- und Ehrenämter, sondern jeder geht ganz seinem weltlichen Beruf nach, und jeder lebt gleichzeitig ganz in der Gemeinde, in der Kirche: weil sich diese kleinen, überschaubaren Gruppen als Lebensgemeinschaften verstehen, weil jedes Glied dieser Gemeinschaft sein Leben mit dem der anderen verbunden hat und weil es in diesen Gemeinden keine Klassen gibt, weder Herr noch Sklave, weder Frau noch Mann, weder Arme noch Reiche.

Das klingt jetzt sehr vage und sehr theoretisch, deshalb müsste man es noch weiter ausführen und vertiefen,[6] aber das ist nicht nötig. Was gemeint ist, wird viel schneller und besser klar, wenn ich jetzt aufhöre, von der Theologie Gerhard Lohfinks und Rudolf Peschs zu berichten, und stattdessen anfange, von den Theologen Lohfink und Pesch zu erzählen.

In Lohfink und Pesch haben wir nämlich zwei Theologen, die leben, was sie lehren. Und sie lehren, was sie er-leben.

Sie führen nämlich keine übliche Professorenexistenz, pflegen nicht das normale Gelehrtendasein zwischen Hörsaal und Eigenheim, Uni-Bibliothek und Toskana, sondern leben in einer Wohngemeinschaft mit anderen Menschen. Dabei handelt es sich allerdings nicht um die üblichen Studenten- und Akademiker-WGs, die vor allem den Zweck haben, ein bisschen Miete zu sparen und nicht zu vereinsamen, und in denen stets eine hohe Fluktuation herrscht. Die Wohngemeinschaften, in denen Lohfink und Pesch leben, existieren seit mehr als dreißig Jahren, haben nicht den Zweck, Miete zu sparen und die Vereinsamung in der Großstadt zu verhindern, und sind äußerst bunt zusammengewürfelt.

Vom Kleinkind bis zum Greis ist alles da. Familien, Singles, Studenten, Lehrlinge, Facharbeiter, Akademiker, Kranke, Schwarze aus Tansania, ehemalige Obdachlose und Strafgefangene leben miteinander unter einem Dach, nicht in einer einzigen WG – im Durchschnitt aus »zehn« Mitgliedern bestehend –, sondern in vielen WGs, und diese vielen, »zu fünfzig« und »zu hundert« über die Stadt München verstreut, bilden eine Gemeinde. Mehrere solcher Gemeinden, in der Nähe von München, am Walchensee, im Allgäu, in Hagen und an weiteren Orten bilden die »Integrierte Gemeinde«, eine von Kardinal Ratzinger persönlich anerkannte Gliederung innerhalb der katholischen Kirche. Der Zweck dieser Wohngemeinschaften und Hundertschaften ist es, so miteinander zu leben und zu arbeiten, wie es von Gott und von Jesus her ursprünglich einmal gedacht war. Die einzelnen Mitglieder sollen ihr Leben miteinander verbinden, aufeinander abstimmen, gemeinsam leben, arbeiten, singen, beten und feiern.

Man ist zusammen, um sich von Gott als Werkzeug benutzen zu lassen. Gott hat sich in seinem Handeln ganz an die Menschen gebunden. Nur durch sie kann er handeln. Nur, wenn sie es geschehen lassen, kann er handeln. Wo es geschieht, dort entsteht das, was die Bibel »Reich Gottes« nennt.

»Integrierte Gemeinde«, das ist ein etwas holpriges Wort mit einem technischen Anklang, der nur schwer ins Ohr geht. Aber das Wort bezeichnet die Sache, die es meint, schon richtig. Hier ist zusammengewachsen, was zusammengehört. Hier wurde wieder integriert, was ursprünglich einmal zusammen war, den einen Leib Christi bildete, und heute, in der normalen Volkskirche, in tausend Teile zersplittert ist.

Die normale Kirchengemeinde der normalen Volkskirche, das ist eine juristische Größe, eine Art Verein, bestehend aus einem oder mehreren Pfarrern, Vikaren oder Kaplänen, einer Hand voll haupt- und nebenamtlicher Mitarbeiter, etlichen Kirchgängern überwiegend weiblichen Geschlechts und fortgeschrittenen Alters, etlichen Jugendlichen, die sich eine Zeit lang engagieren und sich mit zunehmendem Alter immer seltener blicken lassen, und dazu gehört auch noch eine große Zahl unbekannter Kartei- und Taufschein-Christen, die einander nicht kennen, nichts voneinander wissen und auch nichts wissen wollen. Die normale Kirche, das sind überwiegend Hobby- und Freizeit-Christen, Gelegenheits-Christen, Bildungs-Christen, Kultur-Christen, Berufs-Christen, Partei-Christen, Karriere-Christen, Funktionärs-Christen und Promi-Christen, die weitgehend beziehungslos nebeneinanderher leben und agieren und oft genug auch gegeneinander arbeiten.

Die Willensbildung in dieser Volkskirche vollzieht sich teils hierarchisch – der Bischof ordnet an, die Kirchenräte führen aus, die Dekane vollziehen, die Pfarrer baden es aus –, teils demokratisch – es wird abgestimmt, die Mehrheit siegt, alle baden aus, was die Mehrheit beschlossen hat, auch dann, wenn es sich bei dieser Mehrheit um eine kleine Minderheit von Aktivisten inmitten des schweigenden, mäßig oder gar nicht interessierten und überwiegend abwesenden Kirchenvolks handelt.

Einige aus diesem Kirchenvolk sind ausgezogen aus dieser anonymen Großorganisation und haben sich wieder gefunden in der Integrierten Gemeinde, wo sie zusammen leben, arbeiten und feiern. Und alles, was ich jetzt darüber erzähle, weiß ich nicht aus Büchern, sondern aus eigener Erfahrung oder aus Gesprächen mit Mitgliedern der Integrierten Gemeinde. Ich habe um 1980 herum rund ein halbes Jahr lang mitgelebt in dieser Gemeinde.

Mit dem Leben in Wohngemeinschaften hat sie schon angefangen, als noch niemand von Wohngemeinschaft redete, das Kürzel WG eine unbekannte Buchstabenkombination war, die Genossen Dutschke, Langhans und Teufel noch keine Genossen und noch keine Kommunarden waren, sondern brav studierten und bei dem Wort »Kommune« an die politische Gemeinde dachten, an die Stadtverwaltung, den Bürgermeister und die Stadträte. Die Gemeindeglieder, diese eigensinnigen Christen, die meinten, Kirche habe mehr zu sein als nur eine Lobby oder ein Verein zur Pflege religiösen Brauchtums, fingen damals, in den sechziger Jahren, in München an, Mehrfamilienhäuser zu mieten oder zu kaufen und für ihre Zwecke umzubauen, vom eigenen, selbst erarbeiteten oder geerbten Geld.

Wo zuvor bürgerliche Kleinfamilien gewohnt hatten, zogen sie zu acht, zu zehnt oder auch mal zu zwölft ein, und oft war ein gesellschaftlicher Außenseiter unter ihnen, der nichts beisteuern konnte, ein Kranker, Behinderter oder Obdachloser. Ein paar Jahre später, als die Außerparlamentarische Opposition den Unternehmer als Ausbeuter entlarvte und das Bild des Unternehmers in der Öffentlichkeit so nachhaltig beschädigte, dass über Jahrzehnte kaum ein intelligenter, kritischer junger Mensch Unternehmer werden wollte, sondern bevorzugt in den öffentlichen Dienst strebte, in dieser Zeit gründeten die ersten Mitglieder der Integrierten Gemeinde ihre ersten Unternehmen, eine Pumpenfabrik, eine Schreinerei, ein Bauunternehmen, ein Ingenieurbüro, ein Anwaltsbüro, einen Bauernhof, eine Druckerei. Sogar eine Genossenschaftsbank, eine Schule und ein Gymnasium wurden aus dem Boden gestampft. Ärzte und Apotheker gründeten einen kleinen Gesundheitsdienst aus Arztpraxen, Apotheken und Krankenstation, alles aus eigener Tasche, ohne »Business Angels«, »Venture Capitalists« und ohne politischen und fiskalischen Beistand.

Diese Unternehmen hatten und haben, wie in der normalen Wirtschaft auch, einen einzigen Zweck: Sie sollen Kohle in die Scheuer bringen. Aber die Kohle wird nicht wie in der normalen Wirtschaft bei einigen wenigen Unternehmern angehäuft, um deren Lebensstil auf das unternehmerübliche Niveau zu hieven, diese Kohle wird verfeuert, um die Gemeinde weiter aufzubauen und voranzubringen. Man verfügt ja nicht über Kirchensteuereinnahmen. Im Gegenteil, man zahlt Kirchensteuern. Man zahlt natürlich auch die normalen Lohn-, Einkommen- und Unternehmenssteuern, obwohl man doch auch für den Staat kostenlose, gemeinnützige Sozialarbeit leistet dadurch, dass in der Gemeinde eine nicht geringe Zahl von Leuten mitlebt, die ihren eigenen Lebensunterhalt nicht, noch nicht oder nicht mehr verdienen kann. Für diese Leute muss das Geld mitverdient werden. Damit Frauen, die lieber einem Beruf nachgehen, als Familien- und Hausfrauenarbeit zu leisten, dies tun können, müssen Hauswirtschafterinnen und Erzieherinnen bezahlt werden, und eine gewisse Infrastruktur – Autos, Versammlungsräume, Gemeindezentren, Verwaltungen – braucht man auch.

Wo Gemeinde aufgebaut wird, wird gebaut und umgebaut. Da braucht man Maurer, Schreiner, Zimmerleute, Installateure, Elektriker, Maler, Tapezierer. Man hatte aber überwiegend nur die üblichen »Gogen« und »Logen«, also Theologen, Philosophen, Pädagogen, Psychologen, Sozialpädagogen und Lehrer. Also haben zahlreiche Geisteswissenschaftler und andere Akademiker ihren Job an den Nagel gehängt und ein Handwerk erlernt. Auch für Atomphysiker und Mönche hatte man keine Verwendung, also wurde der Physiker Kaufmann, ein Mönch Koch, der andere Mönch Banker.

Als die Studenten der Achtundsechziger-Generation anfingen, Marx zu entdecken, hatten die Mitglieder der Integrierten Gemeinde schon unzählige Diskussionen und Entscheidungen über Eigentums- und Machtverhältnisse hinter sich. Die Fragen, die man diskutierte und entschied, kamen nicht aus Seminaren, sondern ergaben sich fast täglich aus dem Zusammenleben zahlreicher, höchst unterschiedlicher Menschen. Man entschied sich übrigens fürs Privateigentum. Dieses hat aber dem Gemeinwohl, also der Gemeinde, zu dienen. Wer die Gemeinde wieder verlässt, kann mitnehmen, was er eingebracht hat. Und man entschied sich übrigens gegen die Demokratie und für die Gemeindeversammlung, in der ein Beschluss erst gültig ist, wenn er von allen, und nicht nur von einer Mehrheit, einmütig getragen wird. Der Grund ist leicht einzusehen: In den Urgemeinden war es auch so.

Als die Jugend begann, von einem alternativen Lebensstil zu träumen, hatte die Integrierte Gemeinde bereits mehr als ein Jahrzehnt Erfahrung mit der Alternative zum bürgerlichen Lebensstil. Sie verstand darunter aber nicht ein Leben zwischen Jaffa-Kisten und Sperrmüll-Möbeln, sondern ein Leben in einer ästhetisch gestalteten Umgebung. Ihre Häuser sind darum vom Keller bis zum Dachboden, innen wie außen nicht gestylt, aber gestaltet. Auf jedem Tisch stehen Blumen der Jahreszeit, an jedem Festtag werden die Häuser geschmückt, in vielen Wohnungen bilden alte, wertvolle Möbel den Mittelpunkt. Die Gemeinde feiert mehrtägige rauschende Feste – Ostern, Weihnachten, aber auch Hochzeiten –, dabei lässt man's krachen, es herrscht verschwenderische Fülle, aber im Alltag herrscht Mäßigung, rechnet man nüchtern, arbeitet man hart. Sonntags aber feiert man wieder, zuerst in der Kirche die Eucharistie, danach ruht man sich aus und lässt es sich wohl ergehen beim Sonntagsbraten.

Die Mitglieder wählen CDU, CSU, SPD, FDP oder auch Grüne, sind Katholiken, Protestanten, Juden oder konfessionslos, kommen aus Deutschland, Österreich, der Schweiz und auch aus Tansania. Sie sind ledig, verheiratet, verwitwet oder geschieden, volksschul- oder hochschulgebildet, und sie ziehen an einem Strang. Mehrheitsbeschlüsse gibt es nicht. Entweder es wird einmütig entschieden oder gar nicht.

Sie leben, arbeiten, singen, beten und musizieren zusammen. Der Student steht in der Früh um sechs auf, um mit dem Arbeiter zu frühstücken, manche Bäuerin hat mehr zu sagen als mancher Theologe, der Banker putzt manchmal die Schule und der Professor das Klo. In der Gemeindeversammlung zählt das Wort der Hausfrau so viel wie das des Atomphysikers, und die Krankenschwester weiß manchmal besser, was gut ist für einen Patienten, als die Ärztin.

Die Verfassung der Gemeindeglieder ist die Bibel. Altes und Neues Testament nehmen sie nicht wörtlich, sondern ernst, ernster als viele Frömmler, ernster auch als viele Theologen, die zwar die Bibel zeitgemäß und vielleicht sogar glänzend interpretieren, aber nichts verändern, keinerlei persönliche Konsequenz für sich und für ihr Leben ziehen. Darum wirken deren Theologien so anämisch, so kraftlos und so wenig praktizierbar.

Hinter der Theologie der Gemeinde dagegen steht die alltägliche Erfahrung des gemeinsamen Lebens. Plötzlich stellen die Mitglieder so etwas wie Strukturkongruenz fest zwischen ihrem Leben und den Geschichten, die sie in der Bibel lesen. Plötzlich versteht man vieles wieder ganz neu, und vieles, was bisher einfach unverständlich war, wird wieder verstehbar.

Gemeinde, wie sie von der Integrierten Gemeinde verstanden wird, muss man sich so ähnlich vorstellen wie die Sonne. Der Energiestrom der Sonne speist sich aus der Kernfusion. Zwei Wasserstoffatome sprengen ihre schützenden Atomhüllen ab, so dass die beiden Atomkerne zu einem verschmelzen können, daraus entsteht Helium, und es wird eine gewaltige Energiemenge frei. So ähnlich ist es auch mit der Gemeinde. Da werfen Menschen ihre Panzer und Schutzhüllen ab, denn sie brauchen sie nicht mehr, und fusionieren. Daraus entsteht der Kraftstrom der Liebe, dabei werden Synergien frei, daraus entsteht Wohlstand für alle, und das Wunder, das eigentliche Wunder, besteht darin, dass so etwas gelingt und sich so etwas über die Zeit erhält. Dieses, so glauben die Gemeindeglieder, ist nicht selbst gemacht, sondern von Gott geschenkt. Ohne Gottes Zutun würde es nicht funktionieren.

Ich will nun nicht verlangen, dass sich alle Christen dieser Integrierten Gemeinde anschließen, obwohl das sicher für einige eine gute Lösung wäre. Aber ich glaube: An dieser Gemeinde muss sich die Kirche orientieren. Diese Gemeinde ist ein Kompass, ein Wegweiser für die Kirche, für den Glauben wie auch für die Lösung der weltlichen Probleme. Und noch etwas: Jede Gemeinde mit genügend Mitgliedern und Fantasie kann sich heute im Prinzip auf eigene wirtschaftliche Füße stellen, Unternehmen gründen und mit dem verdienten Geld das Gemeindeleben finanzieren. Die Kirchensteuer und den Staat braucht es eigentlich nicht.

Eine Kirche, die davon unabhängig ist, könnte viel mutiger auf den Tisch hauen und viel kompetenter mitreden in wirtschaftlichen Fragen. Sie könnte eine Gegenwirtschaft aufbauen. Sie könnte ihren Glauben vorleben, und nur das, das Vorleben, kann heute wieder neuen Glauben wecken. Predigen reicht schon lange nicht mehr. Die Predigt kann auch nur gut sein, wenn sie sich auf eine Praxis stützt, in Erfahrung gründet. Also kommt es jetzt vor allem darauf an, dass die Kirche wieder Erfahrungen sammelt mit ihrem Gott, dass sich ihre Mitglieder sammeln, dass sie sich versammeln und gemeinsam – einmütig – in eine neue Richtung marschieren.

Das klingt vielleicht utopisch, erscheint vielen vielleicht undurchführbar, anderen sogar unnötig. Mag sein. Aber einen anderen Vorschlag habe ich nicht, weil ich keinen besseren kenne. Wer einen besseren Vorschlag hat, soll es sagen. Wer es für Erfolg versprechend hält, einfach so weiterzumachen wie bisher, soll es ebenfalls sagen. Im Übrigen bin ich nach der Definition der Kleriker nur ein Laie und damit sowieso nicht im Vollbesitz aller göttlichen Weisheit und Gaben, weshalb es schön wäre, ab und zu von den Bischöfen und Kardinälen zu hören, welch göttliche Ratschlüsse sie empfangen haben. Vielleicht steckt ja wirklich mehr Weisheit darin, aber das möchte man dann auch hören.

Mit einem Kick mitten ins Leben

Mein Vorschlag, die Kirche möge wirtschaftlich für sich selber sorgen, sich unternehmerisch betätigen und den finanziellen Gewinn nutzen, ist weder besonders neu noch besonders revolutionär. Die Klöster beweisen seit Jahrhunderten, dass es geht.

Neu ist daran nur, dass jetzt auch die Gemeinden so wirtschaften sollen, wie es bis heute die meisten Klöster tun. Und neu ist der Gedanke, nicht wie die Klöster ein Minderheitenprogramm zu verwirklichen, sondern es massenhaft zu realisieren, und zwar mitten im Leben, um dadurch systemverändernd zu wirken. Was ich vorschlage, ist eine Kirche im Kapitalismus. Sie soll den Kapitalismus vermenschlichen, indem sie ihn verchristlicht. Das wäre ein christlicher Impuls, ein Kick für die Kirche und unsere Gesellschaft, und deshalb gebe ich den christlichen Unternehmen, die in diesem Sinne wirtschaften, den vorläufigen Arbeitstitel »Kick-Unternehmen«. Kick steht dann für »Kirche im christlichen Kapitalismus«.

Ob das wirklich geht, ob es funktioniert, kann man erst wissen, wenn man's probiert hat. Die Kirchensteuer sollte man also ruhig noch eine Weile kassieren und sich erst dann von ihr verabschieden, wenn sich zeigt, dass man wirklich nicht mehr auf sie angewiesen ist.

Wie sollte man anfangen? Ich glaube, das ist egal. Wichtig ist nur, dass man einfach irgendwie anfängt, vielleicht scheitert, aus dem Scheitern lernt, neue Versuche unternimmt und seine Erfahrungen an die anderen weitergibt. Einige Gemeinden, so habe ich gehört, haben eh schon angefangen, haben sich eine Windmühle gekauft, mit der sie Strom ins Netz einspeisen und dafür kassieren. Ich weiß nicht, wie viele tausend Gemeinden es in Deutschland gibt, aber wenn jede ihre eigene Windmühle hätte, würde das vermutlich mindestens ein Atomkraftwerk überflüssig machen.

Es ist aber gar nicht nötig, dass jede Gemeinde ihre Windmühle hat, es wird sowieso nicht jede Gemeinde den Platz dafür haben oder die Baugenehmigung bekommen, aber der ganze Sektor ist ausbaufähig: Energie sparende Techniken,

Energie sparendes Bauen, Niedrigenergiehäuser, Solaranlagen, Blockheizkraftwerke und nachwachsende Rohstoffe bieten zahlreiche Möglichkeiten, unternehmerisch aktiv zu werden. Wenn es in jedem Bistum und in jedem Dekanat mindestens ein Kick-Unternehmen für ökologische Technik gäbe, wären damit nicht nur neue kirchliche Einnahmequellen erschlossen, sondern die ganze Energiepolitik in Deutschland schlüge fast von selbst die richtige Richtung ein, ganz ohne Politiker, ganz ohne Gesetze, ohne faule Kompromisse und ohne das übliche zeitraubende, zermürbende Gerangel mit der milliardenschweren Lobby. Sie würde einfach von unten, durch das organisierte Handeln christlicher Gemeinden, ausgehebelt.

Wenn die Politiker und Wirtschaftslobbyisten uns einhämmern, der Staat könne sich nicht mehr um alles kümmern, er müsse Ausgaben beschränken und sich aus zahlreichen öffentlichen Aufgaben zurückziehen, so soll er das tun, und so wollen wir die Politiker und Lobbyisten beim Wort nehmen und künftig nicht mehr nach dem Staat rufen, sondern sagen: Was nicht ist, aber sein soll, das muss man eben selber machen. Machen wir's doch einfach.

Wenn es in jedem Bistum und jedem Dekanat rund ein Dutzend ökologisch wirtschaftender Kick-Bauernhöfe gäbe, könnten sie praktisch den Grundbedarf ihrer jeweiligen Region decken, in jedem Bistum und Dekanat könnte man ein Kick-Kaufhaus betreiben, in dem man die Produkte dieser Bauernhöfe bekommt, und dieses Kaufhaus könnte überdies auch noch all das verkaufen, was man sonst so zum Leben braucht und garantiert ökologisch unbedenklich ist, dazu Produkte aus der Dritten Welt zu fairen Preisen, Produkte, die garantiert nicht mit Hilfe von Kinder- oder Sklavenarbeit zustande gekommen sind, Produkte, die garantiert nicht durch Unterschreitung ökologischer Mindeststandards hergestellt wurden, oder Bücher und Zeitschriften, die garantiert lesenswert sind.

Um die Kirchen und Gemeindezentren herum könnten Kick-Kneipen, Kick-Restaurants, Kick-Discos, Kick-Kinos und Kick-Jugendzentren entstehen, die wiederum möglichst viel von dem, was sie an Material und Infrastruktur brauchen, von

anderen Kick-Unternehmen einkaufen. Nebenbei: Selbstverständlich sollte es auch mindestens einen Kick-Weinberg geben, nicht nur wegen des Weines, sondern auch, um einmal zu
erfahren, wie es sich so arbeitet im Weinberg des Herrn. Und es
sollte Kick-Computerläden und einen Kick-Computerver-
sandhandel geben. Die Computer sollten möglichst mit dem
freien Betriebssystem Linux installiert werden, so dass auch
zahlreiche Linux-Entwickler für Kick programmieren können,
und jede Gemeinde sollte ihren Computer-Club haben, der
stets einspringt und hilft, wenn jemand mit seinem PC nicht
zurechtkommt.

So könnten die Konsumenten in der Summe mit ihren eigenen
Geldbeuteln ein paar ungesunde Strukturen der Weltwirtschaft
aufbrechen, und das könnten sie noch dadurch verstärken, dass
sie bestimmte Produkte bestimmter Hersteller einfach boykot-
tieren, wozu nicht nur Konsum-, sondern auch Medienprodukte
gehören. Möglichst alle Produkte sollten so beschaffen sein, dass
man sie nicht kauft, um ein gutes Werk zu tun, sondern weil sie
gut oder sogar besser sind als vergleichbare Konkurrenzpro-
dukte und trotzdem nicht teurer. Der Konsument sollte sie wirklich haben wollen und nicht in dem Gefühl kaufen, einen Teil
des Kaufpreises für einen guten Zweck zu spenden. Die Produkte sollten also auch von jenen gekauft werden, denen der dahinter stehende Zusammenhang egal ist, die den Zusammenhang gar nicht kennen und auch gar nicht kennen wollen.

In Ansätzen gibt es ja manches schon von dem, was ich hier
aufzähle. Aber erstens ist es zu wenig, zweitens zu unorganisiert und drittens zu wenigen Konsumenten bekannt. Es muss
also das Vorhandene besser organisiert und nicht Vorhandenes
praktisch aus dem Nichts geschaffen werden. Beides setzt in-
tensive Kommunikation voraus. Kommunikation war früher
Zeit raubend und teuer. Jetzt haben wir das Internet, und jetzt
können wir uns wunderbar übers Internet organisieren und
sogar eine unabhängige, freie Presse übers Internet verbreiten
und eine Gegenöffentlichkeit herstellen. Auch ein kirchlicher
Versandhandel wäre denkbar und möglich.

Die Arbeit in dieser Kirche im Kapitalismus sollte so organisiert sein, dass jeder nach seinen Fähigkeiten und Bedürfnissen zum Zuge kommt. Für Alleinerziehende sollte es eine Kinder- und Hausaufgabenbetreuung geben, für arbeitende Väter und Mütter flexible Arbeitszeiten und für weniger Leistungsfähige Aufgaben, die der verminderten Leistungsfähigkeit entsprechen.

Es sollte in solchen Betrieben vollwertige Arbeitsplätze geben, die ordentlich bezahlt sind und den Arbeitnehmer oder die Arbeitnehmerin ernähren. Es sollte diesen Betrieben aber auch von Schülern, Studenten und allerlei Freiwilligen stunden- oder tageweise geholfen werden.

Natürlich muss das alles irgendwie finanziert werden. Deshalb braucht man auch eine Kick-Bank, die in jeder Gemeinde mindestens eine Filiale hat, und eine Kick-Versicherung, die für Schäden aufkommt, welche hie und da entstehen werden.

Selbstverständlich sollen möglichst alle Kick-Unternehmen Gewinne erwirtschaften, je höher, desto besser, denn das verdiente Geld wird gebraucht für weitere Investitionen und für soziale Aufgaben.

Wo solch ein Geflecht aus Gemeinden und Unternehmen entsteht, kann jeder und jede mitmachen, können sich Junge und Alte engagieren, Katholiken, Protestanten, Juden, Moslems und Konfessionslose, Ausländer und Deutsche, Gebildete und Ungebildete, Handwerker und Kopfwerker. Jedes Engagement kann auf die individuellen Möglichkeiten des jeweiligen Menschen zugeschnitten werden. Außerdem hilft schon, wer einfach nur die Produkte dieser Unternehmen kauft. Es hilft, wer sein Bankkonto kündigt und es bei einer Kick-Bank neu eröffnet. Es hilft, wer seine Versicherungsverträge kündigt und sie neu bei einer Kick-Versicherung abschließt. Es hilft, wer bei einem Kick-Unternehmen Zeitschriftenabos bestellt. Es hilft, wer stunden- oder tageweise, regelmäßig oder unregelmäßig unentgeltlich in einem Kick-Betrieb mithilft. Es hilft, wer für Kick-Unternehmen neue Kunden, neue Mitarbeiter gewinnt und die Werbetrommel rührt. Es wird aber nicht ohne einige Menschen gehen, die sich ganz, mit Haut und Haaren und auf eigenes Risiko, dieser Sache verschreiben.

Wo so viele engagiert, organisiert und aufeinander abgestimmt denken, handeln und arbeiten, dort muss eigentlich zwangsläufig so etwas wie Wohlstand entstehen, der allen zugute kommt – und eigentlich mehr als das. Es sollte dort eigentlich keinen vereinsamten Menschen mehr geben, keinen Drogensüchtigen und keinen Alkoholiker, die Umwelt sollte intakt sein, und vielleicht sollte es auch weniger Kranke geben, denn gesunde Strukturen müssen sich irgendwann auch positiv auf die menschliche Gesundheit auswirken. Abtreibungen müssten eigentlich überflüssig sein, denn in solchen Strukturen müsste für jedes Kind gesorgt sein. Gewalt, Kinder- und Jugendkriminalität müssten eigentlich verschwinden, denn in solchen Strukturen sollte sich jedes Kind, jeder Jugendliche und jeder Erwachsene wohl fühlen. Langes Bepredigen der Gesellschaft, langatmige und komplizierte Erklärungen über Gott, die Kirche und Welt müssten eigentlich überflüssig sein, denn jeder, der will, müsste sehen können, was Gemeinde ist, was Gott eigentlich gemeint hat, und was »Volk Gottes« eigentlich ist.

Und warum immer nur »eigentlich«? Weil es sehr unwahrscheinlich ist, dass das alles so klappt, wie ich es hier ausmale. Weil sich so etwas viel leichter hinschreibt als realisiert. Wo viele Menschen gemeinsam denken, handeln, arbeiten und leben, bleiben Konflikte nicht aus, gibt es Missverständnisse, Neid, Konkurrenzdenken, Mobbing, Gezänk, Dominanzstreben, Unfähigkeit, Schwäche, Eifersucht und Aggression, dort gibt es Faule und Schmarotzer, Antreiber und Einpeitscher, Drückeberger und Intriganten – Menschen eben, Sünder. An unserer sündhaften Natur sind alle guten Ansätze in der Geschichte der Menschheit immer wieder zerschellt. Die Wahrscheinlichkeit, dass es ausgerechnet diesmal klappt, ist also sehr gering.

Wenn es trotzdem klappen soll, wenn trotz unserer menschlichen Schwächen starke Gemeinden mit starken Strukturen entstehen sollen, dann werden sich die Menschen in diesen Gemeinden ändern müssen, sie werden umkehren müssen, dies aber nicht aus eigener Kraft können. Dann bedürfen sie eines

Gottes, der ihnen diese Kraft gibt, und darum wird es wohl nur klappen, wenn dieser Gott existiert und wenn er mitspielt. Das wäre dann das, was man eine Gotteserfahrung nennen könnte. Das wäre dann ein starkes Indiz für die Vernunft des Glaubens. Das wäre ein ziemlich unschlagbares Argument für den kirchlichen Wahrheitsanspruch. Und es wäre ein Wunder.

Damit dies Wunder eine Chance hat, ist nach der täglichen Kärrner-Arbeit in den Kick-Betrieben der Sonntag der wichtigste Tag in der Woche für alle Arbeiter. Nur wenn der ganze sündige Haufen von Woche zu Woche kurz innehält, sich immer wieder neu bewusst macht, warum er eigentlich hier ist, sich immer wieder neu auf das gemeinsame Ziel ausrichten lässt, nur dann hat das Wunder eine Chance, nur dann geschieht das Unwahrscheinliche, nur dann kann Unmögliches möglich werden. Deshalb wird der sonntägliche Gottesdienst im Zentrum des ganzen Gemeindelebens stehen. Auf ihn hin wird die Gemeinde während der Woche leben müssen. Von ihm bezieht sie die Kraft, die nächste Woche zu überstehen.

Der Versuch, unsere Welt christlich umzupolen, wird wahrscheinlich misslingen. Alle Lebenserfahrung spricht gegen den Erfolg. Der einzige gelungene Versuch, den ich kenne, ist die Integrierte Gemeinde. Deren Existenz über so lange Zeit ist wirklich ein Wunder. Nicht jeder wird sich einfach dieser Gemeinde anschließen können oder wollen, obwohl das wirklich der sicherste Weg ist, an diesem Wunder zu partizipieren. Aber einen größeren Ansturm könnte sie wahrscheinlich gar nicht verkraften.

Darum sollte der Versuch vielleicht auch an anderen Orten mit anderen Menschen, vielleicht sogar auf andere Weisen noch öfter gewagt werden, denn er wäre mehr als nur ein Versuch. Es wäre ein kirchlicher Aufbruch. Es wäre ein neuer Auszug aus Ägypten, der, wie wir wissen, kein Zuckerschlecken war, sondern eine vierzigjährige Wüstenwanderung unter Not, Entbehrung und Gefahren. Viele Israeliten haben in dieser Zeit immer wieder gegen Mose gemurrt, die Zeit der Sklaverei in Ägypten nostalgisch verklärt und gewünscht, man möge zurückkehren zu den Fleischtöpfen Ägyptens. Aber am Ende dieses Zuges durch die Wüste ist Israel angekommen in seinem gelobten Land, wo Milch und Honig floss. Das Paradies war auch dieses Land nicht. Aber Israel war frei, niemand musste hungern, alle konnten leben, und sie lebten gut.

Start-up in Frankfurt

Im Juni 2001 treffen sich die Protestanten wieder zu ihrem Kirchentag, diesmal in Frankfurt. Die Losung dieses Kirchentags steht im neunten Vers von Psalm 31, und dort liest man: »Du stellst meine Füße auf weiten Raum.«

Ich weiß nicht, wie es zu solchen Losungen kommt, wer sie auswählt, wozu sie gut sind und ob sie, wie es das Wort nahe legt, tatsächlich wie in einem Losverfahren per Zufall gefunden werden. Fest steht: Wie bei allen Losungen zuvor werden sich die Kirchentagsveranstalter auch diesmal wieder darin einig sein, dass es sich um eine treffliche Losung handelt, und wahrscheinlich gibt es ja auch gar keine untreffliche Losung, denn was immer als Losung ausgegeben wird: Es ist Gottes Wort. Und wie könnte man mit seinem Wort je daneben treffen?

Da in diesem Vers vom »weiten Raum« die Rede ist, also von der weiten Welt, werden die Prediger und Redner und Bibelausleger garantiert auf das World Wide Web zu sprechen kommen, sich von dort in die Tiefen und Weiten des Cyberspace vorarbeiten, dort den E-Commerce entdecken, dabei die New Economy streifen und schließlich bei dem Thema landen, bei dem sie auch ganz ohne eine Losung und den Umweg über den Cyberspace gelandet wären, weil dieses Thema jetzt einfach dran ist, und erst recht, weil man ja in Frankfurt tagt, also in Bankfurt, in Mainhattan – kurz: Das Thema des Frankfurter Kirchentags wird die Globalisierung sein. Das ist auch gut so.

Aber noch nie hat sich ein Kirchentag mit nur einem Thema begnügt. Alles andere ist immer genauso dran, darum werden die Frauen sagen, die Losung sei eigentlich für sie gedacht, weil man ihnen jahrtausendelang nur die engsten Räume, Freiräume, Spielräume gewährt und sie an den Herd gefesselt, in die Küche verbannt, zu den Kindern verwiesen und in die Kirche geschickt hat. Und wenn schon im Psalm auch den Frauen der weite Raum verheißen wird, ist ja wohl die Forderung berechtigt: Die Hälfte des Raumes für die Frauen. Recht so.

Die Multikultis werden sagen: Der weite Raum gehört allen, und er reicht für alle, darum sind wir verpflichtet, uns den Raum mit allen zu teilen und friedlich mit ihnen zusammenzuleben, statt dauernd zu proklamieren, das Boot sei voll. Auch wahr.

Die neuen Theo-Ökonomen werden ihre Schamanentänze aufführen, statt einer ökumenischen eine ökonomische Kirche fordern und sagen, mit Werbung, Marketing, PR und Controlling werde sich die Kirche ganz neue Räume erschließen. Und der Effekt werde ein größerer finanzieller Spielraum sein. Das schadet gar nichts, denn schon immer hat der Kirchentag auch dem Quatsch seinen Raum gegeben, und ein Brainstorming zeichnet sich ja gerade dadurch aus, dass auch der größte Unsinn laut gedacht werden darf, weil der Weg zum Sinn manchmal über den Umweg zum Unsinn gefunden wird. Ein wahrhaft freier Geist lässt also auch den Ungeist wehen, wo immer er will, und darum wehen auf den Kirchentagen Geist und Ungeist stets friedlich nebeneinander.

Dass Günter Netzer da sein wird, weil er einst auf seinen Füßen aus der Tiefe des Raumes in die Weite des Fußballhimmels dribbelte, glaube ich nicht, aber ganz bestimmt werden wieder alle anderen da sein, die ein Anliegen haben und fordern, diesem Anliegen mehr Raum zu geben. Die Tierschützer werden mehr Raum für Käfighühner fordern, die Kinder- und Jugendlobbyisten werden für größere Kinderzimmer und geräumigere Spielplätze plädieren, die Knackis für mehr Freiräume im Knast und auch sonst, und Architekten, Stadtplaner, Innenarchitekten, Gärtner und Raumplaner werden vermutlich die lieblose Gestaltung öffentlicher und privater Räume beklagen.

Man sieht daran schon: Kirchentagslosungen sind ein weites Feld. Da findet fast jeder seine Steckrübe, und wenn das so ist, nehme auch ich mir die Freiheit, auf meine spezielle Rübe hinzuweisen, und interpretiere die Losung so, dass nicht nur vom weiten Raum die Rede ist, sondern auch von meinen Füßen, auf die ich von Gott gestellt werde. Darum ist es Zeit, die Kirche vom Kopf auf die Füße zu stellen. Wer auf eigenen Füßen steht, hat Bodenhaftung, ist geerdet, und erst so wird aus dem Evangelium ein Schuh.

Jetzt im Ernst: Der Kirchentag könnte tatsächlich ein guter Ort sein, um mit dem Projekt »Kirche im christlichen Kapitalismus« zu beginnen. Ich weiß: Der Vorschlag kommt sehr kurzfristig. Aber fürs bloße Anfangen sollte die Zeit noch reichen. Dann blieben zwei volle Jahre, um auf dem ersten ökumenischen Kirchentag in Berlin im Jahr 2003 zusammen mit den Katholiken Nägel mit Köpfen zu machen, denn ohne sie hat das alles sowieso keinen Sinn, und am besten wär's, wenn Orthodoxe und Juden und Moslems und meinetwegen Buddhisten auch noch dabei wären und sich unter Hans Küngs Projekt Weltethos aufgerufen fühlten, dem Projekt ebenfalls etwas Bodenhaftung zu verleihen.

Vielleicht fühlt sich ja die eine oder andere auf dem Kirchentag vertretene Gruppe aufgerufen, die Kirche vom Kopf auf die Füße zu stellen und dafür schon jetzt etwas zu tun. Vielleicht können sich sogar ein paar Kirchenobere mit der Idee anfreunden und zusammen mit den »Unteren« überlegen, wie man's anpackt.

Das Gerede über Globalisierung und Turbokapitalismus bräuchten wir dann gar nicht mehr, es ist eh schon alles gesagt, und bloßes Sagen hat noch nie die Welt verändert. Irgendwann muss das Beklagte geändert und das Gesagte getan werden. Dann sind die Hände gefragt, der Kopf und das Herz, und nicht mehr nur der Mund und die Lippen. Darum sollten sich die Gegner der Kapitalistenherrschaft jetzt sammeln und anfangen, diese Herrschaft in ihre Schranken zu weisen. Die Kirche sollte jetzt aufbrechen.

Das geht natürlich nicht aus dem Stand. Das braucht Vorbereitung. Der letzte evangelische Kirchentag vor dem ökumenischen sollte deshalb genutzt werden, um mit der Vorbereitung eines wirklichen Aufbruchs zu beginnen.

Das Erste, was man tun könnte, wäre eine Sammlung von Adressen jener Leute, die bereit wären mitzumachen und die auf einem Fragebogen ankreuzen, was sie zu dem Projekt beisteuern könnten. Dann sollten sich alle, die mitmachen, über Computer, Fax und Telefon vernetzen. Sie sollten das Projekt bekannt machen und möglichst viele Leute animieren einzusteigen, und irgendwann, vielleicht schon in Berlin, könnte man die ersten Unternehmen gründen.

Ganz wichtig: Das Projekt Kirche im christlichen Kapitalismus ist nicht mein Projekt, ist bis jetzt überhaupt noch nicht irgend jemandes Projekt, sondern nichts weiter als ein Vorschlag. Ob der Vorschlag angenommen wird, soll der liebe Gott entscheiden. Wenn er ihn gut findet, werden sich Leute finden, die ihn sich zu Eigen machen, und damit habe ich mein Teil zu der dann entstehenden gemeinsamen Sache beigesteuert. Ich werde auch danach beisteuern, was beizusteuern mir möglich ist, aber gelingen kann das Ganze nur, wenn jeder und jede das Ganze als seine oder ihre eigene Sache betrachtet und als die Sache Gottes.

Im nächsten Kapitel mache ich den Anfang eines Fragebogens. Er kann von anderen beliebig erweitert werden, er soll sogar ergänzt werden, denn hinter jeder Frage steckt eine Idee, die hilft, das ganze Projekt zu realisieren. Wer will, soll den Fragebogen samt Beschreibung der Projektidee ins Internet stellen, und zum Kirchentag treffen sich die ersten Pioniere und Pionierinnen und beraten, wie es weitergeht. Schön wär's, wenn dann auch ein paar Bischöfe, Dekane, Kirchenräte und Pfarrer dabei wären.

Fragebogen

Wenn es Kick-Shops gäbe, würde ich versuchen, möglichst viel meines Bedarfs von diesen Shops zu beziehen, und zwar
- ○ Lebensmittel
- ○ Medien (Zeitschriften, Bücher, CDs, Videos etc.)
- ○ Kleidung
- ○ Computer, Hardware, Software
- ○ Haushaltsgeräte und Elektronik (Waschmaschine, Stereoanlage, TV etc.).

○ Ich verstehe etwas vom Einzelhandel/Versandhandel. Ich könnte beim Aufbau solcher Strukturen mithelfen.

○ Ich verstehe etwas von ökologischer Landwirtschaft. Ich würde gern beim Aufbau von Kick-Bauernhöfen oder Öko-Weinbergen mithelfen.

○ Ich würde gern einen Öko-Bauernhof gründen und betreiben.

○ Ich bin ein guter Verkäufer. Ich würde gern Kick-Produkte vermarkten und vertreiben.

○ Ich verstehe etwas von Betriebswirtschaft. Ich würde Kick mein Fachwissen zur Verfügung stellen.

○ Ich verstehe etwas von Computern. Ich würde anderen kostenlos helfen, wenn sie Probleme haben.

○ Ich verstehe etwas von Computernetzwerken. Ich könnte Kirchengemeinden vernetzen.

○ Ich verstehe etwas von Linux. Ich könnte bei allen Linuxproblemen helfen.

○ Ich kann Websites programmieren und gestalten. Ich würde kostenlos helfen, ein Internetangebot für Kick zu erstellen.

○ Wenn es eine Kick-Bank gäbe, würde ich mein Konto bei dieser Bank führen.

○ Ich verstehe etwas vom Bankgeschäft, ich könnte beim Aufbau so einer Bank mithelfen.

○ Wenn es eine Kick-Versicherung gäbe, würde ich meine bestehenden Versicherungen auflösen und neue Verträge mit der Kick-Versicherung abschließen.

○ Ich verstehe etwas vom Versicherungsgeschäft, ich könnte beim Aufbau so einer Versicherung mithelfen.

○ Ich bin MaurerIn, MalerIn, TapeziererIn, SchreinerIn, Zimmerer/Zimmerin, InstallateurIn. Ich würde Kick mein Können zur Verfügung stellen.

○ Wenn es ein Kick-Bauunternehmen gäbe, das Häuser und Wohnungen mit Energie sparenden Techniken ausrüstet, würde ich mich von solch einem Unternehmen beraten lassen und die Technik dort einkaufen.

○ Ich möchte, dass es an meinem Wohnort Windmühlen, Blockheizkraftwerke und Solaranlagen gibt. Ich würde mich gern mit anderen zusammenschließen, um in dieser Hinsicht etwas zu bewegen.

○ Ich bin bereit, mein Leben mit anderen zu verbinden und mit diesen am Aufbau von Kick mitzuarbeiten. Ich wäre auch zu einem Umzug bereit, falls das nötig wäre.

○ Ich spreche eine/mehrere Fremdsprache(n). Ich könnte Texte übersetzen oder selber schreiben, um über Kick via Internet im Ausland zu berichten.

○ Ich kann gut schreiben / habe eine journalistische Ausbildung. Ich könnte an einem Kick-Internet-Magazin mitarbeiten.

○ Ich habe Kohle. Ich würde Kick einen ordentlichen Batzen spenden.

○ Ich habe nicht so viel Kohle, aber einen kleinen Betrag könnte ich regelmäßig oder unregelmäßig abzwacken und ihn an Kick überweisen.

○ Ich verstehe etwas von Hauswirtschaft. Ich würde gerne in einem Kick-Haushalt arbeiten.

Ich bin Pädagoge / Pädagogin. Ich würde gerne
○ einen Kick-Kindergarten
○ eine Kick-Hausaufgabenbetreuung
○ ein Kick-Jugendzentrum
○ ein Kick-Medienzentrum für Kinder und Jugendliche aufbauen.

○ Ich habe folgenden Beruf: _____. Falls dieser Job irgendwann in einem Kick-Betrieb gebraucht wird, bewerbe ich mich schon jetzt um diesen Job.

○ Ich bin arbeitslos, habe _____ gelernt und würde gern in einem Kick-Betrieb arbeiten.

○ Ich wäre bereit, unentgeltlich in einem Kick-Betrieb mitzuarbeiten.

○ Ich würde gern ein(e) Kick-Restaurant/-Kneipe/-Disco/-Kino betreiben.

○ Ich würde gerne die Arbeit der einzelnen Kick-Gruppen und -Unternehmen koordinieren, so dass alle Beteiligten organisiert handeln und so ihre eigentliche Power entwickeln können.

Ich würde gerne in meiner Freizeit am Aufbau und der Organisation von Kick mitarbeiten, und zwar

○ auf lokaler Ebene, in meiner Gemeinde
○ auf regionaler Ebene, in meinem Dekanat/Bistum
○ auf Länderebene, in meiner Landeskirche
○ bundesweit
○ europaweit
○ weltweit.

Bis zum Kirchentag im Juni 2001 in Frankfurt ist noch Zeit, diesen Fragebogen zu ändern oder zu ergänzen, um ihn dann dort unter den Teilnehmern kursieren zu lassen. Auf dem Fragebogen sollte erklärt sein, worum es bei Kick geht und was damit bezweckt werden soll. Jeder Teilnehmer, der ihn ausfüllt, sollte sich mit Namen, Adresse und Kommunikationsnummern (Fon, Fax, E-mail) eintragen.

Auch im Internet sollte der Fragebogen kursieren.

Schön wär's, wenn sich die Kirche, eine kirchliche Stelle oder eine Kirchentagsabteilung bereit erklären würde, an einer bundesweiten zentralen Organisation von Kick mitzuwirken und dafür – nur für den Anfang, als Anschub – Geld und Infrastruktur bereitzustellen. Ziel von Kick ist, sich so früh wie möglich selbst wirtschaftlich zu tragen.

NACHSPIEL:

Ärgerliches und Tröstliches

Kirchliche Nebensachen

Ein schiffbrüchiger Jesuitenmissionar treibt, an einen Balken des gesunkenen Schiffs gebunden, allein auf dem Meer. Dort betet der Pater: »Herr ich danke dir, dass du mich so gefesselt hast. Zuweilen geschah mir, dass ich deine Gebote mühsam fand und meinen Willen im Angesicht deiner Satzung ratlos, versagend. Doch heute kann ich enger nicht mehr an dich angebunden sein, als ich es bin, und mag ich auch meine Glieder eines um das andere durchgehn, keines kann sich auch nur ein wenig von dir entfernen. Und so bin ich wirklich ans Kreuz geheftet, das Kreuz aber, an dem ich hänge, ist an nichts mehr geheftet. Es treibt auf dem Meere.«

Das Bild stammt aus der Eröffnungsszene des *Seidenen Schuh* von Paul Claudel. Ratzinger zitiert sie in seinem Buch *Einführung ins Christentum*.[1] Er sieht darin die Situation des Glaubenden von heute. Ans Kreuz geheftet, das Kreuz aber an nichts mehr geheftet, treibend über dem Abgrund. Nur ein über dem Nichts schwankender, loser Balken scheint den Glaubenden noch zu halten. Nur dieser lose Balken knüpft den Glaubenden noch an Gott, »aber freilich: er knüpft ihn unausweichlich, und am Ende weiß er, dass dieses Holz stärker ist als das Nichts, das unter ihm brodelt, das aber dennoch die bedrohende, eigentliche Macht seiner Gegenwart bleibt«, in welcher der Glaubende »vom Salzwasser des Zweifels gewürgt wird, das ihm der Ozean fortwährend in den Mund spült«.[2]

Seine Eminenz der Kardinal, Chef der römischen Glaubenskongregation, kennt also offenbar den Zweifel. Wer so bildhaft von der Situation des Glaubenden spricht, muss diese Situation selbst durchlebt und durchlitten haben.

Wenn aber diese Situation so verzweifelt zweifelhaft ist,

wenn nichts mehr als ein loser Balken den Glaubenden gerade noch knapp über Wasser hält, wie kann man dann von diesem Balken aus, ohne festen Boden unter den Füßen, ganz ohne Fundament, so fundamentale Glaubenswahrheiten verkünden, wie es der Papst mit freundlicher Unterstützung durch den Herrn Kardinal tut? Wie kann der Papst Unfehlbarkeit für sich beanspruchen? Wie kann man, auf einem Balken über dem Meer treibend, so fundamentale ethische, religiöse und kirchliche Verhaltensregeln aufstellen, wie die katholische Kirche es tut, wie kann man, hilflos auf dem Ozean treibend, diese Regeln als verbindlich für alle erklären und sie mit Macht durchsetzen wollen? Wie kann man Theologen wie Hans Küng oder Eugen Drewermann die Lehrbefugnis entziehen?

Wie kann man von diesem Balken aus den katholischen Frauen zurufen: Ihr dürft keine Pille für die Empfängisverhütung schlucken! Womit wir bei der ersten der vier »hauptsächlichen« Nebensachen wären, dem ersten jener vier Reizthemen, mit denen die katholische Kirche die gesamte westliche Gesellschaft seit Jahrzehnten regelmäßig provoziert und ihre Gläubigen tyrannisiert.

Die anderen drei Reizthemen sind: der Zölibat, die Priesterschaft von Frauen und die Abtreibung. Es ist keine Hauptsache darunter. Es handelt sich um Nebensachen, aber in der innerkirchlichen Diskussion haben diese Nebensachen inzwischen so ein Gewicht bekommen und so eine Eigendynamik entfaltet, dass man glauben könnte, es gehe jeweils um die Hauptsache.

Eines gleich vorweg: Die viel gehörte Meinung, an diesen vier Reizthemen läge es, dass die Kirche in der Öffentlichkeit als so rückständig, unattraktiv und menschenfeindlich angesehen werde und deshalb über Mitgliederschwund klagen müsse, diese Meinung teile ich nicht. Wie ich auch nicht die Meinung teile, dass die Leute in Scharen in den Schoß der Kirche zurückströmen würden, wenn sich der Papst endlich eines Besseren besänne. Nur ein kurzer Blick auf meine Kirche, die evangelische, genügt, um mich zu bestätigen. Hier gibt's kein einziges Reizthema, hier sind alle vier Fragen im Sinne der Kir-

chen- und Papstkritiker gelöst, und trotzdem ist der Mitgliederschwund bei den Protestanten mindestens genauso groß
wie bei den Katholiken.

Und noch etwas: Wann immer der Papst zu einem seiner vier
Reizthemen sich öffentlich äußert, ist die Entrüstung stets dort
am größten, wo dazu die geringste Berechtigung besteht: bei
denen, die schon lange keine Kirche mehr von innen gesehen
haben, bei den Ausgetretenen, den Kirchenfeinden und den
Kirchenhassern. Was geht die eigentlich an, was der Papst sagt
oder nicht sagt? Wieso regen sie sich überhaupt über ihn auf?
Es kann ihnen doch so egal sein, wie ihnen alles andere auch
egal ist, was mit der Kirche zusammenhängt.

Ich vermute: Es ist ihnen auch egal, was der Papst zur Pille
oder zum Zölibat sagt. Was sie wirklich aufregt, ist etwas anderes: die Tatsache, dass es da tatsächlich noch einen Typ auf der
Welt gibt, der es wagt, seiner Majestät, dem erwachsenen,
selbstbestimmten, autonomen, mündigen Bürger Vorschriften
zu machen und sich in dessen Privatangelegenheiten einzumi-
schen. Das ist die eigentliche Provokation. Die meisten dieser
mündigen Herren und autonomen Herrinnen kommen zwar
mit ihrem selbstbestimmten Leben mehr schlecht als recht klar,
aber gerade deshalb ist es umso ärgerlicher, wenn einer daherkommt, der sagt, warum es unter Umständen mit der Autono-
mie nicht so klappt, wie's in den Lehrbüchern steht. Und am
ärgerlichsten ist es, wenn dieser Typ mit einigen seiner un-
gehörigen Einmischungen nun wirklich völlig danebenliegt.

Darum gestehe ich jetzt: Es hat zwar seinen guten Grund,
dass ich Protestant bin und nicht Katholik, bei den Begriffen
»päpstliche Unfehlbarkeit« und »Stellvertreter Gottes auf Erden« sträuben sich mir wie jedem Protestanten sämtliche
Haare, und wenn die katholische Kirche davon nicht abrückt,
wird es mit der Ökumene nie etwas. Aber: Ich freute mich trotzdem jedes Mal, wenn der Papst unsere Gesellschaft mal wieder
mit einem dieser vier Reizthemen nervte und Dyba dazu die
Glocken läutete. Ich finde zwar, dass es absolut die falschen
Themen sind, mit denen der Papst nervt und manche Bischöfe
herumlärmen, aber ich bin froh, dass der Papst überhaupt noch

nervt und ein paar Bischöfe überhaupt noch lärmen. Ich bin froh, wenn die Bischöfe unserer Gesellschaft in die Suppe spucken, auch wenn sie danebenspucken. Denn selbst wenn es danebengeht, geben sie doch zu verstehen: Es gibt Grenzen, meine Damen und Herren, und diese Grenzen dürft ihr nicht überschreiten. Für den sich über alle Grenzen hinwegsetzenden Turbokapitalismus gibt es nichts Schlimmeres als eine Macht, die sich an den Grenzen postiert und sagt: bis hierher und nicht weiter. Man muss der Kirche jetzt nur noch eine Brille aufsetzen, damit sie den wirklichen Grenzverletzern auf die Griffel haut.

Das donnernde Danebenschießen der katholischen Kirche hat auch sonst noch ein paar Vorteile. Mögen die päpstlichen Schüsse auch danebengehen, krachen tut's in jedem Fall, Pulverdampf qualmt, und es stinkt nach Schwefel. Das verschafft dem Papst und seinen Mannen stets eine hohe Aufmerksamkeit, und darum ist der Papst auf der ganzen Welt bekannt. In Deutschland kannte fast jeder Bischof Dyba, fast jeder kennt Ratzinger, Meisner und Lehmann, und im Allgemeinen weiß man auch, wofür diese Männer stehen, was sie wollen und was nicht.

Aber wer kennt Christian Krause (Präsident des Lutherischen Weltbundes), wer kennt Ismael Noko (Generalsekretär des Lutherischen Weltbundes), wer kennt Manfred Kock (Präses und Ratsvorsitzender der Evangelischen Kirche in Deutschland, EKD), wer kennt Hans Christian Knuth (Vorsitzender der Vereinigten Evangelisch-Lutherischen Kirchen in Deutschland, VELKD)? Wer könnte sagen, wofür diese Männer stehen, was sie wollen und was nicht? Mehr, als dass sie irgendwie für das Gute sind und gegen das Böse, wohl kaum.

Die Namen mancher katholischen Bischöfe wie etwa Kamphaus oder Degenhardt sind mir vertrauter als die der meisten evangelischen Bischöfe. Der einzige wirklich prominente und bundesweit bekannte Protestant ist der Fernsehpfarrer Fliege. Wer wissen will, wer eigentlich in welcher evangelischen Landeskirche Bischof oder Bischöfin ist und deshalb auf den diversen Homepages im Internet herumklickt, muss bei manchen Landeskirchen lange klicken, bis er fündig wird. Sicher: Die Evangelischen mögen keinen Personenkult, das ist ja auch sympathisch, aber deshalb muss man doch seine Bischöfe nicht verstecken. Die Leute lieben es nun mal, wenn sie eine bestimmte Institution mit einem bestimmten Gesicht verbinden können, da sind die Gläubigen nicht anders gestrickt als die Ungläubigen, und die Gläubigen haben sogar ein Recht auf ihre Vorzeigegesichter. Die ganze Bibel ist – von Adam und Eva angefangen, über Abraham, Jakob, Isaak und Mose und die Propheten bis zu Maria, Joseph, Petrus, Johannes und Paulus – voll von solchen Gesichtern. Und den restlichen Bedarf nach Menschen aus Fleisch und Blut und mit einer Geschichte stillen die Heiligenlegenden. Mausgraue Gremien, Synoden, Konferenzen und Komitees kommen in der Bibel nicht vor, und schon gar nicht verwirrt sie uns mit den tausend kurz und länger lebenden Gschaftlhuber-Vereinigungen, die in den Kirchen ihr Wesen und Unwesen treiben.

Eine Truppe, ein Führer, eine Botschaft – das ist gut vermittelbar. Tausend Trüppchen, tausend dauernd wechselnde Köpfchen und Zehntausende von Verlautbarungen mit diffusen Botschaften – das ist nicht mehr vermittelbar, und darum weiß zum Beispiel kaum ein lutherischer Christ, was der Lutherische Weltbund ist, wo er seinen Sitz hat und ob es zwischen Evangelischen und Lutheranern einen Unterschied gibt. Kaum jemand kennt den Unterschied zwischen der EKD und der VELKD. In der Konferenz Europäischer Kirchen (KEK) arbeiten 123 Kirchen zusammen, eine davon ist die katholische, und jeder kennt sie. Aber wer kennt die anderen 122? Warum gibt es nicht nur Lutheraner, sondern auch Anglikaner, Baptisten, Methodisten, Reformierte und Unierte? Wie unterscheiden sich die voneinander? Warum muss es überhaupt so viele Schrebergartenkirchen geben?

Natürlich: Den Protestanten ist Wahrheit wichtiger als Einheit, und darum teilen sie sich lieber, wenn sie sich über eine bestimmte Streitfrage nicht einigen können, als dass sie zusammenbleiben und die Frage offen lassen oder sich einer obersten Instanz fügen, die einfach autoritär entscheidet, was wahr sein soll. Diese unbedingte Wahrheitsliebe ist ja auch ganz sympathisch, in Zeiten des postmodernen Relativismus aber doch ein bisschen anachronistisch, vor allem äußerst kontraproduktiv, und darum muss ich gestehen: Eine einzige lutherische Weltkirche mit einem lutherischen Papst, der als gelegentlich sachter Widersacher des römischen Papstes kraft seines Amtes sagt, was evangelische Sache ist, wäre mir hundert Mal lieber als die zersplitterte Welt-Protestanten-Chaostruppe, die mit tausend Stimmen langweilig und uninteressant vor sich hin murmelt und im Lärm der tausend weltlichen Marktschreier ungehört verebbt.

In unserer vom Fernsehen bestimmten Bildergesellschaft, in der Ideen nur eine Chance haben, wenn sie mit einem Gesicht verbunden werden können, und in der komplexen Botschaften von Nachrichtenredaktionen maximal neunzig Sekunden eingeräumt werden, in solch einer Zeit ist die Buntscheckigkeit der Evangelischen Kirchen und Freikirchen so ziemlich das Unsinnigste, was man sich denken kann. Die Schrebergartenkirchen können doch im Ernst nicht annehmen, dass sich in einer Zeit, in der Gott selbst zur Disposition steht, noch irgendein Mensch für die feinen Unterschiede zwischen Reformierten, Baptisten und Lutheranern interessiert?

Ich persönlich hätte nicht einmal Probleme, mich unter die Fuchtel des römischen Papstes zu begeben, wenn dieser darauf verzichtete, sich für unfehlbar und für den Stellvertreter Gottes zu halten. Dann mag er bestimmen, was wahr ist, und meinetwegen meiner Frau die Pille verbieten. Ich würde dann einfach selbst entscheiden, ob ich den päpstlich herausgefundenen Wahrheiten traue oder nicht, meiner Frau würde ich zur Pille raten, und das würde ich dann alles regelmäßig beichten, aber immer wieder tun – so, wie es seit Jahrhunderten Praxis ist in der katholischen Kirche. Denn, bei aller Liebe zur Wahrheit: Die Einheit der Kirche ist schon auch eine nicht zu unterschätzende Angelegenheit. Um irgendwelcher Nebensachen willen würde ich sie nicht aufs Spiel setzen, sondern lieber mal fünf gerade sein lassen. Damals, als Luther die Kirche spaltete, ging es tatsächlich um Hauptsachen. Heute erscheinen uns auch diese ehemaligen Hauptsachen als nebensächlich angesichts der Gefährdung des Ganzen.

Die Pille ist eine Nebensache. Irgendwann, vielleicht schon mit dem nächsten Papst, wird die katholische Kirche einsehen, dass sie sich da verrannt hat, und es wird ihr keine Perle aus der Krone fallen, wenn sie das zugibt. Sie hat ja inzwischen schon so vieles eingesehen – die Ketzer, die Hexen, die Inquisition – und sich dafür entschuldigt, da kommt es auf einen Irrtum mehr oder weniger auch nicht mehr an. Die Mehrzahl der Gläubigen ist inzwischen so aufgeklärt, dass sie so etwas verkraften würde, zumal sich Millionen von Katholikinnen sowieso nicht um das päpstliche Pillen-Edikt scheren, die Pille einfach schlucken und trotzdem in der Kirche bleiben, weil ihnen die Hauptsache dieser Kirche weiter wichtig bleibt.

Auch die Priesterschaft von Frauen ist, gemessen an dem, was heute wirklich auf dem Spiel steht, eine Nebensache. Auch sie kann man daher ruhig tiefer hängen. Nicht nur die Frauen sollten sie tiefer hängen, auch der Papst, denn er und seine Bischöfe wissen: Es gibt kein einziges ernsthaftes theologisches Argument gegen weibliche Priester. Das einzige Argument, das der Klerus hat und das er auch bemüht, ist die Tradition. Es ist immer schon so gewesen, und darum wollen wir es weiterhin so halten – und ein bisschen schwingt wohl auch jene Männermentalität mit, die in manchen Kreisen hinter vorgehaltener Hand in die Frage gekleidet wird: Warum wird die Frau von Konservativen unterdrückt? Antwort: Weil es sich bewährt hat.

Doch, doch, in diesem Macho-Spruch steckt viel Wahrheit, denn es ist doch nicht von der Hand zu weisen: Alle vier Reizthemen – Pille, Priesterschaft von Frauen, Zölibat und Abtreibung – haben etwas mit der Frau zu tun. Wenn die katholische Kirche also diese vier Themen so hochspielt, wie sie's tut, dann wird offenbar, was sie kaum leugnen kann: Bei den Bischöfen und Päpsten handelt es sich nicht gerade um Frauenversteher. Mit den Frauen hat die katholische Männerkirche ein Problem, mindestens seit der Zeit der Hexenverbrennungen. Auf das Loch zwischen den Beinen der Frau starren die klerikalen Männerbünde wie das Karnickel auf die Schlange.

Es tut mir Leid, dass ich das so hart und so ordinär sage, aber es entspricht meiner Stimmung, und es ist doch wirklich merkwürdig, dass sich ausgerechnet wegen dieser vier Themen die Laien mit ihrem Papst so heillos zerstreiten. Bei so manchem Kleriker wird man das Gefühl nicht los: Die Wut über die selbstbestimmte, moderne Frau, die nicht mehr demütig niederkniet vor den Pfarrherren und Beichtvätern und einfach nicht mehr gehorchen will, ist wohl größer als die Sorge um die Kirche und das ungeborene Leben. Die katholische Kirche muss daher ihr Verhältnis zur Frau gründlich überdenken. Daran führt kein Weg vorbei. Sie muss den Frauen entgegenkommen, ihnen entgegengehen, und damit kommt sie insgesamt der Welt entgegen. Ein bisschen weniger Marienkult und ein bisschen mehr Verständnis für die Frauen, das täte allen gut.

Aber: Es nützt nichts, wenn sich nur die Kirche bewegt. Die Welt muss sich auch bewegen. Ihr überhebliches Gespött über den Papst und seine Bischöfe und ihr gespieltes Entsetzen über die ach so beklagenswerte Rückständigkeit des Klerus sind so originell nun auch nicht mehr. Die Welt muss auf die Kirche zugehen, und das Erste, was dazu nötig wäre, wäre das Bemühen, die Kirche zu verstehen, genauer hinzuhören auf das, was sie sagt. Wer dem Vorwurf des Frauenhasses zustimmt, sollte nicht darin verharren, sondern lieber nach einem Ausweg aus der verfahrenen Situation suchen. Wie könnte man ihn finden?

Zwischen der Kirche und der Welt gibt es eine Kommunikationsstörung. Beide sprechen offenbar verschiedene Sprachen, und beide sind offenbar unfähig, sich dem anderen in dessen eigener Sprache verständlich mitzuteilen. Darum glaubt jeder immer schon im Voraus zu wissen, was der andere gleich sagen wird. Und jeder weiß immer schon im Voraus: Es ist völliges Blech, was die Gegenseite sagt, nicht wert, näher auf Inhalte abgeklopft zu werden, denn garantiert klingt es dahinter hohl.

Wenn es Verständigungsprobleme gibt, dann klappt die Kommunikation nur, wenn man zur Abwechslung mal einfühlend zuhört, mitdenkend, ahnend versucht zu erraten, was der andere eigentlich meint. Das kann man von der Kirche bei ihrem

Gespräch mit der Welt verlangen. Das kann man aber auch von der Welt bei ihrem Gespräch mit der Kirche verlangen.

Was ist es also, was man aus dem Reden der katholischen Kirche über ihre vier Reizthemen heraushören könnte, wenn man sich bemühte, richtig zuzuhören, einfühlend und ahnend?

Bei der Pille meine ich die katholische Sorge herauszuhören, dass wir eine Grenze überschritten haben: die Grenze der technischen Manipulierbarkeit des Lebens, welche sich speziell bei der Pille als lebensfeindlicher Technik auswirkt. Ich gab schon zu verstehen: Ich bin nicht der Meinung, dass wir mit der Pille eine wirklich wichtige Grenze überschritten haben. Eher überschreitet die Zahl der Menschen auf diesem begrenzten Planeten jede vernünftige Grenze. Aber eine nähere Diskussion der Pillenargumente erspare ich mir. Sie wäre zu langwierig. Sie ist auch schon tausendfach geführt worden, und es geht hier nicht um Begründungen, sondern ums Hinhören. Und ich höre eben die Frage heraus: Wo sind die Grenzen? Und mit dieser Frage werden wir uns schneller auseinander setzen müssen, als wir denken. Die Aussage, es gebe keine prinzipiellen Grenzen, es gebe nichts, wovor der Mensch Halt zu machen habe, ist da.

In der kalifornischen Ideologie begegnet uns diese Aussage in voller Klarheit. Die Propheten dieser Ideologie träumen öffentlich von Glückspillen, von der Selbsterschaffung des Menschen, von Cyborgs, von Mensch-Maschine-Zwittern, von künstlichen Menschen, von Selbsterlösung mithilfe der Technik, von technischer Überwindung des Alters und jeglicher Krankheit, von der Machbarkeit des ewigen Lebens. Die kalifornische Ideologie lehrt uns das Recht auf prinzipielle Schrankenlosigkeit.

Wir werden also endlich darüber debattieren müssen, ob es Grenzen gibt, die wir uns jetzt selber setzen müssen, wo sie liegen und wie sie zu wahren sind. Diese Debatte mag von der Diskussion über die Pille weit entfernt sein, aber das Prinzip ist für beide Debatten das gleiche.

An der Ablehnung der Priesterschaft für Frauen vermag ich beim besten Willen nichts Sinnvolles zu erkennen. Auch wenn

ich mich noch so bemühe, den Klerikern emphatisch zuzuhören, ich höre nichts anderes dabei heraus, als dass die stu-
ren Bischofsschädel halt lieber unter sich bleiben wollen. Und
vielleicht schwingt noch die Befürchtung mit, dass sich bestimmte Probleme, die man hat, verdoppeln werden. Schon
jetzt hat die Kirche ja das ewige Problem mit Priestern, die ab
und zu oder unentwegt von ihren Hormonen attackiert werden, der Attacke nicht standhalten und sich deshalb von Zeit
zu Zeit oder regelmäßig zu einem Weib, meistens aus der Gemeinde, legen müssen. Manchmal bleibt die Sache nicht ohne
Folgen – die Pille hat man ja verboten –, und dann ist der Ärger
groß. Dazu kommen dann noch ein paar Schwule und Knaben-
schänder, und wenn es nun auch noch Priesterinnen geben
sollte, dann handelt man sich nur zusätzliches Personal ein,
das zusätzlichen Ärger bringt.

Anders ist es beim Zölibat. Auch er ist in den Augen vieler
Katholiken unnötig und theologisch höchst fragwürdig, aber
es steckt – vielleicht mehr unbewusst als bewusst – etwas dahinter, was mir wichtig und berechtigt erscheint: der Wunsch
nach Unterscheidung. Kirche ist etwas prinzipiell anderes als
Welt. Der prinzipielle Unterschied sollte auch nach außen hin
für jedermann sichtbar sein. Deshalb kleiden sich Priester,
Mönche, Nonnen seit jeher anders als die Welt. Und deshalb
sollen sie sich auch in ihrer Lebensführung unterscheiden.
Deshalb sollen sie ehelos leben. Darin unterscheiden sie sich
radikal vom Rest der Welt, und in dieser Radikalität liegt etwas spezifisch Christliches. Mit bestimmten Gepflogenheiten
dieser Welt bricht das Christentum, dem es wirklich ernst ist
mit seinem Glauben, radikal, und es legt Wert auf den großen
Unterschied zwischen dem Reich Gottes und dem Reich der
Welt.

Wiederum ist hier kein Platz, auf diesen radikalen Unterschied näher einzugehen, wiederum muss es genügen, auf die
Berechtigung und Notwendigkeit dieses Anliegens hinzuweisen in einer Zeit, die stark zum Synkretismus neigt, zum Eklek-
tizismus, zu einem esoterischen Pantheismus und zu einer
falsch verstandenen Toleranz, für die alles gleichermaßen gül-

tig, damit letztlich aber alles gleichgültig ist und somit alle Unterschiede irrelevant macht.

Über die christlichen Spezifika wird heutzutage viel zu selten geredet in unseren Kirchen, vor allem in der protestantischen. Aus lauter Emphase für die religiöse Toleranz, die zweifellos ein hohes Gut ist, aus lauter Begeisterung über das multikulturelle Zusammenleben und das wahrhaft ökumenische Projekt Weltethos neigen die Gutmeinenden dazu, die Unterschiede zu verwischen, zu leugnen oder unter den Teppich zu kehren – und verhindern gerade damit das friedliche Zusammenleben, denn die Unterschiede sind nun mal da, und früher oder später kommen sie auch zum Vorschein. Trennendes kann man aber nur überwinden, wenn das Trennende sichtbar und offen vor einem liegt. Wo es Trennendes scheinbar nicht gibt, kann auch nichts überwunden werden.

Der Zölibat als sichtbares Zeichen für die Andersartigkeit der Kirche – könnte man das zunächst gelten lassen? Und könnte man sich, von dieser Geltung ausgehend, darauf einigen, dass eine Kirche, die so lebt, wie es ursprünglich einmal gedacht war – in überschaubaren Gemeinden aus Christen, die ihr Leben, ihre Arbeit und ihren Glauben miteinander verbinden –, und daher weithin sichtbar neue Strukturen in die Welt bringt, dass solch eine Kirche des äußeren Zeichens des Zölibats nicht mehr bedarf? Wäre das eine Möglichkeit? Dann sollte man sie realisieren. Nebenbei: Die Priester in der Integrierten Gemeinde halten sich an den Zölibat, allerdings mehr aus Solidarität mit der gesamten katholischen Kirche, mehr aus Liebe zu ihrer Kirche und dem Wunsch, mit dieser in Übereinstimmung zu leben, als aus Einsicht in dessen unbedingte Notwendigkeit.

Eine Kirche, welche die Welt weithin sichtbar wirklich verändert und bisher unbekannte Strukturen neu schafft, würde auch Strukturen schaffen, in denen für Kinder gesorgt ist. Ungeborenes Leben müsste nicht abgetrieben, sondern könnte geboren werden und behütet aufwachsen. Auch die Abtreibung ist ein Thema, über das ich mich hier nicht weiter auslassen will, auch dazu ist alles schon gesagt worden, aber nicht oder viel zu selten wird gesagt: Abtreibung ist vor allem ein Aufruf an die Kirche, sich zu reformieren, sich selbst zu verpflichten und dafür zu sorgen, dass Abtreibungen einfach nicht mehr vorkommen. Das sagt sich leicht, gewiss, aber ebenso leicht ist es, der Frau zu sagen, du darfst nicht abtreiben, und danach die Frau und das Kind sich selbst zu überlassen.

Am Beginn des dritten christlichen Jahrtausends geht es nicht um dies oder das, um Pille oder Jungfrauengeburt, um Zölibat oder Gottessohnschaft, sondern nur noch um das Ganze, um Gott. Und um eine Welt, die wir demnächst Atom für Atom beliebig umbauen können und die uns anscheinend keine Grenzen der Manipulierbarkeit mehr setzt und uns zwingt, selbst unsere Grenzen zu setzen.

Beides stellt für die Menschen im Allgemeinen und die Christen im Besonderen eine Herausforderung von solch einer Größe dar, wie es sie noch nie gegeben hat in der Geschichte der Menschheit. Um diese Herausforderung zu bestehen, muss man sich auf sie konzentrieren, muss man alle Kräfte bündeln und gemeinsam kämpfen. Für Nebensachen haben wir daher im Augenblick keine Zeit und keine Kraft. Statt sich wegen der Nebensachen heillos zu zerstreiten und in fruchtlosem Kampf seine Energie zu verschwenden, sollten alle Streithähne und -hennen sich lieber von den Gegenständen ihres Gezänks abwenden, sich der Hauptsache zuwenden und die eigene Energie in den Dienst des Kampfs um die Hauptsache stellen.

Darum: Stellt die Nebensachen zurück. Lasst sie jetzt einfach mal auf sich beruhen. Lasst sie ungeklärt einfach stehen, wo sie sind, bis die Hauptsache gewonnen wurde. Danach kann man sich – durch den gemeinsamen Kampf versöhnt – wieder den Nebensachen zuwenden. Falls sie sich bis dahin nicht von selbst erledigt haben.

Im Club der Gerechtfertigten

Es geht um die Hauptsache. Es geht um Gott. Worauf können wir bauen? Was ist es, das unserem Leben eine Gewissheit gibt? Ist es Gott? Wie können wir uns seiner neu versichern?

Gar nicht, sagen uns die Theologen. Karl Barth sagt es. Rudolf Bultmann sagt es. Paul Tillich sagt es. Eberhard Jüngel sagt es. Alle protestantischen Theologen sagen es. Es gibt keine Sicherung für den Menschen. Es gibt keinen Weg zu Gott. Weder durch Sakramente noch Mystik noch Askese noch Rechtgläubigkeit noch Frömmigkeit noch durch einen Willens- oder Verstandesakt gelangen wir zu Gott. Weder die Werke der Moral noch die Werke des Intellekts noch der Verzicht auf jedes Denken führt zu Gott. Wir können nichts tun.

Umgekehrt sei es, sagen die Theologen. Gott komme zu uns. Damit rechnen wir nicht. Darum sind wir nicht da, wenn er kommt. Und wenn wir doch da sind und er kommt, dann merken wir es nicht.

Wie merkt man, wenn Gott kommt? Keine Ahnung. Bei mir ist er offenbar noch nicht gewesen, und wenn doch, habe ich's nicht gemerkt. Ich könnte daraus wie Augstein den Schluss ziehen: Er ist halt nur eine Projektion, dieser Gott, unser Wunschdenken, eine heimliche, verzweifelte Hoffnung, von der wir wissen oder ahnen, dass sie vergeblich ist. In Wahrheit ist da gar kein Gott, in Wahrheit ist da gar nichts, darum kommt auch nichts.

Ebenso gut könnte ich daraus wie Ratzinger und vielleicht Zahrnt den Schluss ziehen: Es ist zwar nur ein loser Balken, was mich mit Gott verbindet, dieser Balken schwimmt auf dem Ozean des Nichts, aber an diesen Balken will ich mich halten, denn ich bin überzeugt: Er reicht, um mit ihm ans Ziel zu kommen. Auf dem Balken treibe ich auch. Dass ich damit je an ein Ziel komme, wage ich kaum zu hoffen.

Bestehen nun zwischen Ratzinger, Augstein und mir große, prinzipielle Unterschiede?

Nein, sagt Ratzinger. Den Zweifel kenne er, der Christ, auch. Aber: Der Ungläubige habe es in seiner Ungläubigkeit, in der er sich eingerichtet hat, auch nicht so gemütlich, wie er's vielleicht gerne hätte. Der Zweifel nage nicht nur am Glauben, sondern genauso am Unglauben. Der »wirklichen Totalität der Welt, die zum Totum zu erklären er sich entschlossen hat«[3], könne sich auch der Ungläubige nie restlos gewiss sein. Er bleibe von der Frage bedroht, ob nicht der Glaube dennoch das Wirkliche sei und es sage.

Es gibt also keine Flucht aus dem Dilemma des Menschseins. »Wer der Ungewissheit des Glaubens entfliehen will, wird die Ungewissheit des Unglaubens erfahren müssen.«[4] Niemand könne dem andern Gott und sein Reich auf den Tisch legen, auch der Glaubende sich selbst nicht.

»Der Glaubende wie der Ungläubige haben, jeder auf seine Weise, am Zweifel *und* am Glauben Anteil, wenn sie sich nicht vor sich selbst verbergen und vor der Wahrheit ihres Seins. Keiner kann dem Zweifel ganz, keiner dem Glauben ganz entrinnen; für den einen wird der Glaube *gegen den* Zweifel, für den andern *durch den* Zweifel und *in der Form des* Zweifels anwesend. Es ist die Grundgestalt menschlichen Geschicks, nur in dieser unbeendbaren Rivalität von Zweifel und Glaube, von Anfechtung und Gewissheit die Endgültigkeit seines Daseins finden zu dürfen. Vielleicht könnte so gerade der Zweifel, der den einen wie den anderen vor der Verschließung im bloß Eigenen bewahrt, zum Ort der Kommunikation werden. Er hindert beide daran, sich völlig in sich selbst zu runden, er bricht den Glaubenden auf den Zweifelnden und den Zweifelnden auf den Glaubenden hin auf, für den einen ist er seine Teilhabe am Geschick des Ungläubigen, für den andern die Form, wie der Glaube trotzdem eine Herausforderung an ihn bleibt.«[5]

Der Zweifel als Ort der Kommunikation zwischen Kirche und Welt, Glaube und Unglaube – das ist doch ein Wort. Die Welt sollte den Kardinal beim Wort nehmen.

Wenn wir schon nichts unternehmen können, um unseren Weg zu Gott zu finden, so können Gläubige und Ungläubige doch wenigstens miteinander reden, gemeinsam handeln und versuchen, für Gott offen zu sein. Der Rest ist dann Gottes Sache, denn mehr können wir nicht tun.

Das ist doch irgendwie sehr tröstlich. Die Protestanten haben aber eine noch sehr viel tröstlichere Botschaft. Wenn die Protestanten Recht haben, sind wir, genau genommen, noch viel besser dran: Es ist gar nicht nötig, dass wir irgend etwas tun oder unternehmen. Wir müssen nicht einmal glauben. Vor aller Leistung, ohne eigene Mühe, voraussetzungslos sind wir nämlich schon so, wie wir sind, von Gott angenommen, vor Gott gerechtfertigt – so lautet das Herzstück der lutherischen Rechtfertigungslehre.

Und am 31. Oktober 1999 hat sich etwas sehr Bedeutendes ereignet, nur haben über neunundneunzig Prozent aller Christen dieser Welt die Sache nicht verstanden und darum die Bedeutung nicht erkannt: Hohe Repräsentanten der römischen Kurie und der evangelischen Christenheit lutherischen Bekenntnisses haben in Augsburg eine »Gemeinsame Erklärung zur Rechtfertigungslehre« unterzeichnet. Die entscheidenden Gründe, die im 16. Jahrhundert zur Spaltung der abendländischen Christenheit führten, sind damit aus der Welt geschafft. Jetzt kann früher oder später die Abendmahlsgemeinschaft folgen und noch später vielleicht noch mehr – bis hin zur Einheit.

Die Leute, die davon gehört haben, haben wohl überwiegend gedacht: Was soll das? Haben die Kirchen nichts Wichtigeres zu tun, als alte Streitfragen aus dem 16. Jahrhundert abzuarbeiten? Was gehen diese alten Geschichten den Menschen des 21. Jahrhunderts an?

Eine ganze Menge, sagt der evangelische Theologe Eberhard Jüngel. Die Lehre von der Rechtfertigung des Menschen allein aus Gnade besage, »dass ich eine von Gott zeitlich und ewig anerkannte Person bin, die mehr ist als die Summe ihrer Taten und Leistungen, aber auch mehr als die Summe ihrer Untaten und Fehlleistungen, also eine von Gott um ihrer selbst willen geliebte Person, deren Würde unantastbar ist. Wer sich an der Würde des Menschen vergreift, greift Gott selber an ... So entstehen freie Menschen, die sich nicht mehr unentwegt selbst verwirklichen müssen, sondern frei werden für die Gestaltung der Welt.«[6]

Das Evangelium sagt: Du bist von Gott anerkannt. Das Evangelium sagt jedoch nicht: Du sollst. So spricht das Gesetz. Wird das Evangelium in ein Gesetz verwandelt, werden wir hoffnungslos überfordert.

Es gibt kaum eine Botschaft, die es dringender verdient, von unserer Leistungs-, Erfolgs- und Konkurrenzgesellschaft heute gehört zu werden, als diese Botschaft von der Rechtfertigung. Leider haben die Kirchen es nicht verstanden, dieser Botschaft und dem damit verbundenen Ereignis die Aufmerksamkeit zu verschaffen, die Botschaft und Ereignis verdient hätten.

Für alle, die gerne glauben würden, aber nicht können, hat Paul Tillich aus dieser Rechtfertigungslehre eine für alle Zweifler, Atheisten und Agnostiker noch einmal besonders tröstliche Botschaft herausgelesen. Nicht nur der Sünder, der Schwache, der Unfähige, der Verlierer ist vor Gott gerechtfertigt, auch der Ungläubige, auch der Zweifler ist es. Dadurch werde das Christentum zu einer Botschaft für alle Menschen, auch für diejenigen, die am Sinn des Lebens verzweifeln und darum meinen, nicht mehr an Gott glauben zu können.

Fast wie Ratzinger argumentiert Tillich, auch der radikalste Zweifler habe einen Glauben, nämlich den Glauben an die Wahrheit. So stehe auch der Zweifler in der Wahrheit, auch wenn seine einzige Wahrheit gerade in seinem Mangel an Glauben bestehe. Und so habe auch der Skeptiker am Glauben Anteil, auch wenn sein Glaube keinen konkreten Inhalt hat. Zweifler und Verzweifelte bezeugen laut Tillich, dass sie in der Wahrheit stehen und damit in der Einheit mit Gott. Sie müssen das gar nicht glauben, sie müssen es gar nicht wissen, sie können das sogar ablehnen – das tut alles nichts zur Sache, denn sie sind gerechtfertigt vor Gott. Tillich spitzte diese Aussage zu, indem er sagte, dass der, der Gott ernstlich leugnet, ihn bejahe.

Ich weiß nicht, ob die Augsteins dieser Welt solch ein Satz trösten kann, oder ob sie darin eher eine von Tillich verhängte Zwangsmitgliedschaft erkennen, die sie ablehnen müssen. Ein bisschen erinnert mich Tillichs Zuspitzung der Rechtfertigungslehre an eine Anekdote über den Physiker Werner Heisenberg. Der hatte Gäste, lauter Physiker, auf seiner Almhütte, über deren Tür ein Hufeisen prangte. Einer von Heisenbergs Kollegen soll mit Blick auf das Hufeisen etwas befremdet gefragt haben: »Sie glauben doch nicht etwa an diesen Unsinn?« – »Natürlich nicht«, habe Heisenberg geantwortet, »aber ich habe mir sagen lassen, dass es auch dann hilft, wenn man nicht daran glaubt.«

Schon klar: Das eine ist eine Anekdote, das andere Theologie. Aber mir hilft es, Tillichs leidenschaftliche Theologie mit Heisenbergs heiterer Gelassenheit zu lesen. Und dann verleiht mir die Lehre von der Rechtfertigung das Gefühl eines grundlosen, voraussetzungslosen Bejahtseins und damit die Fähigkeit zur Selbstannahme und die Annahme der anderen. Das ist mehr als nichts.

Exodus

Rom im März des Jahres 2000. Ein alter Mann schlingt seine Arme um die Beine des Gekreuzigten, küsst sie, tritt einen Schritt zurück und schließt die Augen zum stillen Gebet. Ende eines welthistorischen Ereignisses. Papst Johannes Paul II. hat das große »Mea Culpa« der Kirche gesprochen.

Acht Mal hat er um Vergebung gebeten: für die Verfolgung der Juden, für Kirchenspaltung und Religionskriege, Kreuzzüge und Kriegstheologie, für die Missachtung von Minderheiten und der Armen, die Rechtfertigung von Unterdrückung und Sklaverei. »Eine Viertelstunde, in der Kirchengeschichte geschrieben wurde. Noch nie hat es ein solches Mea Culpa gegeben. Der Papst hat es gegen alle Widerstände durchgesetzt«[1] und am 12. März des »Heiligen Jahres« 2000 gesprochen.

Natürlich war das, was der Papst da gesagt hat, den Kirchenkritikern viel zu wenig, nicht eindeutig, nicht klar, nicht hart genug, und vor allem vermissen sie Konsequenzen für die gegenwärtige und künftige Praxis des Papstes und der Kirche. Vielen Kirchen-Insidern dagegen ist der Papst damit schon viel zu weit gegangen.

Der Papst hat es also sowieso nicht richtig machen können, und der überwältigenden Mehrheit der Menschen auf diesem Planeten war das alles sowieso egal. Wenn sie überhaupt darauf reagierte, dann mit der Attitüde, die maliziös lächelnd fragt: Kommt die Entschuldigung nicht ein bisschen spät?

Ich habe die Mea-Culpa-Szene des Papstes nur in den Nachrichten des Fernsehens gesehen, aber es hat mich berührt, wie der Alte in seiner Hinfälligkeit, schwer auf seinen Hirtenstock gestützt, mit gebeugtem Rücken, zittrigen Händen und schwacher Stimme sagte, was zu sagen er sich selbst auferlegt hatte, weil er vielleicht fühlt, dass ihm nicht mehr viel Zeit bleibt. Und ergreifend fand ich die Schlussszene, in der er, mit letzter

Kraft die Gläubigen segnend, den Petersdom verließ. Man sah nur seinen Oberkörper und seinen in sich gekehrten Blick, man sah nicht das Fahrzeug, auf dem er selbstversunken stand, deshalb wirkte es, als ob der Papst entschwebe, dem Ort zu, auf den hin er gedacht, gefühlt und gehandelt und auf den er sich ein Leben lang vorbereitet hat.

Nebenbei zeigte die Szene ohne jede Absicht auch etwas ganz anderes: die Würde des Alters. Dieser zittrige Greis, der kaum noch gehen kann, der gestützt werden muss, steht an der Spitze einer Kirche, die rund eine Milliarde Mitglieder zählt, in einer Welt, die schon Fünfzigjährige aussortiert, weil sie sie für ungeeignet hält, produktiv tätig zu sein.

Bald wird dieser Papst tot sein, vielleicht ist er es schon, wenn dieses Buch erscheint. Dann wird ein neuer Papst gewählt werden oder schon gewählt worden sein, und die Geschichte der Kirche geht weiter.

Was aber wäre eigentlich, wenn die Geschichte nicht weiterginge, wenn dieser Papst die Kirche mit ins Grab nähme und die Buchdeckel einer sich über mehr als zweitausend Jahre erstreckenden, großen Erzählung zuklappte? Was wäre, wenn kein Nachfolger mehr gewählt, die Kirche einfach beschließen würde, sich aufzulösen, und die Gläubigen, Bischöfe und Kardinäle sagen würden: Es hat keinen Sinn mehr. Die Kraft der Kirche ist erschöpft. So zittrig und schwach, wie der Papst zuletzt war, so zittrig und schwach ist auch die Kirche. In ihrer Schwäche kann sie weder Gott noch den Menschen dienen, zumal der Tod Gottes doch schon längst ausgerufen worden ist. Lasst sie also in Ruhe sterben. Jetzt, da die Kirche durch das Mea Culpa des Papstes ihren Frieden gemacht hat mit der Welt, wäre der geeignete Zeitpunkt dafür.

Würde es einen Aufschrei des Entsetzens geben in der Welt? Protest? Oder wenigstens ein bisschen Trauer? Rund eine Milliarde Katholiken leben auf der Welt, würden sie der Selbstauflösung der Kirche zustimmen? Wie viele wären bereit, für ein Weiterleben ihrer Kirche zu kämpfen, wie viele wären bereit, dafür auch Opfer zu bringen? Was würden die übrigen achthundert Millionen Christen tun, die nicht katholisch sind?

Würden sie dem Beispiel folgen und sich ebenfalls auflösen, würden sie frohlocken und ihre Tore den Katholiken öffnen, oder würden sie jenen helfen, die für die weitere Existenz ihrer Kirche kämpfen? Und die anderen, die Gleichgültigen, die Kritiker, die Spötter, Verächter und Hasser – blieben sie alle so gleichgültig, wie sie es jetzt sind, freuten sich die Spötter, Verächter und Hasser über das Ende ihres Hassobjekts? Oder würden einige plötzlich etwas vermissen?

Ja, ich gebe zu, das ist alles hypothetisch, also fruchtlos, und man kann fragen: Was soll diese Fragerei?

Vielleicht ist sie ja doch nicht so fruchtlos, wie es zunächst scheint. Wenn die Kirchen, sowohl die katholische wie auch alle anderen, morgen einfach lautlos oder auch mit Getöse in sich zusammenfielen, dann hätten die Medien einen hübschen Stoff, der für ein paar Wochen oder auch Monate Auflagen und Quoten nach oben treiben würde, danach aber wäre die Sache abgehakt, und die Welt nähme weiter ihren Lauf. Alltag wie gehabt, alles ginge seinen Gang wie bisher, und es käme uns vor, als ob die Kirche niemals existiert hätte.

Wenn es wirklich so wäre – wozu ist dann die Kirche da? Wenn die weitere Geschichte der Welt ohne Kirche wirklich genauso verliefe wie mit Kirche, wäre es dann nicht tatsächlich vernünftiger, sich von dieser offensichtlich überflüssigen Institution zu verabschieden? Eine Kirche, deren Einfluss nicht mehr ausreicht, um auf den Lauf der Welt einzuwirken, hätte keine Existenzberechtigung mehr.

Nicht alle werden mir hier zustimmen, vielleicht sogar nur die wenigsten. Viele werden sagen: Die Kirche hat über viele Jahrhunderte den Lauf der Welt oft entscheidend mitbestimmt und damit mehr Unheil als Heil gestiftet, darum ist es gut, wenn heute ihr Einfluss schwindet. Die Mehrheit wird vermutlich sagen, es sei nicht die Aufgabe der Kirche, die Welt zu verändern, es genüge, wenn sich die Kirche um das Seelenheil des Einzelnen kümmert und ihre Kernaufgabe wahrnimmt: Verkündigung des Evangeliums.

Der Widerspruch zu dieser Auffassung von Kirche ist einer der Gründe, warum ich dieses Buch geschrieben habe. Ich meine, dass Kirche einen weltverändernden Auftrag hat. Die Kirche verkündet, der Messias sei gekommen und habe alles neu gemacht. Die Juden wenden zu Recht ein: Er kann nicht gekommen sein, denn ein Blick aus dem Fenster oder ins TV-Gerät genügt, um zu erkennen, dass sich nichts Grundlegendes geändert hat. Auf der Welt geht es drunter und drüber wie eh und je. Also kann Jesus nicht der Messias gewesen sein. Also steht seine Ankunft noch aus.

Die Christen haben diesen Einwand der Juden bis heute nie richtig ernst genommen und nehmen ihn immer weniger ernst. Sie sollten sich korrigieren. Wer die Bibel als Ganzes liest, Altes und Neues Testament zusammen, der wird sich der Tatsache nicht verschließen können, dass Weltveränderung eine Frucht des Glaubens sein muss. Dass der Messias gekommen ist, muss man sehen können.

Man hat es auch sehen können, damals, in den ersten drei Jahrhunderten des Christentums. Die Anhänger dieses neuen Glaubens haben anders gedacht, anders gesprochen und anders gehandelt als der Rest der Welt. Zwar ging rings um die ersten Christen alles weiter wie immer, aber in den Gemeinden, die sich gebildet hatten, waren die Gesetze der Welt außer Kraft gesetzt. Da gab es »nicht mehr Juden und Griechen, nicht mehr Sklaven und Freie, nicht mehr Mann und Frau« (Gal 3,26f.), die Gräben zwischen verschiedenen Rassen, Völkern und Kulturen, verschiedenen Klassen und zwischen den Geschlechtern existierten nicht mehr und auch nicht der Gegensatz zwischen Arm und Reich.

Die ersten Christen »hatten alle Dinge gemeinsam. Sie verkauften Güter und Habe und teilten sie aus unter alle ... Sie waren ein Herz und eine Seele; auch nicht einer sagte von seinen Gütern, dass sie sein wären, sondern es war ihnen alles gemeinsam. Es war auch keiner unter ihnen, der Mangel hatte; denn wer von ihnen Äcker oder Häuser besaß, verkaufte sie und brachte das Geld für das Verkaufte und legte es den Aposteln zu Füßen; und man gab einem jeden, was er nötig hatte« (Apg 2,44f. und 4,32f.).

Es entstand eine spezifisch christliche Lebensform, die dazu führte, dass im Leben eines Getauften kaum noch etwas so geblieben ist, wie es vorher war. Viele gaben ihren Beruf auf, weil die neue Existenz damit nicht mehr vereinbar war. Getaufte Lehrer konnten nicht mehr die römische Staatsreligion lehren, Künstler keine heidnischen Götterfiguren mehr darstellen, Beamte nicht mehr bei den Göttern schwören. Man ging nicht mehr zu Schauspielen, Gladiatorenkämpfen und Tierkämpfen und boykottierte heidnische Prozessionen und Bräuche.

Die urchristlichen Gemeinden waren eine Kontrastgesellschaft. Sie unterschieden sich weithin sichtbar von ihrer Umwelt, und zahlreiche Mitglieder sind wegen ihrer Überzeugung vom römischen Staat verfolgt und ermordet worden. Von diesen Märtyrern und von der weltverändernden Kraft der ersten Christen lebt die Kirche noch heute.

Es sieht aber so aus, als ob diese Kraft sich jetzt allmählich erschöpft. Die Kraft wird noch reichen, um die Geschichte der Kirche mit einem neuen Papst noch ein paar Jahrzehnte weitergehen zu lassen, aber die Prognose, dass noch viele weitere Päpste folgen werden, halte ich für gewagt. Wenn unter dem Nachfolger von Papst Johannes Paul II. nichts grundlegend Neues geschieht und wenn auch die protestantischen Kirchen weiter so dahindümpeln wie in den letzten Jahren, dann werden beide Kirchen zu unbedeutenden, belanglosen Sekten degenerieren.

Trotzdem glauben viele Kirchenmänner immer noch: Die Kirche war vor tausend Jahren da, sie ist heute da, und sie wird auch in tausend Jahren noch da sein. Schon möglich, dass es so kommt. Aber dass sie in tausend Jahren noch den Einfluss auf die Welt hat, den sie heute hat, oder gar wieder den Einfluss bekommt, den sie vor tausend Jahren einmal hatte, das ist von heute aus betrachtet doch sehr unwahrscheinlich.

Dabei wäre es gut, wenn der Einfluss der Kirchen wieder wüchse. Dem global vorwärtsstürmenden, siegenden, alles niederwalzenden, über sich selbst nicht aufgeklärten und darum irrationalen Kapitalismus stellt sich derzeit keine Gegenmacht in den Weg. Die einzige globale Gegenmacht, die das könnte, wäre die Kirche. Sie braucht dazu keine bis ins

Letzte ausformulierte Glaubenslehre. Sie braucht dazu kein unangreifbares Glaubensfundament. Es genügen die paar säkularisierten, christlichen Essentials, die wir noch haben: Die Würde des Menschen ist unantastbar. Der Mensch darf niemals als Mittel zum Zweck benutzt werden. Er ist frei, er ist den anderen gleich. Er darf nicht wegen seiner Rasse, Religion, Herkunft oder seines Geschlechts benachteiligt werden. Er hat ein Recht auf Nahrung, Kleidung und eine menschenwürdige Wohnung, auf Aufklärung, Bildung, Erziehung und Information.

Gläubige wie Ungläubige können sich auf diese Grundsätze einigen und dafür kämpfen, dass sie weltweit gelten. Deshalb werbe ich bei den Kirchenfernen darum, der Kirche wieder näher zu rücken, deshalb werbe ich in der Kirche darum, den Kirchenfernen entgegenzugehen. Wenn Gläubige und Ungläubige wieder näher aneinander rücken und neu zusammenfinden, ist über Gott, Christus, Glaube und Kirche das letzte Wort noch nicht gesprochen.

Die Kirche ist durch das für sie existenzbedrohende Tal der Aufklärung gegangen und scheint nun aus der Talsohle nicht mehr herauszukommen. Schlimmer noch: Am Ende der Talsohle hat sie einen Tunnel betreten. So viele Jahre marschiert sie jetzt schon durch diesen Tunnel, aber Licht, ein Ende des Tunnels, ist nicht zu sehen. Deshalb wird das wandernde Gottesvolk von Jahr zu Jahr mutloser und ängstlicher, auch orientierungsloser. Etliche wollen zurück, kaum einer will weiter vorwärts. Manche versuchen, sich und anderen einzureden, der Tunnel sei der ihnen von Gott zugewiesene Ort. Deshalb versuchen sie in irrer Fröhlichkeit, sich in dieser Finsternis einzurichten, es sich bei künstlicher Beleuchtung gemütlich zu machen. Sie verharren im Dunkeln, und alles stagniert.

Ich dagegen glaube: Der Tunnel ist nicht das Gelobte Land. Das Verharren der Kirche im Tunnel ist ihr Untergang. Ich bin überzeugt: Die Kirche hat keine Wahl. Sie muss weiter vorwärts, den ganzen Tunnel durchschreiten. Am Ende dieses Tunnels wird Licht sein, aber was dort sonst noch zu erwarten ist, wage ich nicht zu prophezeien. Vielleicht ist es Gott, der dort auf seine Kirche wartet. Vielleicht auch nur das Nichts. Das wäre dann aber immer noch besser als der Untergang im Tunnel, denn eine Kirche, die den ganzen Weg bis zum Ende gegangen ist, wäre eine andere, eine neue Kirche, stark genug, um ihren Weg durch die weitere Geschichte dann auch ohne Gott fortzusetzen.

Was immer also die Kirche am Ende des Tunnels erwartet, sie muss durch. Sie muss neu aufbrechen. Die Richtung kennt sie.

Nachtrag

Papst Wojtyla ist alt und krank, seine Tage sind gezählt. Darum sollte dieses Buch einen versöhnlichen Ausklang haben. Es war fast druckreif, da warfen Wojtyla und sein Kardinal Ratzinger eine Doppelgranate in das Kirchenvolk. Das Happy End haben sie mir damit vermasselt, und ich glaube nicht, dass sie das bekümmert. Wahrscheinlich würden sie sagen: Was kümmert's den Mond, wenn ihn der Hund anbellt? Auch gut.

Die erste Granate bestand aus einer Doppelseligsprechung und hat das kurz zuvor ergangene Mea Culpa des Papstes und die Entschuldigung der Kirche bei den Juden ziemlich zerzaust. Die zweite Granate bestand aus einer harschen Absage an die Ökumene und hat die feierlich verabschiedete gemeinsame Erklärung beider Kirchen in Augsburg angesengt, wenn nicht verbrannt.

Anfang September des Jahres 2000 hat Wojtyla seine Amtsvorgänger Johannes XXIII. und Pius IX. selig gesprochen. Der Sinn von Seligsprechungen ist einem Protestanten ungefähr so schwer zu vermitteln wie einem Inder die Rolle des Autos für einen Deutschen oder einem Deutschen die Bedeutung der Kuh für einen Inder. Über die Seligsprechung an sich möchte ich mich daher nicht näher auslassen, auch nicht über die Seligsprechung Johannes XXIII., denn kaum jemand hat Einwände dagegen – viele wären begeistert gewesen, wenn es bei dieser einen Seligsprechung geblieben wäre.

Über den zweiten Kandidaten, Pius IX. (1846–1878), schreibt der Gesprächskreis Christen und Juden beim Zentralkomitee der deutschen Katholken (ZdK): »Darüber ist kein Zweifel möglich: Pius IX. war Antisemit, nicht im Sinne jenes primitiven Rasse-Antisemitismus der Nationalsozialisten, sondern als Ankläger einer vermeintlichen Verjudung der Gesellschaft.«[1]

Während das Volk auf den Straßen Roms und auf dem Petersplatz die Seligsprechung Johannes XXIII. feierte, wurde

Pius vom »schwarzen« römischen Adel in der Basilica San Lorenzo in Lucina gefeiert, »in welcher man sich mal wieder an die so genannte ›gute alte Zeit‹ erinnern« wollte. Dieser Adel besteht aus römischen Prinzen und Prinzessinnen, welche »vornehmlich recht konservative Abkömmlinge der Häuser Borghese, Ruspoli oder Torlonia« sind, »die noch immer ihrem einstmals so machtvollen Status hinterher trauern, als sie in Pius IX. dem letzten Herrscher des untergegangenen Kirchenstaates ihre Treue schworen.«[2]

Ich vermute: Papst Woitylas größte Angst besteht darin, dass ihm seine Kirche auseinander fliegt. Darum tut er alles, um sie zusammen zu halten. Vielleicht deshalb meint er: Wenn er dem einen Grüppchen eine kleine Freude bereitet, muss er zugleich das eifersüchtige Gegengrüppchen mit einer freundlichen Geste beschwichtigen.

Was ich nicht verstehe, ist, wieso er zwischen den Grüppchen keine Unterschiede macht. Warum liegt ihm eine Handvoll nichtsnutziger Adliger mehr am Herzen als die Mehrheit des einfachen Kirchenvolks? Worin bestünde der Schaden der Kirche, wenn sich ein paar Ewiggestrige murrend und grollend aus ihr verabschiedeten? Und die modernen, die vielen engagierten Volkskatholiken, denen dieser Papst regelmäßig eins übergebraten hat und die trotzdem unverdrossen weitergemacht haben, aber jetzt vielleicht sagen: Nun ist Schluss, ich verlasse diese Kirche! – warum sind ihm die egal? Ist er vielleicht sogar froh über deren Abgang? Aber warum will er unbedingt die adligen Müßiggänger in seiner Kirche halten? Warum scheinen ihm die Laien und einfachen Reformchristen weniger wert zu sein als die vielen verkappten Antisemiten, die es in den höheren Rängen seiner Kirche wohl noch immer zu geben scheint? Haben sie noch immer Macht in der Kirche, diese alten Gespenster? Oder will man sich auf den Weg in eine Minderheitenkirche machen und vermeintlich überflüssigen Ballast loswerden? Ist die allmähliche Zermürbung der störrischen Reformisten und Modernisten das Ziel, will man sie in die Resignation, die innere Emigration oder ganz aus der Kirche treiben?

Wenn es nicht so ist, wenn es einsichtige Gründe gäbe für die Heiligsprechung eines Antisemiten – warum vermittelt das Wojtyla-Ratzinger-Gespann dann diese Gründe nicht? Es mag ja schwierig, vielleicht sogar unmöglich sein, den – aus römischer Sicht – irrenden Laien, ungebildeten Halbheiden, theologischen Analphabeten und verlorenen Schafen solch eine Einsicht zu vermitteln, aber versuchen sollte man's jedenfalls. Stattdessen wird wie vor tausend Jahren von oberster Stelle herab verkündet, was Sache ist. Selbst beim Militär geht's heute ziviler zu als im Vatikan.

Pius XI. ist auch der Papst, der das Unfehlbarkeitsdogma verkündet hat, womit er eine große Hürde für die Ökumene schuf. Aber die Ökumene, so wissen wir jetzt, war für Woityla und Ratzinger die ganze Zeit über sowieso nur eine Spielwiese, auf der sie schwierige Theologen und kirchliche Nervensägen beschäftigen und ruhigstellen konnten: Denn in der Erklärung *Dominus Iesus*, der zweiten Granate, wiederholte der Papst den alten Anspruch, nur in der katholischen Kirche liege das Heil.

Damit hat er die hunderttausend ökumenischen Aktivitäten der letzten fünfzig Jahre praktisch verschrottet. Das ganze ökumenische Theater hat für den Vatikan offenbar über all die Jahre nur die Funktion gehabt, sich die »Nichtkirchen« so freundlich vom Leibe zu halten, dass diese nicht merken, wie sehr man sie nicht beachtet. Es mag Theologen geben, die noch immer das Kunststück fertigbringen, »konstruktive ökumenische Ansätze« aus *Dominus Iesus* herauszulesen, aber ich kann sie nicht mehr ernst nehmen.

Wie immer, wenn es aus dem Vatikan donnert, hat auch dieses Gedonner positive Aspekte, zum Beispiel den Vorteil einer schon lange nicht mehr dagewesenen Klarheit. Unter Ökumene, so wissen wir jetzt, versteht der Vatikan das freiwillige Einschwenken der »Nichtkirchen« auf die katholische Linie und die reumütige Rückkehr in den Schoß der einen wahrhaften, allein seligmachenden Kirche. Die Ökumene ist also tot. Die gemeinsame Erklärung, in der die Protestanten den Katholiken bis an die Grenze der Selbstaufgabe entgegengekommen sind, kann man als interessantes historisches Dokument in die Archive legen.

Das muss kein Unglück sein, das ist vielleicht sogar ein Glück, und zwar ein zweifaches. Erstens sind die Protestanten jetzt frei, nach dem Motto zu handeln: Es lebe der Unterschied! Haben nicht viele von ihnen während der zurückliegenden ökumenischen Jahrzehnte um der Einheit der Kirche willen manches preisgegeben, was sie lieber behalten hätten? Und selbst wenn viele Protestanten das Gefühl hatten, sie müssten nichts wirklich Wesentliches ihrer Überzeugung preisgeben – was hat eigentlich die Gegenseite preisgegeben? Nichts, wissen wir jetzt.

Gut so. Vertagen wir die Ökumene auf den Tag, an dem ein Papst kommt, mit dem sie möglich ist. Bis dahin pflegen wir die Ökumene in den eigenen Kreisen, denn wozu gibt es eigentlich hundert oder wer weiß wie viele lutherische, protestantische, evangelische, reformierte Kirchen? Wieso zäumen wir eigentlich seit fast einem halben Jahrhundert das Pferd von hinten auf und versuchen, die große Ökumene mit den Katholiken und die ganz große mit den Juden und Moslems zu realisieren, aber schaffen nicht einmal die kleine Ökumene im eigenen Haufen? Ist es wirklich unmöglich, dass sich die tausendundeins Schrebergartenkirchen zu einer einzigen großen, einheitlichen evangelisch-lutherischen Kirche zusammenschließen und auf ein gemeinsames Bekenntnis einigen? Wenn schon das unmöglich ist, wozu dann der lächerliche Versuch, sich mit den Katholiken, gar mit den Moslems und vielleicht noch den Buddhisten irgendwie zu einigen?

Warum wählen wir uns jetzt nicht einfach einen Weltbischof, der in seiner Person die Einheit dieser evangelisch-lutherischen Kirche repräsentiert und in bunten Gewändern allen Völkern dieser Erde seine Aufwartung macht, die Arme ausbreitet, den Boden des Gastlandes küsst, die Völker segnet, die Armen besucht, mit den Mächtigen ein wenig härter ins Gericht geht als das katholische Pendant und heftig und laut den digitalen Nihilismus kritisiert? Weil wir das Papstamt ablehnen? Ich habe gar nicht von einem lutherischen Papst gesprochen, sondern von einem Weltbischof, der weder unfehlbar noch Stellvertreter Gottes ist, sondern nichts weiter als oberster Repräsentant der einen evangelisch-lutherischen Kirche. Er muss nicht einmal Theologe sein, sondern könnte sogar ein Laie sein und selbstverständlich eine Frau. Er muss nicht ein ganzes Leben lang an der Spitze stehen, zwanzig Jahre genügen auch, aber mehr als zwölf sollten es schon sein, denn es dauert, bis die Welt ein Gesicht mit einer Botschaft identifiziert, und der Welt die christliche Botschaft zu bringen ist ja wohl noch immer der Sinn des Ganzen.

So einen Personenkult lehnen die egalitären Schwester und Brüder ab? Gut, lehnt ihn ab, aber hört auf, euch zu beschweren, dass diese Mediengesellschaft keine Notiz von euch nimmt. Labt euch an eurer ungehörten Botschaft, aber nehmt hin, dass sie mit euch ausstirbt.

Ihr haltet nichts davon, bereits zugeschüttete Gräben wieder aufzureißen? Sie sind bereits aufgerissen. Das Duo Ratzinger und Wojtyla hat mit ihren Spaten ganze Arbeit geleistet und zufrieden auf das vollbrachte Werk geblickt.

Die Ökumene bleibt trotz allem weiter euer vorrangiges Ziel? Vielleicht würden aber gerade ein neues protestantisches Selbstbewusstsein und dessen öffentliche Sichtbarkeit die Arroganz im Vatikan dazu bringen, die »Nichtkirche« zumindest ein bisschen mehr zu achten und ernst zu nehmen als bisher. Vielleicht würde ein runderneuertes Luthertum so attraktiv für die Welt, dass es vom Vatikan, wenn schon nicht geliebt, dann zumindest als Konkurrenz so gefürchtet wird, dass sich in Rom gewisse Nachdenklichkeiten in Richtung Ökumene wie von selbst entwickeln?

Alles Quatsch? Gut, aber fragen wird man ja wohl dürfen.

Ich sprach von einem möglicherweise zweifachen Glück, das ich in der Ökumenegranate trotz allen Unglücks zu sehen gewillt bin. Das erste habe ich in der Klarheit gesehen, die nun herrscht, und in der daraus erwachsenden Freiheit, sich wieder auf die Unterschiede zu besinnen.

Das zweite Positivum: Bei aller Kritik an Ratzinger muss ich anerkennen, dass er wieder einmal etwas anrührt, was offenbar nur noch er und sein Papst anzurühren wissen, obwohl sie dafür eigentlich völlig ungeeignet sind. In Ratzingers Begleitworten zu seiner Ökumenegranate steckt ein provokanter Hinweis auf ein Faktum, das alle Kirchenkritiker notorisch ignorieren: Kirche und Welt, Kirche und Demokratie, Kirche und Wissenschaft, Kirche und Aufklärung – das alles sind jeweils zwei grundverschiedene Dinge, die man auseinanderhalten muss, die aber permanent durcheinander gebracht werden, besonders bei den Protestanten, aber auch bei vielen katholischen Laien und Basisgemeinden.

Weder die Welt noch die Demokraten dieser Welt noch die Gelehrten noch die Aufklärer können der Kirche vorschreiben, was sie zu tun, zu glauben und als wahr zu erklären hat. Die kirchliche Wahrheit steht über den weltlichen Mächten und kann nicht dauernd durch den jeweiligen Tagesstand der wissenschaftlichen Forschung bis zur Bedeutungslosigkeit herunterkorrigiert werden. Und die kirchliche Wahrheit ist auch nicht durch demokratische Abstimmung zu ermitteln.

Protestantische Katechismen werden immer voluminöser und lösen einander in immer rascherer Folge ab. Gibt es darin eigentlich etwas Bleibendes, die Zeiten Überdauerndes, oder wird die Wahrheit täglich an den immer volatiler sich entwickelnden Glaubensbörsen ermittelt?

Wenn der aufgeklärte Mensch von Welt erkennt, wie viele Gemeinsamkeiten die verschiedenen Religionen doch haben, deshalb für Toleranz und Achtung voreinander wirbt und meint, auf diesen Gemeinsamkeiten müsse sich doch etwas aufbauen lassen, so verkennt er, dass es dem Anhänger einer bestimmten Religion gerade nicht um das Gemeinsame, sondern um das Eigene, Besondere, den Unterschied, das Trennende geht, so sehr, dass er in früheren Zeiten bereit war, für diesen Unterschied zu sterben – oder dem anderen den Schädel einzuschlagen.

Die Gemeinsamkeiten zwischen Christen und Juden sind immens. Aber wegen ein paar geringfügiger Unterschiede entstand aus dem Judentum das neue Christentum. In diesem Unterschied liegt der ganze Witz, und zwar für beide Seiten. Der qualitative Unterschied ist für beide Seiten so bedeutsam, dass sie sich trotz hoher quantitativer Gemeinsamkeit noch heute über diesen quantitativ kleinen Unterschied entzweien. Noch geringfügiger ist die Differenz zwischen Katholiken und Protestanten, und trotzdem will Ratzinger nicht darüber hinweg sehen.

Lessings »Ringparabel« – das ist Aufklärung in reinster Form. Sie war nötig nach den erbitterten, hasserfüllten, lebenverschlingenden Kreuzzügen der Religionen und Konfessionen um ihre jeweilige Wahrheit. Einerseits.

Andererseits: Wenn die Kirche sich Lessings Wahrheit zu eigen macht, hört sie auf, Kirche zu sein, denn welche Wahrheit sollte sie denn noch verkünden – etwa die Schnittmenge aus allen Religionen, den kleinsten gemeinsamen Nenner, oder das Beste aus jeder Religion? Das sind so Fragen, die in vielen Gemeinden kaum mehr gestellt werden, weil man es für nutzbringender, friedensstiftend und der Völkerverständigung dienend hält, wenn man sich darüber hinweg verbrüdert. Es passiert dann aber genau das, was sich irgendwann als stärkstes Hindernis für ein kraftvolles Miteinander erweist: Plötzlich ist jeder seine eigene Kirche und kann sich kaum noch mit mehr als dreieinhalb Leuten auf eine gemeinsame Aktion einigen. Und die weitere Folge ist: Die Gläubigen werden zunehmend unsicherer in zentralen Glaubensfragen, das große Ganze verschwimmt immer mehr vor ihren Augen, und so greift jeder unwillkürlich zu dem, was er für sich selbst noch für das Beste hält und wovon er glaubt, bei dieser und jener Teilwahrheit handle es sich wenigstens um eine gemeinsam geteilte Überzeugung.

Die »Ringparabel« war gut für den Frieden, aber schlecht für die Wahrheit. Religiöse Toleranz ist im Letzten Religionsverachtung, denn wenn es egal ist, was einer glaubt, und jeder nach seiner Façon selig werden soll, dann sind die Inhalte dieses Glaubens für das eigene Leben, für jegliche Moral, für die Politik und für die Gesellschaft irrelevant. Religion ist damit Privatsache, also Nebensache, also überflüssig.

Seit der Aufklärung stehen alle Wahrheiten zur Disposition.

Nur die katholische Kirche steht als letzte verbliebene Wahrheitsbastion einsam auf weiter Flur und reckt den Skeptizismen, Relativismen und Nihilismen ihre eine, einzige Wahrheit entgegen. Sie kann nicht anders, sie muss es tun, und sie handelt damit logischer und in sich konsistenter als die Protestanten, welche die Aufklärung in ihre Dogmen fließen ließen, damit meinten, Glaube und Vernunft versöhnen zu können, aber als Ergebnis vor allem einen zunehmend verwässerten Glauben erhielten.

Jetzt hat Ratzinger die hoffnungsvollen Harmoniker, Aufeinander-zu-Geher und Miteinander-das-Brot-Teiler – mich eingeschlossen – zwar vor den Kopf gestoßen, zugleich jedoch die relativistisch-pluralistisch-hedonistisch-nihilistischen Gesellschaften der westlichen Welt wieder hübsch provoziert, indem er ihnen die Wahrheitsfrage vor den Latz knallte. Das fand ich schön.

Trotzdem bleibe ich lieber Protestant, jetzt gerade. Und warum? Weil Herr Ratzinger auf einer Wahrheit hockt, die schon lange keine mehr ist. Das ist nämlich die andere Seite der Wahrheit. Ratzingers Wahrheitsgetöse ragt zwar großartig aus der Landschaft hervor, aber es ist ein großartiges Nichts.

Ratzinger weist zu Recht darauf hin, dass seine Kirche in ihren Anfängen selbst eine aufklärerische, das Heidentum und die politischen Mächte provozierende Kraft war und einen genialen Weg gefunden hatte, Glaube, Wahrheit und Vernunft zusammenzuschmieden. Aber dann hat diese Kirche ihre Wahrheit in Hunderttausenden von Intrigen, Verbrechen, Kriegen, Ketzerprozessen, Hexenverbrennungen, Lügen, Fälschungen, Geschichtsklitterungen und Schweigen zu obrigkeitsstaatlichem Unrecht verspielt, vergeigt, verloren. Und den letzten Todesstoß haben dieser Wahrheit in den letzten fünfzig Jahren die eigenen Theologen versetzt, sie wissen es nur noch nicht. Aber sie können uns auch nicht mehr sagen, worin denn die christliche Wahrheit heute noch besteht. Im Grunde ist nichts mehr von ihr vorhanden. Dennoch muss die Frage nach dieser Wahrheit am Leben erhalten werden, weil man ohne Wahrheit nicht leben kann.

Nach der Aufklärung hat die Wissenschaft diesen Part übernommen. Glaube sollte durch Wissen ersetzt werden, Beten durch Planen, Schutz vor den Widrigkeiten des Lebens durch Vorsorge, Handauflegen durch Impfung, chirurgischen Eingriff und medikamentöse Behandlung. In den Anfängen feierte dieses neue Modell große Erfolge, weshalb praktisch die halbe Welt zu dieser »Religion« konvertierte.

Heute sieht die Sache etwas anders aus. Das große Ziel, durch Wissenschaft zu letzten Gewissheiten zu gelangen, muss aufgegeben werden. Heute besteht die absolute Wahrheit der Wissenschaft in der Überzeugung, dass es keine absolute Wahrheit gibt. Das ist einerseits ehrlich, andererseits deprimierend, denn vom Ethos der Wahrheit, mit der die Wissenschaftler mal gestartet sind, ist im heutigen Wissenschaftsbetrieb nicht mehr viel übrig.

Noch vorhandene Reste dieses Ethos kann man getrost an den nächsten Pharmakonzern, die Atom-Lobby, die Gentech-Industrie oder an das Militär vermieten. Was Wahrheit ist, interessiert nicht mehr so sehr, stattdessen wird interessant, was sich mit den Sprach- und Beliebigkeitsspielen der Wissenschaft als vorübergehend wahr verkaufen und politisch durchsetzen lässt oder der eigenen Karriere, dem eigenen Budget, dem eigenen Einkommen und der eigenen Bedeutung nützt.

So etwas strahlt natürlich aus auf die Gesellschaft, welche sich auf ein Leben ohne Wahrheit einstellt, sich einem Wahrheitsrelativismus hingibt, welcher den Werterelativismus gebiert und im Nihilismus endet. Nicht nur die Religion, auch die Moral wird so zur Privatsache, und so wird, wer sich heute noch auf moralische Fragen einlässt und auf verbindliche, praktikable Antworten hofft, von den dafür zuständigen Fachleuten letztlich mit der Antwort abgespeist: Das muss jeder für sich selbst entscheiden.

Diese armseligste und jämmerlichste aller Antworten, die man sich denken kann, führt dann längerfristig dazu, dass moralische Fragen nicht mehr gestellt werden, weil das ja sowieso zu nichts führt. Und natürlich wird auch die Wahrheitsfrage nicht mehr gestellt, da man ja längst erkannt zu haben glaubt, dass sich aus dem, was ist, niemals ableiten lässt, was sein soll und was man tun soll. Also ist die Wahrheit für die Moral sowieso irrelevant.

Das Falsche am Wahrheitsrelativismus ist die unausgesprochene Gleichsetzung von Wissen und Wahrheit. Dem normalen Bürger geht's aber nicht ums Wissen, auch nicht um wissenschaftliche Erkenntnisse, sondern um die eine, verlässliche Wahrheit, auf die er sein Leben gründen kann. Denken, Wissen, Handeln und Glauben bilden hier – als Wahrheit im eigentlichen Sinn – eine unzertrennliche Einheit.

Die Sehnsucht der Menschen nach dieser Einheit ist groß. Die Menschen suchen Institutionen, denen sie trauen können, sie sind bereit, sich von ihnen führen zu lassen, weil sie sich selbst als zu schwach und unwissend erfahren, um selber durch das Chaos unserer Welt zu steuern. Weil sie nichts Vernünftiges vorfinden, greifen sie zum Unvernünftigen, rennen den tausendundeins Esoterikschwätzern hinterher, vertrauen sich den Marken der Konsumwelt als Religionsersatz an oder hangeln sich durch die Regale im Supermarkt der leicht konsumierbaren Weltanschauungen. Sogar die »Big-Brother«-Begeisterung der Jugend beweist deren Sehnsucht nach Wahrheiten, Orientierungshilfen, Wegweisern.

Und warum trauen die Menschen nicht mehr jener Institution, die dafür eigentlich zuständig ist und die größte Kompetenz besitzen müsste?

Gegenfrage: Welchen Kredit gibt man einer Instititution, die im 21. Jahrhundert einen Antisemiten selig spricht, noch immer zu ihrer eigenen Vergangenheit nicht stehen will und alle anderen Religionen als irre- und fehlgeleitet verachtet?

Darum verhallt der römische Donner auch zunehmend schneller und fühlen sich immer weniger Menschen vom Vatikan noch wirklich provoziert. Mit jeder weiteren Provokation nimmt das gleichgültig-verständnislose Achselzucken zu, und irgendwann imponiert der Vatikan mit seinem Donner nur noch sich selbst.

Auch deshalb wird gerade die protestantische Kirche künftig verstärkt gebraucht. Dass sie sich der Aufklärung geöffnet hat, geschah ja aus Wahrheitsliebe. Dass sie sich dadurch selbst geschwächt hat, muss man ihr als Verdienst anrechnen, denn dies war letztlich besser als die Schließung der katholischen Kirchenmauern vor dem Ansturm der Aufklärung. Wenigstens hat sie damit ihre eigene Glaubwürdigkeit und ihre intellektuelle Redlichkeit erhalten. Das ist heute, da man nichts und niemandem mehr trauen kann, ein Pfand, mit dem sich wuchern lässt.

Und wenn die Lutheraner heute auch selber nicht mehr genau wissen, was sie eigentlich glauben sollen, wenn auch sie ihre dunklen Punkte in der Geschichte haben, so bleibt es dennoch wichtig, dass sie die Fragen nach der Wahrheit, dem guten Leben und dem richtigen Handeln weiter wachhalten und verhindern, dass sie der Gleichgültigkeit anheimfallen. Eigentlich kann die evangelische Kirche das viel glaubwürdiger und überzeugender tun als die katholische Kirche.

Bloß: Warum tut sie's nicht?

Anmerkungen

Die Kirche im 21. Jahrhundert

[1] Anlässlich des Evangelischen Kirchentags in Stuttgart unter dem Titel »Der Groove aus der Gruft« zuerst veröffentlicht im Feuilleton der *Süddeutschen Zeitung* vom 21. Juni 1999, für dieses Buch leicht geändert.

[2] Christian Nürnberger: *Die Machtwirtschaft. Ist die Demokratie noch zu retten?* München 1999.

[3] »Ablass mit Rabatt«, in: *Capital*, 3/2000, S. 160f.

[4] Adolf Theobald: »Der neue Markt der alten Medien. Financial Times Deutschland vor dem Start«, in: *Süddeutsche Zeitung*, 19.2.2000.

[5] Herbert Riehl-Heyse: »Zwischenzeit. Geld satt«, in: *Süddeutsche Zeitung*, 22.2.2000.

[6] ebd.

[7] Heike Schmoll: »Die Kirche knapp bei Kasse«, in: *Frankfurter Allgemeine Zeitung*, 31.8.1996.

[8] »Keine Einigung über Kirchensteuer«, in: *Frankfurter Allgemeine Zeitung*, 17.7.1999, S. 2.

[9] Im April 2000 in ganz Deutschland plakatiert.

[10] lt. *Der Spiegel*, 44/1999, S. 20.

[11] ebd.

[12] lt. *Frankfurter Allgemeine Zeitung*, Berliner Seiten, 26.10.1999.

[13] ebd.

[14] vgl. Matthias Lauk: »Profession und Profil. Das Dilemma der Kirche mit der Öffentlichkeit«, in: *Praktische Theologie, Medien und Mandat*, 1/1999.

[15] ebd.

[16] Mit diesem Schlachtruf spornt der Troisdorfer Unternehmensberater Hanns Noppeney Pfarrer und Kirchenmanager an. Vgl. Thilo Neidhart: »Gottvertrauen in den Markt«, in: *Die Zeit*, 12/14.3.1997.

[17] Lauk, a.a.O.

[18] ebd.

[19] ebd.

[20] ebd.

Der digitale Kapitalismus

[1] Peter Glotz: *Die beschleunigte Gesellschaft. Kulturkämpfe im digitalen Kapitalismus.* 1999.

[2] ebd.

[3] Scheer hat dazu ein sehr wichtiges und lesenswertes Buch geschrieben: *Solare Weltwirtschaft. Strategie für die ökologische Moderne.* München 1999.

[4] Samuel P. Huntington: *Kampf der Kulturen.* München 1997.

[5] Glotz, a.a.O.

[6] ebd.

[7] ebd.

[8] Christian Tenbrock: »Revolution ohne Strategie«, in: *Die Zeit*, 6/3.2. 1995.

[9] »Arbeit in der globalen Gesellschaft«. Meinhard Miegel im Gespräch mit Florian Rötzer, in: *Telepolis*, 5.5.1996. www.heise.de/tp/deutsch/special/work/2012/1.html

[10] Die Top-Verdiener hatten also zusätzlich zu ihrem Gehalt noch andere Einkommensquellen wie etwa Zins- oder Mieteinnahmen, Dividenden oder realisierte Aktien- oder Immobiliengewinne.

[11] zitiert nach einem Vorabdruck in *Capital*, 11/1998, S. 179ff. (Buchausgabe: Konrad Seitz: *Wettlauf ins 21. Jahrhundert. Die Zukunft Europas zwischen Amerika und Asien.* Berlin 1998, München 2000.)

[12] ebd.

[13] Ein durchschnittlicher Dreizehnjähriger in Amerika hat etwa hunderttausend Gewaltszenen am Bildschirm gesehen. Vgl. Stefan Kornelius: »Wenn Kinder zu Killern werden«, in: *Süddeutsche Zeitung*, 27.3.1998.

[14] Edward Luttwak: *Turbo-Kapitalismus – Gewinner und Verlierer der Globalisierung.* München 2000.

[15] vgl. *Die Zeit*, 48/24.11.1995.

[16] Glotz, a.a.O.

[17] Peter Glotz: »Wir Daxianer«, in: *Die Woche*, 14.4.2000.

[18] Zitat aus der Sendung »Am Abend vorgestellt« mit dem Thema »Internet und Demokratie des WDR 3 vom 9.12.1999; Autor der Sendung: Daniel Blum.

[19] *c't*, 11/2000, S. 268.

[20] Vgl. Jan Fleischhauer: »Sieg oder Sibierien«, in: *Der Spiegel*, 30/1999.

[21] ebd.

[22] Konrad Adam: »Die Dienstleistungsgesellschaft. Ein vorsorglicher Abgesang«, in: *Frankfurter Allgemeine Zeitung*, 1.4.2000.

Der digitale Nihilismus

[1] lt. Pressemitteilung des VPRT vom 24.1.2000.

[2] a.a.O.

[3] »Mäusköpfe und nackte Hintern«, Spiegel online, 7.4.2000.

[4] Stefan Kornelius: »Piep, piep, piep – bloß nicht lieb. Im amerikanischen Fernsehen feiert eine Talk-Show Triumphe, die so gewalttätig und pervers sein soll wie der Alltag«, in: *Süddeutsche Zeitung*, 29.4.1998. Alle weiteren Schilderungen und Zitate, die sich auf Jerry Springer beziehen, sind ebenfalls von Kornelius.

[5] Thomas Tuma: »Mein Gott, John!«, in: *Der Spiegel*, 28.2.2000. Alle weiteren Zitate stammen ebenfalls aus diesem Artikel.

[6] nachzulesen in seinem Internet-Essay »The Brand Called YOU« unter: http://www.tompeters.com/by_fast_company.htm

[7] Rolf Diekhof: »Die Ich-AG: Jeder verkauft sich selbst«, in: *w&v werben und verkaufen*, 10/1999.

[8] ebd.

[9] Gerhard Schulze: Kulissen des Glücks. Streifzüge durch die Eventkultur. Frankfurt/Main 1999, zit. nach Diekhof, a.a.O.

[10] Schulze, zit. nach Diekhof, a.a.O.

[11] Diekhof, a.a.O.

[12] Holger Jung, vgl. *w&v werben und verkaufen*, 10/1999.

[13] Diekhof, a.a.O.

[14] *Süddeutsche Zeitung Magazin*, 19.11.1999.

[15] Annette Tietenberg: »Lob der Oberflächlichkeit: Alex Katz in der Galerie Barbara Thumm«, in: *Frankfurter Allgemeine Zeitung*, 18.4.1998, S. 42.

[16] Thomas Wagner: »Lauter nette Gäste mit imprägnierter Oberfläche auf coolen Partys: Der amerikanische Maler Alex Katz wird siebzig«, in: *Frankfurter Allgemeine Zeitung*, 24.7.1997, S. 29.

[17] Diekhof, a.a.O.

[18] *Süddeutsche Zeitung Magazin*, 19.11.1999.

[19] vgl. Nils Minkmar: »Das gedopte Magazin«, in: *Die Zeit*, 22/25.5.2000.

[20] Klaus Ott, Annette Ramelsberger: »Ein Mann und sein ganz besonderer Draht«, in: *Süddeutsche Zeitung*, 27.5.2000.

[21] dieses Zitat und alle weiteren aus Ott/Ramelsberger, a.a.O.

[22] vgl. das Kapitel »Fernsehen ohne Grenzen«, S. 89–97.

[23] lt. Minkmar, a.a.O.

[24] Wagner, a.a.O.

[25] in der Talk-Show »Sabine Christiansen« am 10.10.1999.

[26] zit. nach Thomas Assheuer: »Der Holla-Effekt«, in: *Die Zeit*, 34/19.8. 2000.

[27] Harald Schmidt: »Mein Mallorca. Es ist Zeit zu gehen«, in: *Süddeutsche Zeitung*, 24.4.1999.

[28] ebd.

[29] Assheuer, a.a.O.

[30] ebd.

[31] ebd.

[32] ebd.

[33] *Berliner Morgenpost*, 16.3.1999.

[34] *Bild*, 13.4.2000.

[35] *Bild*, 11.4.2000.

[36] ebd.

[37] Tom Wolfe: *Ein ganzer Kerl*. Reinbek 1999, S. 263ff.

[38] Reimer Gronemeyer: *Die 10 Gebote des 21. Jahrhunderts. Moral und Ethik für ein neues Zeitalter*. München 1999.

[39] Petra Schwab: »Beziehungskisten«, in: *Die Zeit*, 6/4.2.1999, alle weiteren Zitate ebenfalls aus diesem Artikel.

[40] *Focus*, 19/8.5.2000.

[41] ebd.

[42] Peter Schwartz, Peter Leyden: »The Long Boom: A History of the Future«, 1980–2020, in: *Wired*, Juli 1997, nachzulesen unter: www.wired.com/wired/archive/5.07/longboom.html

[43] Die Anhänger dieser Schrankenlosigkeit haben inzwischen sogar eine »Libertarian Party« gegründet. Ihr »Programm« findet man unter: www.lp.org/

[44] ausführlicher beschrieben in meinem Buch *Die Machtwirtschaft*, a.a.O. Nachzulesen auch bei *Telepolis*: www.heise.de/tp/deutsch/inhalt/te/1007/1.html

[45] Wer sich über die Nanotechnologie näher informieren möchte, findet zahlreiche Quellen im Internet, z.T. auch deutschsprachige. Hier eine Auswahl:
www.zurich.ibm.com/Projects/ST (IBM-Institut in Rüschlikon, eine der besten Adressen der Nanoforschung in Europa),
www.science.nas.nasa.gov/Groups/Nanotechnology/links.html (NASA),
www.foresight.com (Foresight Institute),
www.nano-technology.com/nanozine/OxfordNanotechnologyPLC.htm (Oxford Nanotechnology PLC),
www.zyvex.com/nanotech/ (eines der ersten Unternehmen, das mit dieser Technologie Geld verdienen will),
www.merkle.com/ (Homepage des Nano-Gurus Ralph C. Merkle)

[46] Einen sehr guten deutschsprachigen Überblick über Extropianer, Trans-

humanisten, Kryotechnik und Nanotechnik liefert *Telepolis*, das beste deutsche, sehr lesenswerte Online-Magazin des Verlags Heinz Heise. In diesem Magazin berichtet der in den USA lebende Deutsche Gundolf S. Freyermuth umfassend und regelmäßig über die Technik-Chiliasten Kaliforniens und der übrigen Welt: www.heise.de/tp/deutsch/inhalt/konf/2196/1.html

[47] www.aeiveos.com/

[48] Über Extropianer, Kryotechnik und Transhumanismus kann man sich unter folgenden Internet-Links informieren:

www.extropy.org/ (Extropy Institute)

www.extropy.org/eo/index.html (Extropy Online-Magazin)

www.transhumanist.org/ (FAQ über Transhumanismus)

www.transhumanismus.de/Dokumente/faq.html (FAQ über Transhumanismus in deutscher Sprache)

www.transhumanism.com/ (World Transhumanist Association)

www.alcor.org/ (Kryotechnik-Unternehmen Alcor, das Leichen einfriert)

www.merkle.com/cryo/techFeas.html (über Kyrotechnik allgemein)

www.cs.cmu.edu/afs/cs/user/tsf/Public-Mail/cryonics/html/0018.1.html#index (Cyronics FAQ)

[49] *Business Week*, 30.8.1999.

[50] Spätestens mit Beginn des 22. Jahrhunderts soll es so weit sein. Einen recht guten Überblick über diese Utopien liefert Ray Kurzweil: Homo S@piens. Leben im 21. Jahrhundert – Was bleibt vom Menschen? Köln 1999.

Zwischenspiel: Besuch der alten Dame

[1] Dieses Kapitel steht zwar schon in meinem Buch *Die Machtwirtschaft* unter der Überschrift »Mord am Sonntag«, hat aber für dieses Buch eine so zentrale Bedeutung, dass ich mich entschlossen habe, es leicht überarbeitet mit hereinzunehmen.

[2] Florian Rötzer: »Vom Leben im digitalen Zeitalter«, in: *Süddeutsche Zeitung*, 4.1.1995.

[3] in: *Süddeutsche Zeitung*, 1.4.1997.

Kirche, wo bist du?

[1] Einen guten Überblick über die christliche Soziallehre und zahlreiche Originaltexte findet man im Internet unter www.leuninger.de/sozial/texte.htm

[2] Heribert Prantl: »Die Kirche des Kapitals. Geht die neoliberale Marktwirtschaft an sich selbst zugrunde?«, in: *Süddeutsche Zeitung*, 27.11.1999.

[3] ebd.

Was uns das Glauben schwer macht

[1] sinngemäß bei Mt 10,30 und Lk 12,7.

[2] Rudolf Pesch: *Leben für alle. Das Wunder der Brotvermehrung.* Frankfurt/Main 1998.

[3] Herbert Braun: *Jesus. Der Mann aus Nazareth und seine Zeit.* Stuttgart 1969.

[4] Rudolf Bultmann: »Neues Testament und Mythologie«, in: *Kerygma und Mythos*, Bd. I. Hrsg. v. H. W. Bartsch. Hamburg 1951.

[5] Rudolf Augstein: *Jesus Menschensohn.* Hamburg 1999, S. 11.

[6] ebd., S. 15.

[7] Martin Dibelius, Werner Georg Kümmel: *Jesus.* Berlin 1966, S. 118 (= Sammlung Göschen, Bd. 1130).

[8] Gerd Lüdemann: *Die Auferstehung Jesu. Historie, Erfahrung, Theologie.* Stuttgart 1994.

[9] ebd.; alle weiteren Zitate ebd.

[10] So fragt mit Recht Werner Harenberg: »Können wir noch Christen sein?«, in: *Der Spiegel*, 13/28.3.1994, S. 126–139.

[11] Rudolf Bultmann: *Jesus.* Tübingen 1926. Nachdruck 1988, S. 11. Vgl. auch Rudolf Bultmann: »Zur Frage der Christologie«, in: Ders.: *Glauben und Verstehen. Gesammelte Aufsätze*, Bd. 1. Tübingen ⁹1993, S. 101.

[12] Rudolf Bultmann: *Kerygma und Mythos*, Bd. II. Hrsg. v. H. W. Bartsch. Hamburg 1951, S. 185.

[13] Rudolf Bultmann: *Neues Testament und Mythologie.* Hrsg. v. Eberhard Jüngel. München 1988, S. 61.

[14] Rudolf Bultmann, zit. nach Augstein, a.a.O., S. 71.

[15] Karl Barth, zit. nach Augstein, ebd.

[16] ebd.

[17] ebd., S. 69f.

[18] Rudolf Augstein: »Ein Mensch namens Jesus. Über die scheinheiligen Legenden im ›Heiligen Jahr‹«, in: *Der Spiegel*, 21/1999.

[19] ebd.

[20] ebd.

[21] zit. nach Augstein, a.a.O., S. 14 und 168. Augstein nennt als Quelle Heinz Zahrnt: *Warum ich glaube. Meine Sache mit Gott.* München, Zürich 1977, S. 159.

[22] Joseph Ratzinger: *Einführung in das Christentum.* München 1972.

[23] ebd., S. 151.

[24] ebd.

[25] ebd., S. 152f.

[26] Jack Miles: *Gott. Eine Biographie.* München 1999.

[27] ebd., S. 356.

[28] ebd., S. 363.

[29] ebd., S. 364.

[30] ebd., S. 360.

Zurück zur Hauptsache

[1] Heinz Zahrnt: *Die Sache mit Gott. Die protestantische Theologie im 20. Jahrhundert.* München 1966.

[2] ebd., S. 9.

[3] Joseph Kardinal Ratzinger: »Der angezweifelte Wahrheitsanspruch. Die Krise des Christentums am Beginn des dritten Jahrtausends«, in: *Frankfurter Allgemeine Zeitung,* 8.1.2000; alle weiteren Zitate ebd.

[4] Alles, was jetzt folgt, stammt entweder wörtlich oder sinngemäß aus Rudolf Pesch: *Leben für alle. Das Wunder der Brotvermehrung.* Frankfurt/Main 1998. Pesch zitiert in diesem schmalen Band ausführlich seinen Kollegen Gerhard Lohfink.

[5] vgl. Deuteronomium 1,9–18.

[6] Neben der Lektüre des bereits genannten Buchs von Rudolf Pesch empfehle ich Gerhard Lohfink: *Braucht Gott die Kirche?*

Nachspiel: Ärgerliches und Tröstliches

[1] Joseph Ratzinger: *Einführung in das Christentum.* München 1972, S. 16.

[2] ebd.

[3] ebd., S. 17f.

[4] ebd., S. 18

[5] ebd.

[6] in: *Süddeutsche Zeitung,* 2.11.1999, S. 2.

Exodus

[1] Matthias Dobrinski: »Heilig, sündig, schuldig«, in: *Süddeutsche Zeitung*, 13.3.2000.

Nachtrag

[1] Matthias Dobrinski: »Auftrieb für Reformgegner. Kritik an Seligsprechung Pius' IX.«, in: *Süddeutsche Zeitung*, 2.9.2000.
[2] Christiane Kohl: »Gemeinsam ist nur der Glaube. Johannes XXIII. und Pius IX. waren in Wesen und Habitus extrem unterschiedlich«, in: *Süddeutsche Zeitung*, 2.9.2000.

Hildegard Hamm-Brücher
Freiheit ist mehr als ein Wort
Eine Lebensbilanz
dtv 30644

Ihren ersten Sprung ins Ungewisse wagte sie als Kind vom
Zehnmeterbrett. 1948 war sie das jüngste Mitglied des
Münchner Stadtrates, 1950 mit 29 Jahren Abgeordnete für
die FDP im Bayerischen Landtag. So begann für Hildegard
Hamm-Brücher eine lange und wechselvolle Karriere in der
Politik, ihrem »Lebensberuf«. In ihren Erinnerungen
erzählt sie ganz ohne Nostalgie und mit kritischem Blick
von ihrem bewegten und bewegenden Leben. Das Buch ist
nicht nur lebendige Zeitgeschichte und ein Blick hinter die
Kulissen der großen Politik, sondern auch engagierte
Demokratielehre und beherzte Streitschrift für ein kritisch-
aktives Politikverständnis.

**»Zivilcourage – woher sie kommt, wie sehr sie
gebraucht wird, wieviel sie kostet und wie kostbar sie ist:
Darüber gibt dieses Buch Auskunft.«**
Die Zeit

John O'Donohue im dtv

John O'Donohue nimmt uns mit in die spirituelle Welt der Kelten auf eine intime Reise zu uns selbst.

Anam Ċara
Das Buch der keltischen Weisheit
dtv premium 24119

Anam ist das gälische Wort für Seele, Ċara heißt Freund. Anam Ċara bedeutet also »Seelenfreund«. Die Kelten besaßen eine tiefe Einsicht in das Wesen der Liebe und der Freundschaft. John O'Donohue enthüllt in diesem Buch keltische Geheimnisse, die die Leser in unserer hektischen Zeit in harmonischen Einklang mit der Welt bringen und das Leben reicher machen.

Echo der Seele
Von der Sehnsucht nach Geborgenheit
dtv premium 24180

Noch nie war der Hunger nach Zugehörigkeit so quälend wie heute. Die Geborgenheit, die wir in der Zugehörigkeit erfahren, schenkt uns Kraft; sie bestätigt in uns eine Stille und Gewissheit des Herzens. Sie befähigt uns, äußeren Druck und Verwirrung zu ertragen, und sie versichert uns des Bodens, auf dem wir stehen.

Landschaft der Seele
dtv premium 24223

Die meditativen Texte und Gedichte John O'Donohues entfalten zusammen mit den eindrucksvollen Fotos des Iren Fergus Bourke eine wahrhaft magische Wirkung. Dunkle Wolken, einsame Weiten, rauhe Berge, zerklüftete Felsen, bewegtes Wasser, der Wind in den Gräsern – Natur und Landschaftspiegeln das wechselvolle menschliche Leben.

Germaine Greer

Die ganze Frau
Körper Geist Liebe Macht

Aus dem Englischen von
Susanne Althoetmar-Smarczyk
<u>dtv</u> premium 24204

Bestsellerautorin Germaine Greer unternimmt erneut eine große Bestandsaufnahme zur Lage der Frauen. Leidenschaftlich, sachkundig und sarkastisch analysiert sie, was ihrer Ansicht nach Sache ist, und stellt die Tagesordnung für einen neuen Feminismus auf.

Auf der Suche nach Befreiung, so argumentiert Greer, hat sich die Frauenbewegung auf Seitenwege abdrängen lassen, ist auf eine Ersatzbefriedigung hereingefallen. Die gerne wiederholte These »Frauen können alles haben« ist, wie sie meint, eine Illusion, da es nach wie vor unzählige Formen offener und verdeckter Diskriminierung gibt. Dieses Buch ist eine aufrüttelnde Kritik an der vorhandenen Selbstzufriedenheit, insbesondere der Frauen. Wie schon mit dem ›Weiblichen Eunuchen‹ gelingt es Germaine Greer erneut, mit größter Schärfe zentrale Fragen anzusprechen.

»Sie ist wieder da, und sie ist zornig.«
The Daily Telegraph

<u>dtv</u> portrait

Herausgegeben von Martin Sulzer-Reichel

Biographien bedeutender Frauen und Männer aus
Geschichte, Literatur, Philosophie, Kunst und Musik

dtv portrait

Herausgegeben von Martin Sulzer-Reichel

Friedrich II. von Hohenstaufen
Von Ekkehart Rotter
dtv 31040

Johann Wolfgang von Goethe
Von Anja Höfer
dtv 31015

Jimi Hendrix
Von Corinne Ullrich
dtv 31037

Alfred Hitchcock
Von Enno Patalas
dtv 31020

Jesus von Nazaret
Von Dorothee Sölle und Luise Schottroff
dtv 31026

Erich Kästner
Von Isa Schikorsky
dtv 31011

Immanuel Kant
Von Wolfgang Schlüter
dtv 31014

Heinrich von Kleist
Von Peter Staengle
dtv 31009

John Lennon
Von Corinne Ullrich
dtv 31036

G. E. Lessing
Von Gisbert Ter-Nedden
dtv 31004

Ludwig II.
Von Martha Schad
dtv 31033

Stéphane Mallarmé
Von Hans Therre
dtv 31007

Klaus Mann
Von Armin Strohmeyr
dtv 31031

Maria Theresia
Von Edwin Dillmann
dtv 31028

Nostradamus
Von Frank Rainer Scheck
dtv 31024

<u>dtv</u> portrait

Herausgegeben von Martin Sulzer-Reichel

Biographien bedeutender Frauen und Männer aus
Geschichte, Literatur, Philosophie, Kunst und Musik